Eloges pour
À l'écoute de vos vibrations

« *Soyez à l'écoute de vos vibrations et lisez ce livre ! Ses conseils clairs et pratiques (appuyés d'exemples concrets qui témoignent de leur efficacité) vous aideront à utiliser votre outil le plus précieux — votre sixième sens.* »
— **Cheryl Richardson**, auteure de *Prenez le temps de choisir votre vie* et *Reprenez votre vie en main*, best-sellers du *New York Times*.

« *Par ses mots, Sonia a le don de simplifier l'univers complexe et obscur de la sagesse intérieure qui permet à notre cœur d'emprunter le chemin de la vérité. Fiez-vous à ses vibrations !* »
— **Billy Corgan**, auteur-compositeur-interprète et fondateur des groupes Smashing Pumpkins et Zwan.

« *Depuis plus de 14 ans, Sonia Choquette me sert à la fois de guide et de conseillère fiable. Grâce à sa vision, j'ai davantage confiance en moi et en l'avenir. En partageant ses dons étonnants, Sonia vous ouvre des portes dont vous ne soupçonniez même pas l'existence.* »
— **Wendy Miller**, auteure et productrice d'une émission de télévision ayant remporté un Emmy.

« *Sonia a eu un immense impact dans notre vie en nous aidant à nous servir de notre intuition pour bâtir notre entreprise. En ce XXIᵉ siècle, le sixième sens joue dorénavant un rôle important dans le monde des affaires et Sonia nous offre des conseils judicieux pour nous aider à être ' à l'écoute de nos vibrations ', même si la direction empruntée ne plaît pas toujours à notre entourage. Nous sommes plus qu'heureux des résultats !* »
— **Scott et Kim Holstein**, Kim and Scott's Gourmet Pretzels

À L'ÉCOUTE DE VOS

VIBRATIONS

Conseils pratiques pour apprendre à vous fier à votre sixième sens

Sonia Choquette

Traduit de l'américain
par Jo-Ann Dussault

Éditeur : François Doucet
Traduction : Jo-Ann Dussault
Révision linguistique : Véronique Vézina
Révision : Nancy Coulombe
Graphisme : Sébastien Rougeau
Photo de l'auteure : © Paul Sherman
ISBN 2-89565-241-4
Première impression : 2005
Dépôt légal : premier trimestre 2005
Bibliothèque Nationale du Québec
Bibliothèque Nationale du Canada

Éditions AdA Inc.
1385, boul. Lionel-Boulet
Varennes, Québec, Canada, J3X 1P7
Téléphone : 450-929-0296
Télécopieur : 450-929-0220
www.ada-inc.com
info@ada-inc.com

Diffusion
Canada :   Éditions AdA Inc.
France :   D.G. Diffusion
              Rue Max Planck, B. P. 734
              31683 Labege Cedex
              Téléphone : 05.61.00.09.99
Suisse :   Transat - 23.42.77.40
Belgique :   D.G. Diffusion - 05.61.00.09.99

Imprimé au Canada

Participation de la SODEC. $ODEC
Nous reconnaissons l'aide financière du gouvernement du Canada par l'entremise du Programme
d'aide au développement de l'industrie de l'édition (PADIÉ) pour nos activités d'édition.
Gouvernement du Québec - Programme de crédit d'impôt pour l'édition de livres - Gestion SODEC.

Catalogage avant publication de Bibliothèque et Archives Canada

Choquette, Sonia

À l'écoute de vos vibrations : conseils pratiques pour apprendre à vous fier à votre sixième sens
Traduction de : Trust your vibes.
ISBN 2-89565-241-4

1. Intuition. 2. Perception extrasensorielle. 3. Réalisation de soi. I. Titre.

BF315.5.C4614 2005   153.4'4   C2004-942134-4

Je dédie ce livre à mes filles, Sonia et Sabrina. Merci de m'avoir fait cadeau de votre bonne humeur, de vos sages conseils, de votre intarissable sens de l'humour, de votre honnêteté et de vos cœurs débordant d'amour, de générosité et d'indulgence. Être votre mère et assister à l'éclosion de votre don pour la médiumnité est pour moi un extraordinaire bonheur. Vous êtes la lumière de ma vie.

Je dédie également ce livre à ma mère qui m'a appris à me fier à mon sixième sens malgré tout. Je te serai toujours reconnaissante.

Table des matières

—◯ ◯ ◯—

Note de l'auteure : *Même si la plupart des noms ont été remplacés pour préserver l'anonymat des personnes concernées, tous les récits présentés dans ce livre sont authentiques.*

—◯ ◯ ◯—

En tant que médium et maître spirituel qui pratique depuis plus de trente-deux ans, j'ai passé la majeure partie de ma vie à aider les gens à prendre conscience au fond de leur âme que nous sommes tous des êtres spirituels dotés non pas seulement de cinq sens mais bien de *six* sens. Et le plus important est que nous avons *besoin* de ce sixième sens pour accomplir notre mission sur terre et vivre heureux et en paix avec nous-mêmes.

Ma mission a débuté à Denver, dans le Colorado. Dès l'âge de 12 ans, j'ai commencé à faire des lectures médiumniques privées dans la salle à manger familiale. Puis, pendant de nombreuses années, mes deux maîtres spirituels et professeurs, Charlie Goodman et Trenton Tilly, m'ont guidée sur la voie de l'intuition en me dévoilant les secrets pour bien canaliser mon sixième sens. En plus de leurs enseignements, j'ai consacré vingt-cinq années à l'étude des religions, des langues et du mysticisme (y compris la kabbale occidentale et d'autres religions du monde, le mysticisme occidental et le tarot) pour m'aider à mieux comprendre l'évolution des âmes.

La meilleure éducation que j'ai reçue provient cependant des lectures médiumniques que je réalise presque quotidiennement depuis l'âge de douze ans.

Aucun cours officiel n'aurait pu me transmettre autant de connaissances que le fait de travailler directement sur le terrain avec chaque personne. Cela m'a permis d'observer et de suivre l'évolution de mes clients, une ressource extra-ordinaire pour comprendre à quel point notre sixième sens — ou nos vibrations comme je les appelle — est essentiel à notre épanouissement personnel. Je raconte donc dans ce livre l'histoire de mes clients qui ont appris à suivre leur intuition et à vraiment être à l'écoute de leurs vibrations, ce qui, en retour, a grandement changé et amélioré leur vie.

Ma formation et mon expérience m'ont permis de bien comprendre ce sens que je considère « laissé-pour-compte » et de quelle façon nous pouvons en reprendre possession. Notre sixième sens (ou notre sens psychique) n'est pas *physique* comme les cinq autres — il s'agit davantage d'un sens *spirituel*, directement lié à notre âme et localisé dans le cœur. Tout comme nos sens physiques informent et dirigent notre corps, la principale fonction de notre sixième sens est de guider l'évolution de notre âme, tout en nous gardant en contact avec notre Créateur, nos guides spirituels et nos anges gardiens, qui nous aident à suivre notre voie et notre mission.

Nos sens physiques nous permettent d'agir dans la dimension terrestre, tandis que notre sixième sens nous procure les ailes dont nous avons besoin pour nous élever dans une dimension supérieure. Malheureusement, peu de gens sont conscients que nous possédons tous un important sens spirituel, et ils savent encore moins comment y accéder ou être à l'écoute de celui-ci.

Ma mission en tant que médium et maître spirituel est devenue encore plus pressante à mesure que le temps passe et que le monde devient de plus en plus complexe. Je crois que le fait de reconnaître que nous avons des vibrations et de leur accorder l'importance qui leur revient dans notre monde n'est plus une alternative si nous souhaitons avoir une vie signifiante, sécurisante et équilibrée. Nous devons cesser de remettre en question notre sagesse supérieure ou de résister à cette dernière et accepter le fait maintenant reconnu scientifiquement que nous sommes des êtres beaucoup plus conscients et doués sur le plan spirituel que ce qu'on nous a enseigné ou ce que nous n'avons jamais osé exprimer. Nous devons apprendre à être à l'écoute de nos vibrations — ces pulsions énergétiques émises par notre sens psychique inné qui rayonnent subtilement jusqu'à notre conscience et nous guident dans notre cheminement spirituel.

Les personnes qui ignorent leurs vibrations en paient le sacrifice : elles finissent par vivre dans la peur et par se sentir inaptes et impuissantes. Elles prennent les mauvaises décisions et se retrouvent là où elles ne souhaitent pas être. Elles deviennent anxieuses et dépendantes, font preuve d'agressivité, parfois même de violence, envers les gens qu'elles aiment, s'aliénant encore davantage leur entourage. Elles deviennent stressées ou même malades physiquement et ne jouissent d'aucune tranquillité d'esprit. Leurs incessantes remises en question et leurs inquiétudes font que leur vie devient une lutte constante ou une source d'accablement. Résultat, elles négligent d'accomplir leur mission ou d'atteindre leurs buts spirituels, gâchant ainsi leur vie au lieu de la savourer.

C'est ce que j'ai observé chez bon nombre de mes clients au cours de toutes ces années de lectures médiumniques. Cette confusion et ce stress ne sont pas nécessaires : nous ne sommes pas faits pour être aussi désorientés ou vulnérables. Ce n'est nullement pratique et encore moins dans l'ordre divin.

En tant que médium, je peux vous assurer que le fait d'être à l'écoute de vos vibrations aide à guérir cette peur et ce stress. Cela vous permet de créer un lien direct avec votre Créateur ainsi qu'avec vos anges gardiens et vos guides spirituels. En plus de vous aider à suivre votre voie en toute quiétude, votre intuition vous attire les bonnes relations, vous aide à découvrir vos secrets spirituels, vous guide dans votre travail, vous protège des dangers et vous aide à prendre conscience que vous êtes aimé et accepté tel que vous êtes. Votre sixième sens stimule votre créativité, aide à guérir vos blessures émotionnelles et apaise les tourments et incertitudes de votre cœur. Par les indications de vos anges, de vos guides et de votre Moi Supérieur, vos vibrations vous procurent la paix de l'esprit et vous montrent à vivre de manière beaucoup plus harmonieuse.

Mon sixième sens s'est toujours avéré mon don le plus précieux. Grâce à lui, je n'ai plus le sentiment ou l'illusion d'être seule ou isolée, comme c'était parfois le cas. Il m'a aussi fait prendre conscience que nous sommes tous liés dans cette expérience qu'on appelle la vie.

Ceux d'entre nous qui sommes à l'écoute de nos vibrations avons plusieurs choses en commun : nous écoutons nos anges gardiens et nos guides spirituels — ces êtres éthérés dévoués à notre évolution et à notre guérison, qui nous indiquent la place appropriée que nous occupons dans le plan universel. Nous prêtons attention à notre voix intérieure et la respectons même si ce qu'elle dit n'a aucun sens sur le moment. Nous pensons, ressentons les choses et agissons en fonction de nos vibrations, sans hésitation et sans les remettre en question, contrairement aux personnes qui ne sont pas intuitives — ou, comme je préfère le dire, qui ne sont *pas encore* intuitives. Nous vivons autant à l'unisson avec le monde invisible qu'avec le monde physique (peut-être même davantage).

On pourrait presque croire que les personnes intuitives et celles qui ne se fient qu'à leur cinq sens forment deux espèces différentes. Les personnes intuitives se fient davantage à leurs vibrations et laissent leur énergie psychique les guider jour après jour. En général, ces personnes sont plus créatives et ingénieuses, et réussissent mieux que les autres. Dans le cadre de ma pratique professionnelle, j'ai surtout constaté que les individus psychiques profitent davantage de la vie que ceux qui taisent leur voix intérieure.

Le fait de posséder six sens procure un profond sentiment de sécurité, de confiance et de courage que les gens prisonniers de leurs cinq sens ne connaissent pas. Comme nous savons que notre âme continue de vivre après notre mort, nous ne ressentons pas le besoin de lutter contre les événements. Nous ne craignons pas la mort et ne sommes jamais sous l'emprise d'une anxiété maladive face à celle-ci. Nous traversons plutôt la vie avec grâce et confiance parce que nous savons que nous avons de l'aide de l'autre côté et que nous sommes éternels. Mais par-dessus tout, les personnes intuitives sont conscientes que l'amour est la potion magique qui nous donne des ailes.

Les personnes qui se fient à leurs vibrations et celles qui ne comptent que sur leurs cinq sens se démarquent aussi par les règles qu'elles suivent dans la vie. Les personnes non intuitives ne voient que la dimension physique et ne suivent que les règles basées sur l'*intellect* ou l'*ego*, tandis que les personnes intuitives ressentent la dimension spirituelle et suivent la loi *spirituelle*, ce qui crée deux réalités différentes : la façon terre-à-terre et la façon consciente de fonctionner dans la vie. La vibration émise par une personne intuitive est non seulement fulgurante et légère, mais aussi plus attirante, fluide et apaisante. On la ressent instantanément. Les autres personnes sont attirées par cette vibration élevée parce qu'elles se sentent bien en sa présence.

Cela ne veut pas dire que les personnes intuitives sont supérieures à celles qui ne se fient qu'à leurs cinq sens — toute personne intuitive évoluée vous dira que nous sommes *tous* des êtres spirituels divins provenant de la même source, avec la même valeur, et que nous partageons tous la même essence : l'amour. Je crois seulement que les personnes à l'écoute de leurs vibrations ont tendance à vivre une expérience beaucoup plus riche parce qu'elles sont mieux informées et en mesure de faire des choix appropriés, ce qui leur donne habituellement une plus grande capacité d'aimer et d'apprécier cette vie merveilleuse.

À l'écoute de vos vibrations vous révèle les secrets pour éveiller votre sixième sens. Dans ce livre, je partage avec vous les pratiques, les optiques et les outils adoptés par les personnes intuitives. Les personnes à l'écoute de leurs vibrations prêtent différemment attention à la vie — de par leur attitude, leur perspective et leur approche. Nous sommes à l'affût d'indices différents, et sommes plus sensibles et perceptifs que ceux qui réfutent ou ignorent la sagesse et l'aide qu'ils peuvent recevoir de l'au-delà.

Les personnes intuitives ont surtout l'audace d'*agir selon* leurs sentiments plutôt que de perdre du temps à *lutter contre* eux, et ne se soucient jamais du qu'en-dira-t-on.

Nous savons que notre sixième sens fonctionne en dehors de l'espace-temps linéaire et que la signification de l'information transmise ne sera pas toujours évidente sur-le-champ.

Bien entendu, nous ne savons pas d'avance tout ce qui va nous arriver, à nous ou à notre entourage, mais nous savons que nous serons guidés et qu'on nous indiquera la meilleure direction à prendre pour notre croissance, notre protection et notre bien-être. Nous n'avons donc aucune inquiétude face à l'avenir. Les habitudes, les décisions et les comportements des personnes intuitives sont basés sur ce qu'elles ressentent intérieurement plutôt que sur ce que les gens leur disent, avec pour résultat qu'elles se sentent la plupart du temps en paix avec elles-mêmes et dans l'Univers.

Heureusement, nous sommes tous dotés d'un sixième sens, c'est-à-dire que nous sommes tous guidés psychiquement à divers degrés selon l'évolution et les desseins de notre âme. Certaines personnes (comme moi) ont pour mission sur terre de servir de guides et de professeurs aux autres âmes, tandis que d'autres se servent de leur sixième sens de manière plus personnelle. Nous sommes cependant tous en mesure d'écouter notre intuition pour notre propre mission et notre protection. Quand nous débranchons notre système interne de guidance, nous devenons perdus et désorientés. Ce n'est pas la façon naturelle de vivre et ce n'est surtout pas nécessaire. Une fois que vous aurez appris à capter vos vibrations, vous pourrez éliminer toute cette confusion et commencer à vous sentir aussi guidé que je le suis.

Ma mission en tant que médium professionnel a toujours été d'enseigner et de servir de pont pour permettre aux individus de retrouver leur système de navigation psychique intérieur. Ce livre est un autre moyen d'expression de ma mission. Il s'agit d'un regard d'initié sur la vie psychique pour que ceux qui se sentent prêts à atteindre un niveau de conscience plus élevé et à vivre de manière beaucoup plus satisfaisante y parviennent.

Il existe *réellement* une façon d'ouvrir votre canal psychique et d'apprendre à être à l'écoute de vos vibrations. Dans ce livre, je partage avec vous ce que les personnes intuitives font ; leurs choix, leur façon de penser, de même que leur attitude et leur perspective face à la vie. En vous inspirant des personnes intuitives, vous pouvez vous aussi apprendre à ouvrir le canal de votre propre voix intérieure. En tant que professeur, rien ne me fait plus plaisir que de guider les gens sur la voie de l'intuition. Mais en tant qu'être humain, je crois qu'il est urgent que les gens découvrent leur sixième sens, parce que sans lui, la vie est insensée.

Nous nous faisons du mal les uns aux autres, nous tuons au nom de Dieu, nous succombons aux drogues illicites dans des proportions épidémiques et nous vivons dans l'isolement alors que la population mondiale atteint des sommets records.

La reconnaissance du sixième sens permet de réduire tous ces malheurs parce qu'à la base, il nous aide à voir à quel point nous sommes tous interreliés et dépendants les uns des autres, ce qui signifie que « ce que nous faisons au plus petit de nos frères, c'est à nous que nous le faisons ». Le fait d'être à l'écoute de nos vibrations constitue une excellente force de dissuasion pour éviter de sombrer dans la spirale d'auto-destruction individuelle et mondiale dans laquelle nous sommes plongés de nos jours. Quand nous faisons confiance à nos vibrations, nous rétablissons notre expérience et notre équilibre intérieurs — ce qui en bout de ligne mène à la paix extérieure.

UN CHEMINEMENT PROGRESSIF

Mon but en écrivant ce livre est de vous aider à ouvrir vos canaux intuitifs et de vous enseigner à être à l'écoute de vos vibrations. Pour ce faire, je vous révèle les pratiques secrètes que les personnes intuitives adoptent quotidiennement pour naviguer dans le monde invisible de la spiritualité. Vous apprendrez à fonctionner en vous basant sur votre âme plutôt que sur votre ego, ainsi qu'à renforcer vos muscles de l'intuition et à faire confiance à votre voix intérieure. En recourant à ces techniques, vous maîtriserez votre sixième sens de manière pratique et consciente.

Je vous présente ces secrets un à la fois pour vous faire découvrir comment expérimenter la vie en vous basant sur votre intuition, puis je vous invite à essayer chacun d'entre eux pour voir si cela fonctionne. Avec cette approche, vous prendrez l'habitude de penser comme un être intuitif qui expérimente la vie à travers ses vibrations plutôt qu'avec sa tête ou son intellect, comme le font les personnes qui ne se fient qu'à leurs cinq sens.

Ces exercices pratiques sont progressifs ; ils commencent par la base, soit la nécessité de préparer votre corps à ressentir l'énergie subtile, puis par la façon d'orchestrer le reste de votre conscience pour être à l'écoute des vibrations psychiques supérieures. Les trente-trois exercices pratiques sont répartis en neuf groupes ou sections — rappelez-vous que chacun des groupes découle du précédent et vous guide à mesure que vous prenez conscience de votre sixième sens. En d'autres termes, comme un cours d'initiation à la musique, vous apprendrez d'abord les notes, puis les mélodies de vos vibrations, et enfin la composition de la créativité intuitive ainsi que la façon dont nous construisons notre vie en fonction de l'évolution de notre âme.

En suivant ce cheminement progressif, vous apprendrez à être à l'écoute de vos vibrations une étape à la fois. Lisez chaque secret à votre propre rythme, puis faites l'exercice pratique suggéré pendant quelques jours pour voir ce qui se produit. Chaque secret découle du précédent pour vous offrir une plate-forme à partir de laquelle vous pourrez vivre vos propres expériences intuitives avec facilité et bien-être. Vous connaissez et appliquez peut-être déjà certains de ces secrets, alors que d'autres vous seront entièrement nouveaux. Gardez l'esprit ouvert et essayez chacun d'entre eux, à votre propre rythme. Vous apprendrez ainsi à être à l'écoute de vos vibrations peu importe ce qui vous arrive.

Vous pouvez considérer ce livre comme un programme d'exercices visant à entraîner vos muscles psychiques ; quant à moi, imaginez que je suis votre entraîneur personnel. Après tout, en tant que médium professionnel qui a reçu en consultation des milliers d'individus et qui a observé de quelle manière ils apprennent, je sais ce qui fonctionne et ce qui ne fonctionne pas, ainsi que les pièges à éviter. Mieux vaut procéder à petits pas — vouloir tout réussir d'un coup ne fonctionne pas.

Quand vous êtes à l'écoute de vos vibrations, vous changez les règles qui gouvernent votre vie et pouvez alors tenter de suivre les élans de votre âme et, du fait même, augmenter vos propres habiletés intuitives. Même si nous avons tous la possibilité d'être intuitifs et guidés vers notre Moi Supérieur, le simple fait de vouloir le devenir ne suffit pas. Regarder une vidéocassette d'exercices physiques n'aura aucun effet sur vos abdominaux, pas plus que le fait d'avoir des connaissances sur l'intuition ou simplement de vouloir apprendre à vous fier à votre sixième sens ne fera de vous un être intuitif. Vous devez *entraîner* vos muscles psychiques et les utiliser quotidiennement pour qu'ils deviennent le système interne de guidance qui se doit.

Il peut sembler étrange au début de mettre en pratique les secrets dévoilés dans ce livre, mais si vous persistez, vous constaterez un changement. Il faut du temps pour délaisser l'intellect et se concentrer sur les voix du cœur de même que pour s'y habituer. Le temps requis pour y parvenir n'est cependant pas excessif et si vous abordez ce processus avec beaucoup de plaisir et de légèreté plutôt que de le considérer comme un test, vous apprendrez vite à communiquer avec l'Univers comme un professionnel du sixième sens. Vous cesserez vite de chercher les réponses autour de vous. Vous saurez au fond de vous-même ce qui est bon pour vous parce que vous sentirez vos vibrations et entendrez votre Moi Supérieur de manière forte et intelligible.

En tant qu'êtres spirituels, nous possédons tous des ailes psychiques et souhaitons tous au fond de notre cœur élever notre âme.

Nous voulons survoler au-dessus des épreuves de la vie et vivre dans une dimension supérieure parce que nous savons intuitivement dans chacune de nos fibres que nous le pouvons. La manière de vous élever spirituellement est très simple, alors cessez de lutter et commencez à écouter votre âme. Elle vous donnera *vraiment* des ailes.

Je crois que nous savons tous à un certain degré que « quelque chose ne tourne pas rond » quand nous n'écoutons pas nos vibrations ou quand nous ignorons notre esprit. Vous souhaitez fuir la peur et retrouver le chaînon manquant de votre conscience, et êtes prêt à vous engager à le faire ? Sachez que vous le pouvez. Vous souhaitez suivre les voix de votre âme, entendre vos guides spirituels et voir au-delà des apparences, en plus d'avoir une meilleure compréhension de vous-même et des autres ? Vous le pouvez. Vous voulez entrer en contact avec des êtres chers qui sont décédés, communiquer avec des forces angéliques ou des génies du passé ? Vous pouvez également le faire.

Dans mon premier livre, *The Psychic Pathway*, je vous ai parlé de votre sixième sens. Dans le présent livre, je vous montre comment développer ce sens et le transformer en un puissant système interne de guidance. Si votre désir d'être à l'écoute de vos vibrations et de vivre une vie guidée spirituellement est aussi profond que mon désir de vous aider, nous avons alors toutes les chances de réussir ensemble.

QUESTIONNAIRE

Avant de découvrir les outils et les secrets d'une vie basée sur l'intuition, il serait utile d'identifier jusqu'à quel point vous êtes à l'écoute de vos vibrations. Répondez au questionnaire suivant en cochant la réponse de votre choix vis-à-vis chaque affirmation.

	Rarement	**Parfois**	**Souvent**
1. Quand je suis avec quelqu'un, je saisis facilement ce qu'il ressent.	————	————	————
2. J'adore bouger et faire de l'exercice.	————	————	————
3. J'écoute mon intuition, même si ce qu'elle me dit n'a aucun sens.	————	————	————
4. Quand quelqu'un me ment ou essaie de me manipuler, je m'en aperçois.	————	————	————

	Rarement	Parfois	Souvent
5. Je sais quand je ne suis pas sur la bonne voie et qu'il faut changer de direction.	_____	_____	_____
6. Je sais quand quelqu'un essaie de me tromper.	_____	_____	_____
7. J'ai tendance à assumer un peu trop les problèmes des autres.	_____	_____	_____
8. Je trouve facilement des solutions même quand je n'ai pas cerné l'ensemble du problème.	_____	_____	_____
9. Je change facilement mes plans quand je reçois des mauvaises vibrations.	_____	_____	_____
10. Je partage mes biens sans m'inquiéter de manquer de quoi que ce soit.	_____	_____	_____
11. Je me sens protégé, comme si quelqu'un veillait sur moi.	_____	_____	_____
12. Je réussis à dire non même quand c'est pénible.	_____	_____	_____
13. J'exprime mes vrais sentiments même s'ils ne plaisent pas aux autres.	_____	_____	_____

	Rarement	Parfois	Souvent
14. Je m'en remets à moi-même lorsqu'il s'agit de prendre la décision finale.	_____	_____	_____
15. Je choisis bien les personnes à qui je demande conseil.	_____	_____	_____
16. J'aime prendre des risques et essayer de nouvelles choses.	_____	_____	_____
17. Je prends soin de mon corps.	_____	_____	_____
18. Je suis attentionné envers les autres et leur prête une bonne oreille.	_____	_____	_____
19. Je devine à l'avance ce qui va arriver.	_____	_____	_____
20. Il m'arrive souvent de penser à une personne et que celle-ci m'appelle le jour même.	_____	_____	_____
21. Je perçois bien si les personnes ou les situations sont bonnes ou mauvaises pour moi.	_____	_____	_____
22. J'ai une pensée très créative et j'adore griffonner ou m'amuser quand j'ai un moment libre.	_____	_____	_____
23. J'ai un très grand sens de l'humour.	_____	_____	_____

Questionnaire

	Rarement	Parfois	Souvent
24. Ma vie est parsemée de coïncidences.	_____	_____	_____
25. Je crois que j'ai du soutien de l'Autre Dimension, par exemple de la part des anges gardiens.	_____	_____	_____

Une fois le questionnaire rempli, relisez vos réponses. Accordez-vous un point pour chaque « rarement », deux points pour chaque « parfois » et trois points pour chaque « souvent ».

- **Si votre pointage se situe entre 25-39 :**
  Vous n'avez pas encore pris l'habitude de suivre votre sixième sens — mais cela va changer rapidement une fois que vous maîtriserez les outils et les secrets de ce livre. À mesure que vous ouvrirez la porte à votre intuition, votre sens de l'aventure et votre vitalité augmenteront de manière significative.

- **Si votre pointage se situe entre 40-59 :**
  Vous êtes déjà assez bien à l'écoute de votre sixième sens, même si vous ne l'appelez pas ainsi. Vous croyez sans doute que ce n'est qu'une question d'« hypersensibilité » ou « de chance ». À force de mettre en pratique les outils de ce livre, vous éprouverez un sentiment accru de sécurité, de guidance et de créativité, et votre vie deviendra beaucoup plus excitante et satisfaisante.

- **Si votre pointage se situe entre 60-75 :**
  Vous êtes sans doute conscient que votre sixième sens est exceptionnellement bien développé, mais vous ne lui faites pas pleinement confiance. À force de mettre en pratique les outils de ce livre, vous allez acquérir la confiance dont vous avez besoin pour apprécier la vie d'un être pleinement intuitif. Vous apprendrez à naviguer dans la vie avec grâce et facilité, et survolerez les difficultés plutôt que de vous battre contre elles. Vous apprendrez à éveiller votre âme et à vous envoler dans une autre dimension.

Maintenant que vous savez que vous êtes prêt à devenir un être intuitif et à vous fier à vos vibrations, il est temps de passer à l'action.

1re PARTIE

Les préparatifs de base

SECRET N° 1

Pour apprendre à être à l'écoute de vos vibrations, vous devez absolument *intégrer le fait* que vous possédez un sixième sens qui capte ces dernières, même s'il n'est pas encore éveillé. Votre sixième sens est en quelque sorte votre génie intérieur naturel et, même si vous en doutez, il est normal d'être un être spirituel guidé par l'Univers. Les personnes intuitives et psychiques le savent, tandis que les personnes qui ne se fient qu'à leurs cinq sens l'ignorent. Pour vivre à un niveau de conscience plus élevé, vous devez donc cesser de douter de votre intuition, cesser d'ignorer ce que vous ressentez grâce à votre sixième sens et commencer à accepter et à apprécier vos vibrations quand elles vous transmettent un signal.

Vous devez d'abord changer d'attitude. Il est difficile de fonctionner comme les individus qui sont uniquement à l'écoute de leurs cinq sens et qui croient que les personnes intuitives sont folles ou simplement bizarres. Vous ne pouvez pas rejeter votre sixième sens hors de votre vie. Même Léonard de Vinci, une des personnes intuitives que je préfère, était considéré fou et hérétique par ses compatriotes — tout comme Thomas Edison et Walt Disney, pour n'en nommer que quelques-uns. Le monde a bien entendu changé d'opinion et reconnaît maintenant que ces hommes étaient d'immenses génies créatifs et intuitifs, mais les personnes axées sur leurs cinq sens continuent de mettre en doute le sixième sens parce que leur ego fera tout en son pouvoir pour garder le contrôle. Au lieu de craindre de passer pour un fou parce que vous admettez être à l'écoute de vos vibrations, soyez-en fier. Cela signifie que vous progressez en dehors de la norme limitée aux cinq sens.

Deuxièmement, pour vivre de manière intuitive, vous devez avoir des raisons d'écouter votre intuition. Les personnes intuitives comme moi savent que le fait d'être à l'écoute de nos vibrations est fort pratique. Cela nous permet d'épargner du temps, d'établir des liens entre les différents événements de notre vie et même d'améliorer nos relations. Mieux encore, être à l'écoute de vos vibrations vous délivre de bien des soucis — ce qui devrait suffire à vous inciter à éveiller et à utiliser votre sixième sens.

En voici un exemple. Mon élève Bea et son mari ont décidé récemment de vendre leur immense résidence de Dayton, en Ohio, pour déménager dans une plus petite maison de ville dans les environs. Comme leurs enfants sont maintenant des adultes, ils voulaient une habitation qui leur procurerait davantage de liberté tout en réduisant leurs dépenses. « La seule chose qui me dérange, m'a expliqué Bea, c'est de faire visiter ma maison à des étrangers. Si seulement je pouvais la vendre sans tout ce dérangement et cette intrusion dans ma vie. »

Tenant compte de mon conseil et de mon exemple, Bea a soumis le problème à ses guides pour ensuite le chasser de ses pensées. N'étant pas du genre à raconter sa vie privée à tout le monde, quelque chose l'a tout de même poussée le lendemain à discuter de ses plans avec Lori, sa nouvelle femme de ménage. À l'arrivée de celle-ci, Bea a suivi son intuition et a confié à Lori que son mari et elle songeaient à vendre la maison.

« Oh, mon Dieu !, s'est exclamée Lori. Je n'arrive pas à y croire ! Une autre de mes clientes m'a justement demandé hier de l'aider à trouver une maison dans ce secteur. Connaissant ses goûts, je suis sûre qu'elle va *adorer* votre maison. »

Ça ne pouvait pas tomber mieux. Lori a mis les deux femmes en contact le même jour et l'affaire a vite été conclue — de fait, la maison a presque été vendue au téléphone. Le fait d'avoir été une bonne élève et de faire confiance à ses vibrations plutôt que d'y résister a permis à Bea d'attirer une solution à son problème en moins d'un jour.

Enchantée quoique pas le moins du monde étonnée par la tournure des événements, Bea a remarqué que Lori, au contraire, n'en revenait tout simplement pas. Elle était en fait estomaquée par une telle coïncidence. La vie, selon elle, ne pouvait être aussi simple. Elle a plutôt réagi en disant : « Ça fait presque peur de voir combien tout est tombé pile ! »

Bea n'y a rien vu de terrifiant, car elle s'attendait à ce genre de synchronicité. Après tout, n'est-ce pas ainsi que fonctionne notre sixième sens ?

Bea a eu pour seul commentaire : « Merci. » Ce jour-là, elle a franchi l'étape finale pour devenir une personne intuitive à part entière.

Un autre de mes élèves, Raymond, un ingénieur de 46 ans, timide et quelque peu introverti, commençait à peine à être à l'écoute de son intuition ; il avait de la difficulté à croire qu'elle pouvait l'aider. Pendant des mois, il n'a pas cessé de raconter à la blague à ses amis qu'il détestait le jeu des fréquentations en disant « j'aimerais juste avoir à presser un bouton pour voir la fille de mes rêves apparaître ».

Un jour, Raymond a dû se rendre à un hôtel local pour un rendez-vous d'affaires. Après avoir appuyé sur le bouton de l'ascenseur, il a vu les portes s'ouvrir sur la plus belle femme jamais rencontrée — et elle participait à la même rencontre. À sa grande surprise, l'attraction a été réciproque. Les vibrations de Raymond, dans le but de combler les désirs de son cœur, l'avaient dirigé vers elle (comme c'est dans l'ordre des choses), mais son esprit refusait de croire au dénouement de l'histoire. Se fiant de nouveau à ses cinq sens, Raymond craignait que la femme de ses rêves ne disparaisse aussi étrangement qu'elle avait surgi dans sa vie. Elle ne l'a pas fait et ils sont maintenant fiancés. Raymond commence à comprendre...

Heureusement, alors que nous progressons à grands pas vers une ère nouvelle et que la science reconnaît l'existence du sixième sens, il est beaucoup plus admis et intelligent de nos jours d'être à l'écoute de nos vibrations que de les nier.

La science et la loi spirituelle s'opposent cependant sur le fait que nous sommes tous des être intuitifs et que tout dans l'Univers est interrelié. Nous nous influençons psychiquement en tout temps et ceux qui d'entre nous évoluent dans cette dimension supérieure reconnaissent ce fait et ne le remettent pas en question. Parce que cette interrelation existe, il est tout à fait logique que le vide intérieur de Raymond lui ait attiré la bonne partenaire et que le désir de Bea de vendre facilement sa maison lui ait attiré l'acheteur idéal.

Les synchronicités ne sont pas des coups de chance ou des coïncidences — elles reflètent intentionnellement notre intuition qui agit pour veiller à ce que tous les éléments du monde invisible interagissent dans un ordre parfait. Voilà pourquoi les poissons remontent le courant, les oiseaux s'envolent vers le Sud et les ours hibernent. Chaque chose dans la nature est intuitivement attirée vers ce qui favorise le mieux sa croissance et ceci inclut la race humaine. La seule différence est que nous avons le choix de suivre ou de ne pas suivre notre intuition.

Donc, si vous voulez que votre sixième sens résonne en vous, cessez de résister à vos vibrations ; changez plutôt d'attitude. Une de mes amies intuitives a admis à son thérapeute jungien de 85 ans : « J'ai peur de passer pour une originale auprès de mes amis. » « Mais ma chère, ne sais-tu pas que l'originalité est de mise de nos jours ? », lui a-t-il répliqué.

Je suis entièrement d'accord. Je ne peux pas m'imaginer la vie sans être guidée par mes vibrations. Je suis si habituée d'écouter ma voix intérieure que je serais incapable de fonctionner sans elle. Ce serait comme avoir les yeux bandés par une belle journée ensoleillée. Pourquoi voudrais-je ainsi échapper à toute cette beauté qui m'entoure ? Les personnes déconnectées de leur sixième sens sont inutilement handicapées. Qui déciderait volontairement d'ignorer son compas ou sa carte pour errer dans l'incertitude ?

J'ai une confession à faire : les raisons pour lesquelles je tiens tant à transmettre ce message ne sont pas entièrement désintéressées. Avez-vous déjà circulé sur une autoroute où un conducteur fou roule à contre-sens ou bien en dessous de la limite de vitesse, ou encore change continuellement de voie parce qu'il a peur ou ne sait pas où il va ? Cela entraîne un chaos et nuit à la circulation fluide des autres véhicules. La même chose se produit quand une personne intuitive comme moi vit dans un monde empli de gens contrôlants qui ne comptent que sur leurs cinq sens et qui ont peur de suivre le courant. Cela nuit à mon élan, m'empêche de progresser et peut être vraiment irritant. Voilà pourquoi j'ai vraiment à cœur d'aider les autres à rattraper le courant pour pouvoir circuler sur l'autoroute psychique sans être freinée par des barrages ou des bouchons d'énergie.

Cela peut sembler égoïste mais, en vérité, ça ne l'est pas. C'est merveilleux de suivre le courant de la vie et d'aller dans la direction désirée, et mon plus grand souhait est que tout le monde m'accompagne sur cette voie. Pour évoluer en tant qu'êtres humains et vivre dans un semblant d'harmonie sur cette planète, nous devons surmonter la peur qui nous habite quand nous fonctionnons uniquement avec nos cinq sens. Le seul moyen d'y parvenir est de suivre la loi spirituelle et d'unir tendrement nos âmes en utilisant notre sixième sens.

Réfuter cet outil essentiel à notre évolution ne fait que nous maintenir dans les ténèbres.

Vous pouvez continuer d'être pris en otage en suivant les règles des cinq sens et en remettant en question votre sixième sens, mais tôt ou tard, vous constaterez que la voie de l'avenir est empruntée par le train de l'intuition et que celui-ci mène à des endroits merveilleux.

Vous pourriez alors vous sentir quelque peu abandonné sur le quai de la gare. Surtout, ne vous inquiétez pas si vous avez peur ; c'est normal de craindre l'inconnu. Mais cela ne vous empêche pas d'évoluer. La *sensation* de peur ne devrait pas vous arrêter — après tout, tout le monde a peur à un moment ou un autre. C'est plutôt le fait de *cacher* votre peur qui est nuisible. Cette dissimulation brûle toute votre énergie et vous empêche de profiter de la vie. Je vous invite donc à apprivoiser votre peur et à plonger dans le merveilleux monde de l'intuition !

Exercice pratique pour éveiller votre sixième sens

Commencez votre cheminement vers une dimension supérieure en acceptant le fait que vous êtes *naturellement intuitif*, même si vous n'utilisez pas encore votre sixième sens à son plein potentiel. Vous pouvez être débutant et tout de même progresser si vous croyez que c'est possible, mais vous n'y parviendrez pas si vous continuez de lutter contre l'idée. Vous devez tenir compte de chaque sensation, pensée, découverte, pressentiment, inspiration, idée brillante et « je me demande si... » que vous expérimentez comme des expressions fondamentales de votre sixième sens. Elles sont les lignes de transmission de vos vibrations.

Pensez comme une personne intuitive. Êtes-vous à l'aise avec vos vibrations ? Avez-vous l'habitude de les accepter (selon la loi spirituelle) ou de les considérer comme de l'information inutile (selon la loi de l'ego) ? Apprenez à avoir une attitude positive et neutre face à votre sixième sens, même s'il ne vous semble pas encore naturel. À la limite, faites comme si — étonnamment, cela fonctionne. Et gardez en tête que cela deviendra de plus en plus facile avec le temps. Après tout, vous ne faites que commencer à éveiller votre conscience ; vous pourriez donc ne pas vous sentir immédiatement en pleine possession de vos moyens.

Pour modifier votre état de conscience et apprendre plus rapidement à être à l'écoute de vos vibrations, écrivez sur une feuille toutes les peurs, les croyances négatives ou les attitudes qui surgissent en vous, qu'elles proviennent de vos propres expériences ou qu'elles soient héritées d'autres personnes. Quelles notions anciennes sont imprégnées dans votre cerveau et vous empêchent d'utiliser votre génie psychique ? Cet exercice vous aidera à prendre conscience de certaines croyances que vous ignoriez posséder.

En relisant vos notes, demandez-vous si vous croyez vraiment en ces règles anciennes ou si vous les appliquez uniquement par habitude.

Êtes-vous prêt à plonger dans l'aventure et à changer d'attitude ? Si la réponse est affirmative, eh bien faites-le. C'est la première étape. Vous n'êtes pas obligé de clamer haut et fort votre décision de vivre à un niveau de conscience plus élevé, alors n'ayez pas peur. Dans le présent livre, je vous enseignerai comment concrétiser votre décision de changer, mais vous devez décider une fois pour toute que c'est vraiment ce que vous souhaitez faire.

Ensuite, exercez-vous à mettre en pratique votre nouvelle attitude. Prenez conscience des interconnections à la fois subtiles et complexes qui nous relient tous et appréciez-les à leur juste valeur. Notez également les attitudes de votre entourage. Comment les autres conçoivent-ils leurs expériences intuitives et psychiques ? Sont-ils limités à leurs cinq sens ou utilisent-ils aussi leur sixième sens ? En faisant cette distinction, vous serez moins sur la défensive face à vos propres vibrations. Que répondriez-vous à une personne qui vous dit que l'intuition ou les vibrations ne sont que de la foutaise ? Abonderiez-vous dans le même sens pour éviter les plaisanteries ou diriez-vous vraiment ce que vous pensez ?

Chaque fois que vous retombez dans vos vieilles habitudes, dites-vous simplement « eh oui ! » et ressaisissez-vous. Et chaque fois que vous choisissez d'adopter la nouvelle attitude, en suivant la loi spirituelle plutôt que la peur et le contrôle, applaudissez-vous. Vraiment. Vous devez devenir votre principale source d'encouragement dans votre aventure sur le chemin de l'intuition qui débute à l'instant.

CAPSULE DE SAGESSE INTUITIVE :

C'est génial d'être intuitif !

SECRET N° 2

LE SIXIÈME SENS RELÈVE
DU GROS BON SENS

Vous devez avant tout savoir que votre sixième sens repose sur la conscience. Et pour être conscient de vos vibrations et apprendre à vous y fier, vous devez commencer par le gros bon sens. Pour que votre conscience fonctionne à un niveau supérieur, vous devez fournir à votre corps ce dont il a besoin pour être conscient.

Les gens sont épuisés de nos jours et le manque de repos est mortel pour nos vibrations. La définition du mot *intuition* dans le dictionnaire fait référence à « deviner les choses » et « prêter attention ». Quand vous manquez de sommeil au point d'avoir de la difficulté à vous concentrer sur ce que vous avez sous les yeux, il y a peu de chance que vous prêtiez attention aux énergies psychiques plus subtiles. Lorsque vous êtes fatigué à ce point, votre ego dirige votre vie et ne ressent rien — il ne fait que penser. Il ne ressent pas votre fatigue, alors il fera tout pour vous convaincre que vous ne l'êtes pas. *Ne l'écoutez pas.* Et rappelez-vous que pendant votre sommeil, votre ego dort également, laissant ainsi libre cours à votre voix intuitive.

L'une des suggestions les plus pratiques pour éveiller votre sixième sens est d'être attentif aux messages que vous recevez durant votre sommeil (ne dit-on pas que la nuit porte conseil ?). Mon professeur Charlie Goodman m'a déjà expliqué que le sommeil permet aux émotions de se reposer et à notre âme de s'éveiller. Par exemple, il y a plusieurs années, j'ai été confrontée à une décision embêtante : garder ou congédier la gardienne que je venais d'embaucher.

Même si elle semblait très bien s'occuper de mes filles, mon intuition me disait que quelque chose clochait chez elle — sans que je puisse vraiment identifier le problème. Comme son congédiement m'aurait causé des inconvénients, j'ai lutté contre mon malaise jusqu'à l'épuisement. Sachant ce que l'épuisement me fait, j'ai décidé d'attendre au lendemain et de laisser la nuit me porter conseil.

Dans mon rêve, j'ai vu ma gardienne tourner frénétiquement en rond, en se cachant le visage et en ne prêtant aucune attention à mes filles ou à moi pendant que j'essayais de planifier la journée avec elle. Ce rêve a suffi — j'ai alors cessé de remettre en question ma décision. Pour des raisons que j'étais incapable (ou n'avais pas vraiment besoin) de comprendre, mes vibrations psychiques m'ont dit qu'elle devait partir.

Soulagée d'avoir pris une décision, j'avais prévu la congédier à son arrivée vers dix heures du matin. À neuf heures, j'ai reçu un appel d'un homme qui disait être le père de ma gardienne. Il m'a demandé si je connaissais sa fille. Quand j'ai répondu oui, il m'a raconté qu'elle s'était enfuie de la maison il y a cinq mois. Cela expliquait ma réserve à son égard. Même si cette fille était charmante, elle était en fugue et devait retrouver le foyer familial pour reprendre sa vie en main, qui était de toute évidence sur la mauvaise voie. Étrangement, elle a dû elle aussi ressentir une vibration, car elle ne s'est pas présentée ce matin-là, pas plus que les jours suivants. J'imagine que nous avions toutes les deux été guidées pour accomplir le nécessaire. Tout ce dont j'avais eu besoin pour le comprendre, c'est une bonne nuit de sommeil.

Avoir suffisamment de sommeil n'est cependant qu'une partie de l'équation. Vous devez vous alimenter correctement pour bien sentir vos vibrations. Vous ne pouvez pas manger n'importe quoi et vous attendre ensuite à être conscient sur le plan psychique — vous devez prêter attention aux aliments qui conviennent le mieux à votre corps pour ne pas tomber dans les pommes ou vous couper de votre voix intérieure. Même si c'est évident, je suis toujours surprise de voir à quel point les gens résistent lorsqu'il s'agit d'adopter de saines habitudes alimentaires. La plupart des gens se laissent mourir de faim ou subsistent en faisant de mauvais choix alimentaires. Pas étonnant qu'ils soient épuisés, ce qui, inutile de le mentionner, laisse peu de place à l'écoute des vibrations.

Il n'est pas nécessaire de suivre un régime sévère ou inhabituel pour vivre dans une dimension supérieure ; assurez-vous seulement de manger les aliments qui sont bons pour vous.

Les beignets sucrés, les douzaines de tasses de café, les repas-minute et les repas surgelés ne conviennent pas. Vous devez manger des aliments nutritifs qui donnent de l'énergie à votre corps physique. Par exemple, je suis incapable de faire des lectures médiumniques si je consomme trop de sucre le matin et pas assez de protéines. J'ai besoin de beaucoup d'énergie pour me concentrer et un petit déjeuner peu nourrissant ne m'en procure pas assez. Les jours de travail, je mange donc un bol de gruau (porridge) pour m'aider à me concentrer. Ce simple changement a fait toute la différence.

Vous n'êtes pas obligé de me croire ou d'utiliser votre sixième sens — prêtez seulement attention à ce que vous ressentez quand vous mangez. Si vous vous sentez bien quand vous consommez de bons aliments, vous verrez alors que c'est assez évident. Il n'est pas nécessaire de devenir végétarien ou de manger exclusivement des fèves germées et du tofu. Assurez-vous plutôt que vos aliments soient le plus naturels ou proches de leur état naturel. En d'autres termes, adoptez un régime sain composé de fruits, de légumes, de suffisamment de protéines et de grains entiers, et évitez les aliments préparés ou emballés. Bien entendu, cela relève du gros bons sens mais est *contraire* aux règles de l'ego qui pourrait faire des siennes.

Voici un exemple. Ma cliente Constance était cadre dans une agence de publicité. Elle travaillait la plupart du temps de sept heures à minuit et mangeait rarement un repas décent durant la semaine. Elle buvait beaucoup trop de café et son alimentation n'était composée que de beignets, de hamburgers et de repas pris au restaurant. L'ego de Constance lui disait toutefois qu'elle n'avait pas le droit de prendre ne serait-ce que quelques minutes pour aller chercher des aliments plus nutritifs sous peine de rater quelque chose au travail. Pas étonnant qu'elle ait fait un burn-out accompagné d'une dépression, même si elle adorait son poste. Son régime alimentaire, en plus d'annihiler ses vibrations, nuisait à ses émotions et à son corps.

Le jour où Constance est venue me voir pour une lecture médiumnique, elle m'a dit qu'elle avait demandé à son médecin de lui prescrire des médicaments pour soulager sa dépression. Il avait cependant refusé. Durant ma lecture, j'ai suggéré qu'au lieu de prendre des médicaments, elle devrait simplement modifier son alimentation et voir ce qui se produit dans son corps. Elle a ignoré mon conseil et a convaincu son médecin de lui prescrire des médicaments. Les effets secondaires ont été si sévères qu'elle est revenue me voir. Encore une fois, j'ai insisté sur le fait que quelques repas nutritifs feraient toute la différence.

Elle m'a écoutée cette fois-ci. Elle a pris l'habitude de préparer ses lunchs à la maison et de cuisiner le soir après le travail même si elle était fatiguée. Elle s'est mise à manger des légumes, davantage de grains entiers et a abandonné le sucre.

Au bout d'un mois seulement, Constance n'était plus déprimée et débordait d'énergie. Son intuition était aussi plus aiguisée. De fait, elle s'est sentie si inspirée qu'elle a conçu des campagnes publicitaires extrêmement imaginatives pour son agence, qui ont par la suite valu une promotion à son équipe de créatifs. Étant donné sa capacité d'établir les liens appropriés, il était tout à fait logique que son intuition la mène au succès.

L'ego ne voit jamais ces liens invisibles, contrairement à l'intuition qui les perçoit en tout temps. Aujourd'hui, Constance attribue avec justesse ses progrès et son inspiration à sa soupe aux légumes, à ses tisanes et à ses vitamines. Cela ne veut pas dire que les aliments devraient remplacer les médicaments — après tout, c'est une bénédiction pour ceux qui en ont besoin —, mais les médicaments ne devraient jamais remplacer la vraie nourriture. Peu importe la façon dont nous voyons les choses, nous avons *tous* besoin de manger sainement pour bien fonctionner dans la vie.

L'importance de ne rien faire

Pour capter vos vibrations, vous devez vous accorder davantage de temps d'arrêt. En plus de ragaillardir votre corps, l'état de repos vous permet d'accéder à votre espace intérieur pour faire le plein d'énergie psychique et percevoir la voix subtile de votre âme. Votre ego craintif vous incitera à poursuivre malgré tout vos activités, mais votre âme sait que vous devriez vous arrêter et laisser l'Univers prendre les commandes un moment. Mon ami Bill a appris cette leçon de manière fort concrète il y a quelques années.

Bill et sa petite amie étaient en vacances à Paris. Un jour, ils ont décidé d'aller chacun de leur côté tôt le matin et de se retrouver plus tard vers 17 h au café voisin de l'hôtel. Comme ils logeaient dans une petite auberge au cachet vieillot et que la clé de leur chambre était assez inhabituelle, Bill a proposé de la garder sur lui. Son amie a eu beau insister qu'elle serait plus responsable que lui, Bill a gagné. Ils se sont donc donné rendez-vous en fin de journée.

Après avoir visité la ville et fait des achats, Bill s'est dirigé vers le café, épuisé et prêt pour la sieste. Dehors, il s'était mis à neiger et le temps se refroidissait de minute en minute. Même s'il n'était que 16 h, Bill s'est dit qu'il en avait assez vu pour la journée. Il s'est donc assis à une table pour savourer un café au lait, tout en fouillant dans sa poche pour trouver la clé. Peine perdue. Inquiet au sujet de la clé (le concierge de l'auberge l'avait bien averti de ne pas l'égarer, car il était impossible de la remplacer) mais aussi au fait de perdre la face devant son amie, Bill a senti son cœur battre frénétiquement. Mais au lieu de paniquer, il s'est concentré sur sa tasse brûlante et odorante de café en se disant que le mieux à faire, pour le moment, était de boire très lentement tout en relaxant.

Bill a donc avalé son café à petites gorgées, en contemplant les passants et en refusant de céder à la panique. Au bout de trois quarts d'heure, il a éprouvé la forte envie de se lever et de se rendre à la première station de métro qu'il avait empruntée ce jour-là. Pendant tout le trajet, il est demeuré détendu tout en pataugeant dans la neige mouillée qui s'accumulait rapidement au sol. Puis, il a aperçu sa clé dans la neige à dix pas de l'entrée du métro. Elle avait dû demeurer là toute la journée et, étrangement, personne ne l'avait prise. N'osant croire à sa chance, Bill l'a ramassée puis est retourné au café, à 17 h précises.

Son amie qui l'attendait s'est montrée fort heureuse de le voir arriver, car elle était chargée de paquets et tombait de fatigue. « Comment ça va ? » lui a-t-elle demandé.

« Super ! Veux-tu un café ? »

« Non, je veux juste rentrer à l'hôtel. As-tu la clé ? »

« Bien entendu », lui a-t-il répondu en souriant.

Bill persiste à croire que ce qui l'a sauvé, c'est sa décision de s'asseoir et de prendre un café calmement, sans rien faire. Je suis entièrement d'accord avec lui.

Mon professeur Trenton Tully désignait le temps d'arrêt comme un « temps d'incubation ». Il m'a enseigné que, lorsque l'inspiration ou la guidance ne venait pas, il suffisait de demeurer tranquille et de ne rien faire pendant au moins deux heures pour ressentir quelque chose. J'applique religieusement cette règle depuis plus de trente ans et cela fonctionne vraiment. C'est ainsi que j'ai eu l'intuition d'aller rencontrer le doyen de mon université de Denver pour pouvoir entrer à la Sorbonne ou de demander à mon mari Patrick de sortir avec moi plutôt que d'attendre qu'il me le demande.

C'est également ainsi que j'ai déniché la maison dans laquelle j'habite maintenant et que je trouve toutes mes idées de livres. Ce ne sont là que quelques-unes des formidables vibrations que j'ai captées en m'accordant simplement du temps de réflexion.

Des choses étonnantes se produisent quand vous dormez suffisamment, mangez sainement et prenez la vie du bon côté. Vos terminaisons nerveuses se détendent et votre âme ou la partie intuitive en vous retrouve sa fraîcheur et se met à éclairer votre parcours. Voilà pourquoi on dit qu'une personne rayonne ou resplendit, ou on illustre une idée lumineuse en dessinant une ampoule au-dessus de la tête d'un individu. L'expression *je me sens bien dans ma peau* exprime bien cet état spirituel profond. Nous créons un milieu favorable à tous les rouages psychiques en prenant soin de notre corps.

L'une des choses les plus intéressantes que m'a enseignées Charlie Goodman est que si votre corps est négligé, épuisé ou maltraité, il devient intoxiqué sur le plan énergétique. Votre esprit s'envole alors par ce qu'on appelle la « corde d'argent » (un cordon de lumière qui rayonne à partir du plexus solaire jusqu'à votre aura) et vos moteurs psychiques s'éteignent.

Ne voulant pas être emprisonné dans cette état de confusion, votre esprit flotte à l'extérieur de votre corps physique — quand cela se produit, vous avez l'air terne, éteint et pâle, sans aucune vitalité. Du point de vue spirituel, vous êtes *vraiment* éteint, alors vous avez peu de chance d'être inspiré. D'où l'expression « avoir une existence vide » quand on veut décrire une personne qui ne prend pas soin d'elle et qui agit de manière superficielle. Cette expression est intuitivement correcte.

Même si vous croyez vous en tirer lorsque vous maltraitez votre corps en consommant de la drogue ou de l'alcool, ou même en fumant des cigarettes, vous vous leurrez complètement. Votre corps ne peut pas vivre au sein d'une énergie corrompue. Il vous dira la vérité en devenant faible ou en perdant son aura (le champ énergétique qui entoure votre corps et vous protège). Vous ouvrez alors la porte aux énergies et aux entités négatives et, quand cela se produit, je peux vous assurer que cette vibration n'est surtout pas « supérieure ». Je le constate chaque fois que je fais une lecture à mes clients. Ils ont beau croire qu'ils sont assis seuls devant moi, mais ils sont souvent accompagnés.

En observant ces individus avec mon don médiumnique, je vois une foule de petites créatures psychiques qui squattent leur aura. Ces passagers clandestins sont des énergies d'un niveau vibratoire inférieur composées du résidu commun de la pensée de masse, y compris le mal-être général, le cynisme, le jugement et la paranoïa. Elles ont toutes la capacité de nous donner la trouille.

Lorsque vous maltraitez ou négligez souvent votre corps, c'est comme si vous viviez dans une maison abandonnée — les « squatteurs énergétiques » s'en donnent alors à cœur joie pour vous rendre misérable. Pour vous débarrasser de ces malheureux intrus, vous devez prendre en charge votre corps en le soignant avec du repos, une nourriture saine et du temps de réflexion. De plus, un bon bain aux sels d'Epsom vous procure un excellent nettoyage psychique étant donné que les sels dégagent votre aura de vos intrus et vous purifient de ce qui n'est pas vous.

La négligence et les résidus psychiques sont épidémiques dans notre monde de surconsommation où il faut toujours aller plus vite et posséder plus et plus encore — ce qui se traduit par toujours moins de ce dont nous avons besoin. Les gens ne sont pas conscients de la fragilité de l'esprit et de son besoin d'être en sécurité et bien ancré dans le corps. Ils ne se rendent pas compte du prix à payer pour ne pas être en symbiose avec leur âme. C'est ce que j'observe et cela ressemble à une image aux couleurs délavées. Comme le corps est le temple de votre esprit, il est important et plus que sensé d'en prendre soin. Sinon, vous vous sentirez perdu, confus et déprimé.

Vos vibrations émettent constamment un signal. Cependant, pour les entendre ou les sentir dans le tourbillon de la vie quotidienne, vous devez être en excellente forme physique et psychique et mener une vie pleine de sens. Malgré tout ce que les règles basées sur l'ego vous diront, même le fait d'être intuitif n'élimine pas vos responsabilités fondamentales. Plus vous prendrez soin de vous, plus vous serez conscient… et c'est ce sur quoi repose une vie intuitive.

Exercice pratique pour éveiller votre sixième sens

Il est maintenant temps de passer en revue votre corps. En prenez-vous bien soin ? Dormez-vous suffisamment ? Si vous aviez l'intention de vous coucher plus tôt dorénavant, c'est le moment idéal de commencer. Vous verrez toute la différence même si vous profitez seulement de quinze minutes supplémentaires.

Si vous avalez n'importe quoi, planifiez votre alimentation. Décidez d'avance ce que vous souhaitez manger et allez l'acheter. Faites provision des aliments qui sont sains pour vous, comme les légumes et les céréales, et assurez-vous d'en avoir toujours prêts à manger sous la main. Préparez un gros chaudron de soupe et mangez-en toute la semaine. Planifiez au moins un repas frais et équilibré par jour et cuisinez-le. Laissez tomber votre quatrième tasse de café et vos bonbons au caramel ; mangez plutôt des bleuets (l'un des aliments naturels les plus parfaits).

Si vous faites de l'insomnie, éteignez la télévision en fin de soirée, procurez-vous un oreiller confortable et prenez un bain chaud et relaxant avant d'aller vous coucher. Ne planifiez pas votre horaire à la minute près ; accordez-vous des moments à ne rien faire en particulier. Prenez des vitamines, sans toutefois exagérer : un comprimé par jour suffit, alors n'en prenez pas six. Dans votre agenda hebdomadaire, prévoyez des périodes uniquement réservées à la détente, et soyez au rendez-vous. Soyez à l'écoute des besoins de votre corps et respectez-le — par exemple, lorsque vous avez envie d'uriner, allez aux toilettes immédiatement au lieu d'attendre d'avoir terminé un projet. Buvez au moins six verres d'eau par jour. Mon professeur Charlie m'a expliqué que le sixième sens est comme une pile qui a besoin d'eau pour se recharger.

Ne faites pas preuve d'irresponsabilité en négligeant vos besoins fondamentaux, sans pour autant exagérer dans l'autre sens — quelques efforts simples vous aideront à vivre à un niveau de conscience plus élevé. Tout est une question d'attitude : une attitude basée sur les cinq sens incite à aller plus vite et à en faire davantage, alors qu'une attitude basée sur le sixième sens vous indique que toutes ces habitudes saines et responsables sont nécessaires au temple que constitue votre corps.

CAPSULE DE SAGESSE INTUITIVE :

Prenez bien soin de vous.

(P.S. Si vous souffrez d'une dépendance, celle-ci ruine non seulement votre sixième sens, mais aussi toute votre vie. N'oubliez pas que pour élever votre conscience, vous devez faire place nette. Avant de progresser, vous devez être honnête avec vous-même et admettre que vous avez besoin d'aide. Le moment est venu de passer à l'action.)

SECRET N^O 3

AYEZ UNE VIE BIEN ANCRÉE

Vous devez avoir les deux pieds sur terre pour être à l'écoute de vos vibrations et commencer à vous y fier. Cela signifie que vous devez être en lien étroit avec votre corps et la terre qui le supporte. Quand vous ne l'êtes pas, il vous est impossible de tirer suffisamment d'énergie pour activer votre conscience supérieure — un peu comme si vous étiez une lampe dont le fil n'est pas branché dans la prise. Votre sixième sens est alors éteint et vous sombrez dans l'anxiété, l'inquiétude et l'agitation.

Vous savez que vous n'êtes pas bien ancré quand vous perdez contact avec la réalité et expérimentez ce qui suit : vous exagérez vos problèmes, imaginez des choses ou faites un drame pour des petits incidents ; vous souffrez d'insécurité, êtes mal en point, agité ou inefficace ; vous vous enfargez dans vos pieds, échappez le ballon, tournez en rond ou radotez sans raison ; vous n'arrivez pas à vous concentrer ; ou vous perdez beaucoup d'énergie à accomplir très peu de choses.

Quand vous n'êtes pas bien ancré, votre énergie demeure bloquée à la hauteur de vos pieds et ne parvient pas à remonter jusqu'à votre cœur (le siège de votre sixième sens), ce qui fait que vous vous embourbez. À l'inverse, vous pouvez aussi être désancré

49

lorsque votre intellect prend tellement le dessus que vous ne parvenez pas à sentir les mouvements de votre cœur. Vous êtes alors entièrement coupé de votre intuition, comme un hamster incapable de freiner son élan sur sa roue d'exercice. Résultat, vous n'avez pas accès au soutien de la terre *et* de la conscience élevée de votre esprit, et vous ressentez plutôt un blocage mental et émotionnel.

Pour capter vos vibrations, il est essentiel d'être bien ancré. Comme notre corps suit la loi spirituelle, il a besoin, comme tous les éléments de la nature, d'être en contact avec la Mère Terre pour fonctionner. Et pour établir ce lien, il faut être bien ancré. Votre ego n'est lié qu'à sa propre peur — il n'est lié ni au divin Père, ni à notre divine Mère, alors il fera tout pour vous convaincre qu'ils n'existent pas. C'est insensé. Comme une fleur dans un vase, nous dépéririons si nous étions déconnectés de notre source.

Je dois admettre que c'est une des leçons les plus difficiles que j'ai apprises. Parfois, je suis tellement prise dans une activité que j'oublie de vider mon esprit autant que les autres le font, même si je sais que c'est une erreur. Lorsque je ne suis pas ancrée, je suis incapable d'être à l'écoute de mes vibrations ; je deviens alors trop émotive, sur la défensive et d'humeur maussade. De plus, à ma grande frustration, cela se produit toujours de manière furtive, comme vous pourrez aussi le constater.

Sachez en reconnaître les signes. *Étape 1* : vous devenez légèrement anxieux. Étape 2 : vous commencez à être maussade. *Étape 3* : vous perdez peu à peu de l'énergie en laissant transparaître les sentiments qui vous accablent. *Étape 4* : vous perdez votre sang-froid, vous craquez ou devenez simplement malheureux. Il est donc essentiel de porter attention à ces légers changements avant de vous éparpiller complètement.

Heureusement, la façon d'être de nouveau ancré et de retrouver le soutien de l'Univers est fort simple : il suffit de faire une activité physique pour renouer avec votre corps. Chaque fois que vous vous sentez déconnecté du monde ou que vous vous refermez intuitivement parce que vous n'arrivez pas à comprendre ce qui vous arrive, sortez dehors faire une petite promenade pendant quinze à vingt minutes. Le fait de concentrer de nouveau votre attention sur une activité physique vous ramène dans le courant divin et fournit à votre corps la force vitale dont il a besoin pour élever votre vibration et activer votre canal psychique.

Si on comparait votre corps à un ordinateur, on pourrait dire que celui-ci devient figé lorsqu'il est désancré et que l'exercice physique est l'équivalent de redémarrer le système. Le fait d'aller marcher dehors ou de pratiquer une autre forme d'activité physique met fin à ce problème technique, redémarre votre système énergétique et vous redonne votre élan dans la bonne direction. En plus de vous calmer, cela vous permet d'être de nouveau bien ancré.

L'exercice physique évacue également toute énergie négative qui surcharge votre aura. Tout comme un orage électrique modifie l'atmosphère, l'activité physique élimine la pollution psychique, revigore votre système et éclaircit votre point de vue. Par exemple, mon professeur Charlie avait l'habitude d'aller marcher pendant une trentaine de minutes avant de rencontrer un client pour une lecture. Cela lui permettait d'éliminer de son champ énergétique tous les débris psychiques négatifs accumulés durant la journée ; sa conscience était alors libérée de toute distraction. Après sa promenade, il lui était plus facile de se relier à son sens psychique et de guider ses clients. (J'ai suivi son exemple en prenant l'habitude de marcher jusqu'au gymnase.)

Le fait d'être bien ancré permet à votre énergie de circuler de manière fluide et vous empêche de mettre vous-même une barrière en faisant taire votre dialogue intérieur pour vous permettre d'entendre les voix subtiles de vos anges et de vos guides, qui peuvent ainsi vous offrir des solutions à vos problèmes. Sinon, ils sont incapables de traverser le mur de vos pensées.

Vous pouvez aussi donner un sérieux élan à votre créativité, surtout si elle est bloquée, en concentrant votre énergie sur le plan physique plutôt que mental. J'ai une cliente qui souhaitait devenir scénariste et pourtant, elle était incapable d'écrire la moindre phrase intéressante à son cours de scénarisation ou à la maison. Après avoir commencé à faire de la course, cependant, elle a eu la surprise de voir des scénarios complets sortir tout droit de son imagination. Elle s'empressait donc de rentrer à la maison sitôt après son jogging dans le parc pour coucher sur papier les histoires qui avaient surgi dans sa tête.

Un autre de mes clients rêvait de composer des chansons. Il m'a confié que, chaque fois qu'il était en panne d'inspiration, il avait pris l'habitude d'aller jouer au basketball au YMCA de son quartier. Des nouvelles chansons ont résonné dans sa tête au bout de deux à trois semaines, comme un feu d'artifice le jour de la Fête nationale.

Pour suivre le courant de l'Univers, vous ne devez pas nécessairement vous abonner à un centre sportif pour vous remettre en forme, bien que cela aide sûrement. Pour être à l'écoute de vos vibrations, vous devez simplement vider votre esprit et faire bouger votre corps.

Certaines de mes plus grandes inspirations me sont venues lors d'une promenade à pied ou à vélo. De fait, mon livre *The Wise Child* m'a été inspiré il y a plusieurs années, après une randonnée à vélo autour du lac à Chicago.

Je n'avais aucune idée de ce que j'allais écrire avant ma randonnée — mais aussitôt après mon retour, mon crayon s'est mis à voler sur le papier, emporté par un déluge d'idées.

D'après moi, la raison pour laquelle deux personnes ne s'entendent pas ou sont incapables de se comprendre tient souvent au fait qu'au moins l'une d'entre elles n'est pas bien ancrée. La façon la plus sage et la plus simple de résoudre ce problème pourrait être d'aller marcher afin qu'elles recentrent toutes les deux leur énergie dans leur cœur et rétablissent un rapport entre elles.

J'ai fait cette découverte par accident durant une période stressante et désancrée de ma vie, et j'en suis fort heureuse. Mon mari Patrick et moi avions entrepris d'importantes rénovations et celles-ci étaient devenues beaucoup plus compliquées que ce qui était prévu. En raison de la tension, nous nous disputions chaque jour, ce qui amplifiait nos problèmes et nous divisait encore davantage. Comme nous louions alors un petit appartement et que nous ne voulions pas que notre propriétaire nous entende, nous allions nous disputer dehors. Nous engagions continuellement le combat, tous les deux figés sur le trottoir, mais nous avons vite ressenti le besoin de nous déplacer pour éviter de nous montrer en spectacle devant les voisins. Une chose étonnante s'est alors produite : nous avons cessé de nous disputer. À force de marcher, nous sommes tous les deux devenus plus calmes, centrés et ouverts l'un envers l'autre. Nous avons intuitive-ment senti que tout irait pour le mieux. Nos promenades se sont vite transformées en séances créatives de remue-méninges. En devenant ancrés, nous avons concentré toute cette énergie et l'avons utilisée pour accéder à nos vibrations au lieu de constamment nous quereller. Nos problèmes ne s'étaient pas envolés, mais notre relation en est ressortie encore plus forte.

Le fait d'être ancré physiquement sert non seulement à être à l'écoute de vos vibrations, mais constitue également un excellent antidote à l'obsession ou à l'inquiétude. Dès que vous vous sentez très inquiet ou obsédé par une idée, sortez immédiatement faire une promenade ou, mieux encore, faites le tour du pâté de maisons au pas de course pour sortir de la transe toxique dans laquelle vous vous trouvez. Je n'ai jamais rencontré quelqu'un qui trouvait des réponses à force de ressasser ses idées. J'*ai par contre connu* beaucoup d'individus qui ont trouvé des réponses apaisantes ou des solutions remarquables en se promenant dans un parc.

Exercice pratique pour éveiller votre sixième sens

Cette semaine, faites de l'exercice ou pratiquez chaque jour une activité physique durant au moins quinze minutes. Commencez par une simple promenade dans le quartier, en augmentant progressivement l'intensité de vos mouvements. Profitez simplement des bienfaits de l'exercice, l'esprit calme. Sentez votre corps se libérer de l'énergie négative et devenir plus détendu. Vous pouvez amplifier cet effet en évacuant toute votre anxiété et vos soucis et en ravivant votre bien-être et votre vitalité à chaque inspiration que vous prenez.

Observez de quelle façon l'activité physique stimule votre intuition et votre conscience. Tout vous semblera plus clair après une promenade que si vous étiez resté assis à votre bureau toute la journée. L'activité physique permet de restaurer la clarté psychique comme jamais vous ne le soupçonneriez, alors rappelez-vous d'évacuer l'énergie accumulée au moyen d'efforts physiques. Vous aurez ainsi l'esprit dégagé, l'aura purifiée et l'attention aiguisée.

CAPSULE DE SAGESSE INTUITIVE :

Sortez à l'extérieur.

SECRET Nº 4

ÉCOUTEZ VOTRE CORPS

La façon la plus directe de capter vos vibrations est sans doute d'écouter et de comprendre ce que votre corps physique essaie de vous transmettre. En effet, c'est à travers votre corps que vos vibrations cherchent d'abord à vous atteindre étant donné que l'intellect a tendance à suivre la loi de l'ego ; il a donc la capacité de filtrer et de brouiller l'information ou de vous convaincre qu'il est bon de faire ce qui est en réalité nocif pour vous. Le corps fait partie de votre Moi divin ; il suit donc la loi spirituelle. Il reflète avec honnêteté et précision de quelle façon l'énergie vous affecte à un niveau vibratoire au moyen de signaux physiques — comme les douleurs, les maux, l'agitation, les mauvaises ondes, la sensation d'oppression, la fatigue ou même la maladie. La forme du signal dépend du message qu'il essaie de vous transmettre.

Le corps est non seulement un canal intuitif honnête, il est d'une franchise inébranlable. En d'autres termes, vous vous sentez bien dans votre peau, détendu et calme quand vous agissez conformément aux desseins de votre âme. Votre cœur bat régulièrement, votre niveau d'énergie demeure élevé et vous souffrez rarement de douleurs, de maux, d'anxiété ou de stress. En revanche, votre corps vous le communique également lorsque vous faites des choix nuisibles à votre âme ou si vous vous trouvez dans des circonstances qui menacent ou perturbent votre bien-être psychique.

Si vous prêtez attention à ces signaux et apportez les ajustements nécessaires pour retrouver votre équilibre et votre quiétude, votre corps redeviendra calme et détendu, exempt de tout stress inutile.

Par contre, si vous ignorez ces signaux et laissez votre ego l'emporter et continuer de troubler votre paix, surtout durant une longue période, votre corps physique haussera alors le volume pour détourner votre attention ; résultat, vous ressentirez une plus grande tension, de la douleur physique, de l'insomnie ou des quantités de troubles physiques. De plus, si vous ignorez entièrement les signaux de votre corps, vous risquez fort de tomber gravement malade ou de sombrer dans la dépression.

Heureusement, les signaux de votre corps sont faciles à interpréter. C'est en grande partie une question de déduction : par exemple, les problèmes aux jambes reflètent votre direction dans la vie ou dans quelle mesure vous ne dépendez que de vous-même. Les problèmes aux organes génitaux et au bas du ventre reflètent souvent un blocage au niveau de la créativité ou l'absence de plaisir et de sexualité. Les troubles gastro-intestinaux reflètent le sentiment d'être dépassé par les événements, comme si vous étiez incapable de digérer la vie ou certaines conditions. Les troubles cardiaques sont souvent associés à votre habileté à donner et à recevoir facilement de l'amour, tandis que le cou et la gorge sont liés à votre capacité de dire la vérité et d'être à l'écoute du monde extérieur en ayant l'esprit et le cœur ouverts. Les troubles oculaires soulignent souvent des difficultés en matière de perception, de perspective et de point de vue, tandis que les troubles au cerveau reflètent les secrets du karma.

Il s'agit là, bien entendu, d'une version simplifiée du langage du corps — qui ne vise surtout pas à remplacer un diagnostic médical —, mais qui démontre de quelle façon il est possible de relier votre état psychique à vos expériences physiques. (Pour plus de détails sur la façon dont les différentes parties du corps correspondent à l'équilibre psychique et émotionnel, lisez mon livre *True Balance*. Entretemps, observez simplement votre corps : il vous dira sans détour ce qui ne va pas.)

Même s'il existe certaines similitudes chez les gens par rapport aux messages psychiques transmis par le corps, chaque individu possède sa propre série de signaux. Quand je suis face à quelque chose de potentiellement dangereux ou négatif, mon corps m'avertit en me faisant ressentir une vive douleur aux tempes. Dès que je reçois ce signal, je sais que je me trouve dans une situation que je devrais éviter, alors je l'évite. Mon mari ne reçoit pas ses signaux de la même façon. Quand il a l'impression que quelque chose n'est pas bonne pour lui, il devient très agité — ses vibrations l'incitent à partir.

Quand j'étais jeune et que ma mère sentait qu'une chose était mauvaise pour elle, elle ressentait un bourdonnement dans les oreilles. Je me souviens de douzaines de fois où elle m'a fait taire au milieu d'une phrase parce que ses oreilles s'étaient mises à bourdonner pour l'avertir.

Mon amie médium LuAnn devient faible quand elle fait face à une situation nuisible ou dangereuse pour elle sur le plan psychique. Son corps cesse simplement d'avancer. « Quand cela se produit, explique-t-elle, mes jambes refusent de bouger peu importe ce que mon cerveau veut faire. » À l'inverse, mon amie Joan reçoit des signaux intuitifs *positifs* en ayant le corps parcouru de frissons. Cela lui indique qu'elle est sur la bonne voie et que tout se déroule normalement.

Lors de mes lectures, j'ai observé que la fatigue de mes clients signale souvent qu'une situation est gravement malsaine et devrait être immédiatement abandonnée. En voici un exemple : une cliente s'est mise à souffrir de fatigue extrême après avoir accepté un emploi dans un laboratoire de recherche — elle dormait douze heures par nuit et se sentait toujours fatiguée. En plus de détester son emploi parce qu'il était ennuyant, elle était également en contact avec des substances toxiques dangereuses dans le laboratoire. Son ego préférait cependant ne pas en tenir compte, lui disant qu'elle avait davantage besoin d'argent que d'être en sécurité. Son corps, par contre, avait bien intégré les signaux d'avertissement — éventuellement, elle ne s'est pas réveillée à temps, est arrivée en retard une fois de trop et, heureusement, a été congédiée d'un emploi malsain.

Les signaux physiques transmis par l'intuition devraient être considérés comme des « télégrammes psychiques ». Encore une fois, certaines personnes ressentent une impression au creux du ventre, d'autres ont un sentiment d'oppression dans la poitrine, tandis que d'autres ressentent une combinaison de vibrations, par exemple un tremblement de la voix et des frissons sur les bras. J'ai un client, un propriétaire de restaurant prospère, qui souffre de graves problèmes de digestion chaque fois qu'il a affaire à des personnes sans scrupules, ce qui est fréquent dans le milieu de la restauration. « Mon intellect ne réagit pas, mais mon ventre oui. Comme elles sont très persuasives, je finis par vouloir travailler avec ces personnes malhonnêtes, mais mon estomac m'avertit toujours. Il devient noué et continue de faire des siennes jusqu'à ce que je me débarrasse de ces individus. »

Un autre de mes clients, qui travaille dans le secteur de la vente, m'a raconté l'anecdote suivante : « Chaque fois que je ressens un serrement à la poitrine, je sais que la personne essaie de conclure une transaction qui ne sera pas profitable pour moi.

Je suis incapable d'expliquer pourquoi et je n'ai aucune autre preuve à ce moment-là, mais cela s'avère toujours vrai.

Il peut s'écouler des mois avant que j'en aie la confirmation, mais je le sais au moment de la signature du contrat — ou du moins mon corps le sait. »

Une fois que vous aurez commencé à prêter attention aux vibrations de votre corps, vous constaterez combien il vous tient fidèlement informé, non seulement au sujet de ce qui se passe autour de vous, mais aussi au sujet de ce qui se passe dans votre corps.

Écouter les signaux de votre corps peut vous aider à demeurer en équilibre et à l'abri des dangers. Après tout, les praticiens de la santé et les conseillers médicaux ne sont que des humains, ils ont besoin de votre aide pour vous aider à demeurer en santé. J'ai discuté avec plusieurs médecins au fil des ans qui m'ont admis que, dans certains cas, leur diagnostic n'était basé que sur des suppositions et qu'ils avaient besoin de toute l'aide possible de leur patient pour identifier le problème. Sachant cela, vous voyez combien il est contraignant de vous en remettre entièrement aux autres, malgré toute leur compétence, pour assurer votre bien-être. Un partenariat avec les experts médicaux, où vous combinez vos connaissances, constitue une approche beaucoup plus éclairée en matière de santé.

Tracy, une femme de quarante et un ans et mère d'un garçon de six ans, est un autre exemple de la puissance des signaux corporels. Tracy ne parvenait pas à concevoir un deuxième enfant, même après plusieurs tentatives de fécondation *in vitro* et la prise de médicaments favorisant la fertilité. Frustrée et démoralisée, elle est venue me consulter pour savoir ce qui n'allait pas. Les médecins n'avaient aucune idée précise du problème. Durant ma lecture médiumnique, j'ai découvert que Tracy ne souffrait d'aucun trouble physique particulier — mais qu'émotionnellement, elle résistait à la conception. J'ai senti dans son âme que la surpopulation dans le monde la préoccupait depuis longtemps et qu'elle s'était engagée à apporter sa contribution en s'occupant d'un enfant abandonné. Sa conscience avait oublié ce fait, mais son corps, lui, s'en souvenait. Il était demeuré fidèle à son engagement en refusant de concevoir un autre enfant.

Après lui avoir transmis le message que j'avais capté, je lui ai demandé si cela avait du sens pour elle.

Tracy s'est montrée surprise, mais a répliqué : « Oui, ça en a. J'ai toujours senti intérieurement que je devais adopter un enfant, même avant de me marier. Après la naissance de mon fils, par contre, j'ai tout oublié. Je n'en ai même jamais discuté avec mon mari.

Il souhaite tant avoir un autre enfant que je n'ai jamais osé en parler. Mais, je me sens *effectivement* coupable de poursuivre nos efforts quand, dans notre propre ville, des enfants attendent d'être adoptés et je sais que je peux être utile. Ça me dérange, mais j'essaie de taire mon malaise. »

Je n'avais plus entendu parler de Tracy pendant deux ans quand j'ai reçu une note disant que son mari et elle venaient d'adopter une fillette de quatre ans. Six mois plus tard, elle m'a informée qu'ils avaient adopté un garçon. « J'ignore si le fait d'accoucher de mes propres enfants m'aurait procuré plus de satisfaction que ces petits anges, m'a-t-elle écrit, mais je ne peux honnêtement pas m'imaginer que cela aurait été le cas. » Son corps était demeuré fidèle à ce que son âme désirait vraiment, même si elle ne le savait pas consciemment à ce moment-là.

Je crois que peu importe si les signaux physiques semblent confus, ils prennent toujours leur sens lorsque vous demeurez simplement à l'écoute et apprenez à décoder leur langage. Il peut sembler étrange au début d'être à l'écoute des vibrations de votre corps pour recevoir de l'aide et de l'information, mais n'oubliez pas que votre corps est directement relié à votre Moi Supérieur et qu'il ne vous trompera jamais. Chaque signal transmis a une signification directe et véhicule un message important pour votre bien-être physique ainsi que votre équilibre et votre quiétude sur le plan spirituel. Vous n'avez pas besoin d'un devin pour comprendre les messages de votre corps — après tout, c'est *votre* corps. Plus vous lui portez attention pour comprendre ce qu'il essaie de transmettre, plus l'exercice devient facile.

Vous devriez toujours interpréter les signaux de votre corps avec soin. Si vous avez mal au ventre chaque fois que vous vous rendez au travail, cela signifie peut-être que vous ne devriez pas y aller. Si vous souffrez d'insomnie, peut-être votre corps n'a-t-il pas toute votre attention durant la journée. Si vous êtes fatigué chaque fois que vous fréquentez une personne, peut-être que cette dernière draine votre énergie. Pas besoin d'être détective pour deviner cela — seulement d'un peu d'attention.

Rappelez-vous qu'à moins d'apprendre à faire confiance aux vibrations qui parcourent votre corps, vous ne pourrez jamais atteindre un niveau de conscience plus élevé et vivre de manière beaucoup plus satisfaisante. Si vous le faites, par contre, vous accéderez sur-le-champ à votre guérisseur intérieur. C'est votre choix.

Exercice pratique pour éveiller votre sixième sens

Cette semaine, soyez à l'écoute de votre corps. Chaque matin à votre éveil, imaginez que vous vous passez un scanner mental de la tête aux pieds et prêtez attention aux signaux émis. Recevez-vous des télégrammes psychiques sous forme de douleurs, de maux, de maladie ou de tension ? Si oui, que vous disent-ils ? Prêtez attention à ce que vous ressentez et dites à votre corps « je suis à l'écoute ».

Sous la douche, adressez-vous à votre corps pour vérifier ce qui se passe en lui. Demandez-lui s'il souhaite vous informer d'une chose importante que vous n'avez pas remarquée et laissez-lui savoir que vous êtes dorénavant à l'écoute. Si vous aviez l'habitude de maudire, rejeter ou critiquer votre corps, cessez immédiatement parce que vous vous faites inutilement du mal. Votre corps est votre allié, alors cessez de l'attaquer, sinon il ne pourra pas vous aider. De grâce, ne tirez pas sur le messager — après tout, votre corps ne peut agir qu'à partir de ce que vous lui donnez et il cherche simplement à vous protéger, que ce soit contre vous-même ou contre un élément de votre environnement.

Si vous souffrez d'un handicap physique particulier, demandez à votre corps ce que vous pouvez faire pour atténuer le problème. Résistez à la tentation de croire qu'il s'agit d'une perte de temps. Le Dr David Edelberg, l'un des médecins de Chicago les plus respectés, m'a un jour raconté qu'après trente-cinq ans de pratique médicale, il a observé que la meilleure façon de demeurer en santé est de s'adresser d'abord à son corps : « C'est le meilleur diagnosticien que je connaisse. »

N'allez surtout pas croire que vous vous imaginez des choses quand votre corps vous parle — et même si c'est le cas, ce que vous imaginez aura une signification. Prêtez-y attention et répétez ces messages à voix haute pour bien entendre ce que votre corps vous dit. Parfois, le fait de vous exprimer à voix haute vous aide à encore mieux intégrer les messages de votre corps.

Tenez compte de chaque signal que votre corps vous transmet durant la journée. Soyez attentif à chaque tension, oppression, gargouillement, chatouillement, tremblement, malaise, douleur, perte ou regain d'énergie ou crise d'agitation — et voyez si cela correspond à la situation que vous vivez à ce moment-là. Est-ce que votre sentiment d'oppression dans la poitrine est lié à votre arrivée au travail ? Ce regain d'énergie qui vous anime provient-il de ce nouvel ami que vous venez de rencontrer ou du cours auquel vous vous êtes inscrit ?

Remarquez de quelle façon votre corps vous transmet les signaux positifs et négatifs de votre psychisme. N'essayez pas de censurer ou d'ignorer quoi que ce soit.

Une meilleure santé physique et mentale commence par un bon dialogue avec votre corps. Votre sixième sens vous guidera si vous êtes à l'écoute.

CAPSULE DE SAGESSE INTUITIVE :

Votre corps sait.

2e PARTIE

L'esprit dépasse la matière

SECRET N° 5

Pour apprendre à être à l'écoute de vos vibrations, vous devez maintenir une attitude relativement calme et paisible. Quand vous êtes tendu, nerveux ou inquiet, votre énergie devient embrouillée et bloquée, incapable de pénétrer au sein de votre cœur, là où votre Moi Supérieur et vos vibrations communiquent.

Savoir demeurer calme en toutes circonstances constitue un incroyable défi, mais cela favorise l'éveil de votre sixième sens et vous permettra sans doute de vivre quelques années de plus — après tout, vous ne faites qu'envenimer la situation en vous énervant. La vie est toujours emplie de drames et de défis, mais rien ne vous oblige à réagir de manière excessive si ce n'est pas ce que vous souhaitez. Vous avez le choix de changer l'être hyperémotif que vous êtes en un observateur attentif et curieux.

Dans les cours d'arts martiaux, on enseigne aux élèves que la meilleure défense consiste à rester calme afin de pouvoir sentir le danger avant qu'il n'arrive et s'en éloigner plutôt que de foncer vers lui. En étant attentif, vous pouvez percevoir le trouble bien avant qu'il ne se produise parce que l'énergie psychique perturbatrice voyage plus vite que l'énergie physique.

Il faut cependant être calme et détendu pour pouvoir sentir ce danger.

Les animaux illustrent bien ce phénomène. J'ai lu dans le livre d'Elaine Aron, *Ces gens qui ont peur d'avoir peur* (*The Highly Sensitive Person*), que lorsque les antilopes sentent l'arrivée d'un troupeau, elles quittent les lieux au moins trente minutes avant l'arrivée de leurs prédateurs parce qu'elles savent demeurer calmes.

Nous, les humains, possédons aussi un système de défense intuitif encore plus développé et nous pouvons y accéder si nous cessons de devenir hystériques chaque fois qu'un événement troublant se produit. Quand nous devenons agités et bouleversés, il n'est pas nécessaire d'être un médium pour voir que cela crée en nous un tel niveau de perturbation que nous avons alors du mal à interpréter l'énergie qui nous entoure, et encore moins à être réceptifs à un avertissement.

Pour être calme, il faut d'abord savoir respirer correctement. Mon professeur Trenton Tully m'a enseigné qu'une respiration régulière et profonde est non seulement le secret pour rester calme, mais aussi un moyen de nous relier instantanément à notre vibration supérieure. Quand nous sommes tendus ou craintifs, nous avons tendance à retenir notre respiration, avec pour résultat que nous nous coupons de notre Moi Supérieur et de nos vibrations intuitives. Le professeur Tully m'a dit qu'il est pratiquement impossible de demeurer physiquement tendu tout en respirant profondément. Essayez pour voir.

Il est intuitivement intelligent de prendre de grandes inspirations dans une situation de stress, car cela vous permet de demeurer réceptif aux messages d'aide plutôt que de succomber à l'envie de lutter ou de fuir qui diminue votre perception des choses. La respiration consciente vous aide à rester lié à votre cœur plutôt qu'à votre tête et élève suffisamment votre niveau de vibration pour être guidé, même si votre intellect ignore entièrement comment réagir.

Vous souvenez-vous de la série de films *La Panthère rose (The Pink Panther)* ? L'inspecteur Clouseau, le personnage principal, était un gaffeur invétéré, mais il était également toujours d'un calme édifiant — même ceux qui croyaient être plus intelligents et raffinés que lui finissaient toujours par devenir hystériques devant ses facéties. Clouseau interprétait mal les situations dans lesquelles il se trouvait et pourtant, il finissait toujours par trouver des solutions (même si c'était par accident), tandis que ceux qui s'énervaient échouaient. J'adore ces films parce qu'ils témoignent brillamment de ce qu'est l'intuition. En d'autres termes, il n'est pas nécessaire de toujours savoir quoi faire — si vous demeurez calme et en contact avec votre esprit, vos vibrations intuitives vont vous guider dans la bonne direction. C'est ainsi que je vis depuis plus de quarante-quatre ans et cela fonctionne. Le secret est de demeurer détendu et de ne pas oublier de respirer profondément.

Ma technique de respiration préférée consiste à inspirer, puis à expirer lentement en poussant un « Ahhhh ». Cela me permet de me centrer et de me calmer sur-le-champ. Essayez-la dès maintenant — vous verrez combien elle est efficace.

Mon professeur Tully me faisait répéter chaque jour cette technique durant quelques minutes. Il a d'abord commencé par deux respirations, pour ensuite prolonger graduellement l'exercice jusqu'à ce que cela devienne une seconde nature. Il m'a fallu un certain temps pour réussir, mais je respire maintenant ainsi par habitude, surtout quand je suis particulièrement stressée.

Mon mari, qui enseigne la méditation, m'a également montré une autre technique intéressante. Elle consiste à placer une main sur mon ventre et l'autre sur ma poitrine ; j'inspire ensuite lentement par le nez, puis j'expire par la bouche jusqu'à ce que je me sente apaisée. En utilisant cette technique de détente chaque fois que vous avez peur ou que vous doutez de vos actes, vous signalez à vos vibrations d'entrer en action ; vous accédez alors à une autre dimension et devenez réceptif à votre intuition en seulement quelques minutes.

CERTAINES PERSONNES SONT NON SEULEMENT CRISPÉES, ce qui les empêche d'être à l'écoute de leur sixième sens, mais elles sont également dépendantes, telles des junkies, de la montée d'adrénaline qu'elles ressentent lors des émotions fortes. Inutile de préciser qu'une dose régulière de cet état d'agitation vous coupe de votre canal intuitif et l'empêche de s'ouvrir. L'adrénaline est une substance hautement toxique et toxicomanogène (qui engendre une dépendance) lorsque vous y êtes exposé en grande quantité. Bien entendu, elle est utile en situation d'urgence (par exemple lorsque vous êtes poursuivi par un pit-bull dans la rue), mais elle peut aussi bouffer toute votre énergie si vous la laissez remonter dans vos veines chaque fois qu'on vous vole une place de stationnement ou qu'un conducteur vous coupe la voie sur l'autoroute.

En plus de la dépendance qu'elle crée, une trop grande quantité d'adrénaline a le même effet sur votre intuition que la kryptonite sur Superman : elle est mortelle. Une poussée d'adrénaline peut vous donner temporairement un sentiment de puissance, mais finit toujours par vous épuiser. Si vous êtes dépendant des situations dramatiques, je vous recommande d'envisager sérieusement les conséquences : une trop grande quantité d'adrénaline constitue en fait un véritable poison — elle peut vraiment vous tuer si vous ne changez pas d'attitude. (Par ailleurs, votre entourage finira par se lasser. Au cas où vous ne l'auriez pas remarqué, vous avez l'air vraiment ridicule quand vous criez à tue-tête ou que vous faites des histoires pour des riens comme si vous étiez en nomination pour l'Oscar du meilleur rôle dramatique. Je le sais parce que ça m'est arrivé et mes enfants m'ont dit combien j'avais l'air folle à ce moment-là.)

Le meilleur antidote contre une montée d'adrénaline est une bonne douche froide ou une marche rapide à l'extérieur. Vous pouvez également vous désintoxiquer en toute intimité en criant ou en frappant dans un coussin, ou encore en vous défoulant sur un ballon d'entraînement de boxe.

N'oubliez jamais que les gens ne sont ni des coussins ni des ballons d'entraînement et que le fait de vous défouler sur eux est incroyablement dommageable pour chacun d'entre vous, en plus d'être mauvais pour votre karma. Par ailleurs, ils risquent fort de se venger dès que vous ne serez plus sur vos gardes — et vous ne saurez jamais à quel moment, alors ce n'est vraiment pas une bonne idée d'agir ainsi.

Lorsque vous entraînez votre esprit à être à l'écoute de vos vibrations, il est important d'être conscient de ce qui vous fait perdre vos moyens et, si c'est possible, d'éliminer la source de tension. Il m'a fallu des années pour comprendre que les bruits intenses m'assomment instantanément et referment mon canal intuitif. J'ai chaque fois l'impression d'être traversée par une décharge électrique. Mon amie LuAnn fait presque toujours de l'hyperventilation lorsqu'on lui impose des délais ridicules et bloque ainsi toute inspiration intuitive, tandis que ma sœur Soraya devient un vrai paquet de nerfs quand elle a trop d'engagements, ce qui met ses vibrations en sourdine. Nous avons cependant toutes trois trouvé des solutions : je contrôle le niveau de bruit autour de moi, LuAnn négocie ses délais bien à l'avance et Soraya a appris à dire non. Quels aspects de *votre* vie devez-vous changer pour être calme et paisible ? Êtes-vous en mesure de le faire ? Avez-vous l'intention de changer ?

Une autre suggestion spirituelle pour rester calme est d'éviter de vouloir contrôler les autres. Plus vous cherchez à contrôler votre entourage, plus vous laissez libre cours à votre ego et vous éloignez de votre âme. Bien entendu, vous n'êtes sans doute même pas conscient quand vous le faites. Comme je l'ai déjà mentionné, il est très difficile de ne faire qu'un avec notre esprit et notre ego refusera toujours de coopérer par crainte d'être détrôné. Voilà pourquoi il essaie parfois de vous tromper et de vous faire croire qu'une chose est motivée par votre âme alors que ce n'est encore qu'une question d'ego.

En voici un exemple. Ma cliente Mary se considérait très spirituelle, alors qu'en vérité elle était rarement à l'écoute de son âme — elle s'imaginait plutôt toujours des choses dans sa tête. Elle insistait pour dire qu'elle adorait ses adolescents et, pour le prouver, elle se levait tous les matins pour leur préparer leur petit-déjeuner avant l'école. Cela lui semblait une belle preuve d'amour, même si ses enfants n'avaient pas faim le matin et le lui avaient répété à maintes reprises. Mary les obligeait tout de même à manger étant donné toute la peine qu'elle s'était donnée. Ses enfants continuaient de résister. Bref, les bonnes intentions d'une mère se transformaient chaque jour en luttes de pouvoir parce qu'elle était extrêmement contrôlante et s'est fait prendre à son propre jeu.

Finalement, Mary a cessé de vouloir tout gérer et s'est mise à être à l'écoute de ses vibrations. Celles-ci lui ont suggéré de préparer son propre petit-déjeuner, puis d'aller marcher avant que ses enfants ne se lèvent. Elle s'est sentie mieux à la simple pensée d'agir ainsi dorénavant, même si son cerveau lui disait que c'était égoïste de sa part. Résultat, le matin est devenu sa période préférée de la journée. Quant aux enfants, qui sait ? Elle n'était pas à la maison au moment de leur départ.

Une des différences entre la loi spirituelle et la loi de l'ego est que la loi spirituelle est très enjouée et créative, tandis que la loi de l'ego est figée dans la routine. Quand je deviens trop contrôlante, ma façon d'y mettre fin de manière détendue est de jouer un petit jeu avec moi-même. Je prends non seulement conscience de mon besoin de contrôler, mais je vais également plus loin. En effet, j'ai donné un nom à mon tyran intérieur. Je l'appelle mon « vieux râleur » parce que qu'il devient grognon quand la vie ne se déroule pas selon ses désirs. Mon vieux râleur imaginaire est un véritable casse-pieds sans humour qui me met *moi-même* mal à l'aise. Quand il surgit dans ma vie, je sais que je dois me calmer et respirer par le nez, étant donné qu'il apparaît seulement lorsque je suis trop exigeante avec moi-même. Il devient alors exigeant à son tour. Malgré son manque d'humour flagrant, mon vieux râleur est en fait bon pour moi. Il essaie de prendre soin de moi, même s'il s'y prend mal — mais malheureusement, il ne réussit pas. Les choses ne font que s'aggraver quand mon vieux râleur rôde dans les parages.

Je crois que nous possédons tous un vieux râleur intérieur qui essaie de prendre soin de nous et qui exige quelque chose *de* nous et *pour* nous — la paix, du temps de solitude, de l'oxygène, etc. Comment s'appelle votre vieux râleur ? Et quels sont ses besoins ? Êtes-vous capable d'acquiescer à ses demandes ? Après tout, votre râleur intérieur est aussi une sorte de messager vibratoire ; il cherche à attirer votre attention en étant tumultueux et déraisonnable ou en faisant tout ce qu'il faut pour se faire remarquer. Renoncez à vous battre et écoutez cette voix afin de vous apaiser.

Et n'oubliez pas que la raison pour laquelle vous devez être à l'écoute de vos vibrations est justement de lâcher prise afin de laisser l'Univers vous aider. Dieu sait mieux que vous comment agir dans la plupart des situations, alors détendez-vous, ôtez-vous du chemin et laissez les choses se produire. Vous n'apprendrez jamais à être à l'écoute de vos vibrations, du moins pas comme mode de vie, si vous rouspétez constamment. Il nous arrive tous d'avoir besoin d'évacuer notre colère et de libérer la tension, mais ce n'est pas en étant prêts à sortir de nos gonds à la moindre provocation que nous serons à l'écoute de notre cœur et de notre intuition.

Au contraire, cela risque même de provoquer une *crise* cardiaque. En d'autres termes, vouloir contrôler le monde quand personne ne vous l'a demandé est non seulement fatal pour votre sixième sens, cela peut également s'avérer fatal sous d'autres aspects.

Exercice pratique pour éveiller votre sixième sens

Cette semaine, détendez-vous et laissez-vous porter par le courant. Commencez chaque journée en respirant profondément — inspirez puis expirez en disant « ahhhh ! », et répétez cet exercice pendant une minute ou deux. Dans une situation stressante, rappelez-vous de déposer vos mains sur le ventre et la poitrine, en inspirant par le nez et en expirant par la bouche. Si c'est possible, faites-vous donner un massage, sinon, prenez un bain moussant chaque soir en vous prélassant longuement dans la baignoire.

Faites comme si vous étiez une personne décontractée, même si c'est nouveau pour vous et que vous n'êtes encore qu'un débutant en la matière. Pour entretenir cette image encore plus éclairée de vous-même, regardez des films dans lesquels des personnages demeurent calmes sous la pression, comme *La Panthère rose* ou *Luke la main froide* — prenez des notes et imitez-les. Si vous vous retrouvez au milieu d'un débat houleux, ayez le réflexe de vous retirer de la discussion et de *respirer profondément*. Et si vous vous sentez vraiment brave, dites simplement « tu gagnes » et laissez tomber. (Je sais que c'est tout un défi, mais essayez tout de même.) Cela en vaut la peine. Ne vous en faites pas si vous n'y parvenez pas. Le but est de progresser et non pas de tout maîtriser.

Donnez un nom à votre tyran intérieur et essayez de comprendre ce qui le fait réagir : la peur ? l'insécurité (habituellement la plus grande coupable) ? l'agitation ? Sachez ce que votre vieux râleur souhaite obtenir afin de le lui donner pour lui couper l'herbe sous les pieds. Prenez des notes — vous en aurez besoin car vous oublierez vite ce qu'il cherche à vous dire. Apprenez à sentir la tension dans l'air comme une antilope et prenez vos distances face à elle au lieu de vous laisser imprégner par elle. N'oubliez pas de bien respirer en même temps. De même, couchez-vous tôt le soir, en sachant que Dieu est en charge de tout, pas vous. Vous pouvez dormir sur vos deux oreilles.

Exercice de relaxation

Exercez-vous à raidir vos muscles : maintenez-les contractés pendant dix secondes, puis relâchez-les pour qu'ils se détendent de nouveau. Commencez par le cou et les épaules, puis les muscles du visage : contractez-les, maintenez-les tendus puis relâchez-les. Passez ensuite aux muscles de l'estomac, de la poitrine et du dos : contractez, maintenez la tension puis relâchez. Faites de même avec les muscles des fesses : contractez, maintenez la tension puis relâchez. Enfin, tendez les muscles de vos jambes et de vos pieds : contractez, maintenez la tension puis relâchez. Après avoir contracté tous les muscles de votre corps, secouez-les comme si vous étiez un bol de gélatine, tout en produisant des sons vibratoires comme « ahhhh ! » ou « ohhhh ! ». Répétez l'exercice jusqu'à ce que vous ayez chassé toute la tension de votre corps. Remarquez combien votre conscience est plus éveillée lorsque vous êtes détendu. Agréable, n'est-ce pas ?

CAPSULE DE SAGESSE INTUITIVE :

Prenez la vie du bon côté !

SECRET Nº 6

SILENCE, S'IL VOUS PLAÎT !

Pour être à l'écoute de vos vibrations, vous devez d'abord être capable de les percevoir — et pour ce faire, vous devez calmer votre esprit. Vous savez, votre sixième sens est très subtil et s'impose rarement. Même s'il demeure toujours présent, il est très discret et respectueux, et n'interrompra jamais votre dialogue intérieur. Cela ne veut pas dire que votre Moi Supérieur est réticent ou timide, seulement que vous ne pouvez pas entendre ce qu'il a à vous dire lorsque vous êtes agité intérieurement, un peu comme si vous essayiez d'écouter deux personnes à la fois. Comment pouvez-vous être à l'écoute de vos vibrations si votre ego réclame à cor et à cri toute votre attention ? Savoir calmer votre esprit est non seulement sage sur le plan spirituel, c'est également pratique. L'idée, c'est de faire preuve de créativité pour parvenir à trouver le silence dans ce monde agité.

Voici l'exemple d'une de mes clientes. Kim, représentante pour une entreprise pharmaceutique, devait parcourir soixante-quatre kilomètres, deux fois par semaine, pour se rendre au travail. Elle aimait rouler la radio éteinte afin d'« avoir un moment de tranquillité », comme elle le disait. Durant son parcours, des idées surgissaient souvent dans sa tête comme des télégrammes. Un jour, elle a même eu comme inspiration qu'elle devait demander à ses supérieurs d'être transférée à San Francisco.

Kim désirait ce changement depuis des années, mais on lui avait toujours répété que c'était impossible étant donné qu'il n'y avait aucun poste disponible dans cette ville. Même si son message était contradictoire avec ce qu'on lui avait affirmé au travail, elle a tout de même décidé d'en tenir compte. « D'accord, je vais le demander », a-t-elle répondu à sa voix intérieure.

Kim a donc demandé un transfert cet après-midi-là, et, plus tard dans la journée, le bureau de San Francisco a ouvert pour la première fois des postes à l'interne, et ce tout à fait à l'improviste. Finalement, l'entreprise n'a transféré que deux employés : d'abord Kim, puis une autre personne. Comme elle me l'a plus tard mentionné, « sans mon trajet silencieux, je suis assurée que j'aurais raté cette occasion. C'est le calme qui m'a permis d'entendre mon Moi Supérieur suffisamment bien pour vouloir suivre son conseil ».

Mon beau-frère Gene, un artisan maître ébéniste, s'est récemment découvert une passion et un talent pour la sculpture. Il a créé de magnifiques pièces en granit et en acier, dont une repose fièrement dans notre jardin. Quand je lui ai demandé où il trouvait son inspiration, il m'a répondu qu'il avait des visions la nuit, lorsque tout le monde dort et que la maison est si calme qu'on pourrait entendre une aiguille tomber. « Je vois soudainement ces sculptures dans ma tête, en trois dimensions. J'en fais le tour et je les étudie attentivement. Je pourrais presque les toucher tellement elles semblent réelles. Puis, j'essaie de les recréer. Je n'ai cependant ces visions que lorsque tout est silencieux autour de moi. »

J'ai moi aussi reçu au fil des ans un grand nombre de messages intuitifs inattendus durant des périodes de tranquillité. Voici une de mes anecdotes préférées. Éric, un ami français très intime, m'a un jour appelée pour m'annoncer le décès de son père, Serge. J'aimais beaucoup Serge. Sa famille m'avait hébergée lorsque j'étais étudiante à la Sorbonne, il y a plusieurs années. Éric était dévasté par la mort de son père — et comme il devait venir à Chicago pour affaires plus tard dans la semaine, je l'ai invité à dîner.

Avant son arrivée, j'ai fait une sieste durant une vingtaine de minutes dans un fauteuil du salon. Sans être tout à fait éveillée, ni complètement endormie (j'étais dans ce que j'appelle mon « stade alpha »), j'ai clairement entendu dans ma tête, à deux reprises, « clafoutis aux fraises ». Je savais que le clafoutis aux fraises est un dessert français, sans plus. Je me suis demandé pourquoi j'avais entendu ce message dans ma tête étant donné que je n'avais jamais mangé ce dessert ou même eu l'idée d'en manger. Cela semblait tout de même assez intéressant. Quand je me suis levée, Patrick, mon époux et chef cuisinier de la maison, m'a demandé ce que je souhaitais servir au dessert. Sans même réfléchir, j'ai répondu : « Un clafoutis aux fraises. »

« Qu'est-ce que c'est ? », m'a-t-il demandé.

« Je l'ignore, mais ç'a l'air bon, non ? Je crois que je viens d'en rêver. »

Stimulé par le défi, Patrick a trouvé une recette et concocté le dessert. Durant le repas, Éric était très émotif, surtout parce qu'il n'avait pas pu dire adieu à son père et lui exprimer combien il l'aimait. Après dîner, comme je voulais réconforter mon ami, je lui ai dit : « Mon cher Éric, je sais que ça ne va pas nécessairement te remonter le moral, mais nous avons un dessert spécial pour toi, ce soir : du clafoutis aux fraises. Ça te plaît ? »

Éric est presque tombé de sa chaise. « Mon dieu ! », s'est-il exclamé, tout abasourdi. « C'était le dessert préféré de mon père. Il adorait le clafoutis aux fraises. »

« Il doit rôder dans les parages, car c'est lui qui l'a commandé cet après-midi pendant que je me reposais », ai-je répondu à mon ami encore tout chaviré. C'était comme si

Serge souhaitait dire à son fils qu'il était encore près de lui. D'une certaine manière, le clafoutis aux fraises a permis à Éric d'être en paix pour la première fois avec la mort de son père.

Dans la vie, vous disposez de nombreuses occasions pour calmer votre esprit et entendre ses messages, mais la plupart des gens profitent rarement de tels moments de tranquillité. Vous pouvez par exemple en profiter pendant que vous prenez quelques minutes pour faire du rangement, pendant que vous attendez quelqu'un ou êtes en route pour aller chercher quelqu'un, ou lors d'une courte sieste. Ces moments ne doivent pas nécessairement être furtifs. Vous pouvez décider de vous accorder du temps de recueil. De plus, pour être en contact avec votre sixième sens, vous devez faire en sorte que votre esprit choisisse régulièrement de s'adonner à l'exercice.

Mes professeurs m'ont enseigné que la méditation est la meilleure façon de nous assurer des moments de tranquillité. Je suis d'accord, du moins en théorie, c'est-à-dire que j'encourage la méditation dans tous mes livres. En pratique, par contre, après tous ces gens rencontrés au fil des ans, j'ai observé que la plupart ne s'y adonnent pas, malgré l'information qui circule sur les bienfaits de ce précieux exercice. En plus de nous aider à entendre notre voix intérieure, la méditation nous aide à réduire notre stress et à nous sentir bien ancrés et en paix. Elle aiguise nos sens et nous rend plus patients et créatifs. Et pourtant, les gens résistent, ne savent pas comment méditer ou ne le font pas de la manière traditionnelle, qui consiste à adopter une position confortable, à calmer simplement notre esprit, à centrer notre attention, puis à respirer paisiblement durant cinq à vingt minutes tout en vidant notre tête de tous ses soucis et préoccupations.

La méditation ne requiert aucun talent, seulement de la patience, de la régularité et des attentes raisonnables. Si vous méditez chaque jour, au même endroit et à la même heure, votre subconscient s'habituera à l'idée en moins de deux semaines et commencera à collaborer. Puis, chaque fois que vous vous assoirez pour méditer, vous atteindrez de plus en plus facilement et rapidement l'état de calme intérieur que vous recherchez. La clé pour y parvenir est de n'avoir aucune autre attente que celle de vous accorder un moment de paix et de tranquillité. Si vous croyez que vous devez absolument atteindre le nirvana pour « vraiment » méditer (comme le suggère votre ego), vous ne connaîtrez que de la frustration et ne réussirez pas.

Il va sans dire que pour faire le calme dans votre tête, vous devez d'abord le faire autour de vous. Cela signifie éteindre la sonnerie du téléphone, de même que la musique, la télévision, l'ordinateur, bref tout ce qui peut vous distraire. Vous n'êtes cependant pas obligé de méditer dans le confort de votre foyer. Plusieurs de mes clients l'ont fait dans les lieux les plus imprévisibles. Par exemple, Lee s'accordait ses moments de tranquillité en allant visiter, durant l'heure du déjeuner, l'église épiscopale située près de son bureau, au centre-ville de Chicago, et ce même si elle n'était pas pratiquante. « Le fait de m'asseoir en silence m'aidait vraiment à me recentrer et, souvent, j'ai senti mon Moi Supérieur m'apaiser et me rendre la vie plus agréable. » Thom trouvait la paix dans un petit parc près de son bureau où il s'assoyait simplement pour nourrir les oiseaux durant sa pause. Quant à Michelle, elle trouvait paradoxalement la paix en s'assoyant sur un banc, dans un centre commercial achalandé, et en observant les gens. « Pendant que j'observais le va-et-vient et que je me détendais, le bruit environnant finissait par s'estomper complètement », m'a-t-elle raconté d'un air étonné.

Et pourtant, la méditation en position assise ne fonctionne pas pour tout le monde. Certaines personnes sont trop agitées pour parvenir à se calmer en méditant. Si vous faites partie de cette catégorie, je vous suggère de ne pas faire exprès pour échouer, ce que votre ego adorerait. Ne vous inquiétez pas si la méditation ne vous convient pas. La loi spirituelle est souple et créative et la méditation traditionnelle ne possède pas le monopole d'accès au sixième sens, vous pouvez me croire — je n'y parviens même pas moi-même certains jours. La solution est de tenir compte de qui vous êtes et d'essayer des façons créatives et non traditionnelles d'obtenir le même résultat.

Essayez de vous détendre en occupant vos mains et en faisant une tâche quelconque en silence pendant un moment. Voici un exemple.

David était un être aussi agité qu'une fourmi. Il était toujours en train de tambouriner sur la table avec ses doigts, de balancer un pied ou de gigoter sur sa chaise et, même s'il avait eu avantage à faire de la méditation, il n'y parvenait pas. Lorsque je lui ai fait une lecture médiumnique, ses guides ont suggéré qu'il s'adonne à un passe-temps qui occuperait son attention et viderait sa tête de toute pensée. David s'est donc mis à construire des modèles réduits d'avions. Ce simple passe-temps s'est vite transformé en une véritable passion dans laquelle il se plongeait tous les soirs, après le travail. Il passait ainsi quarante-cinq minutes par jour à détendre son cerveau et à recevoir toutes sortes de messages intuitifs. Un après-midi, alors qu'il assemblait les ailes d'un avion, David a distinctement senti l'énergie de son frère dans la pièce, même s'ils ne se parlaient plus depuis des années. Il était tellement en contact avec ses sentiments qu'il s'est alors rendu compte combien son frère lui avait manqué et a décidé de l'appeler ce soir-là. Au moment où il allait décrocher le combiné, le téléphone a sonné — et c'était son frère. Il appelait pour dire à David qu'on venait de découvrir chez lui un cancer de la prostate et que, même s'il avait de bonnes chances de s'en sortir, son état lui avait fait prendre conscience de ce qui était vraiment important pour lui. Il souhaitait donc rétablir le contact.

Je crois que plus vous vous entraînez à faire le vide dans votre esprit, plus vous captez rapidement vos vibrations. L'approche utilisée importe peu en autant que vous *soyez calme et serein*. Choisissez la méthode qui convient le mieux à votre tempérament : je fais le vide en pliant des vêtements, en rangeant mon bureau ou en allant m'entraîner au gymnase ; Patrick peint et jardine ; ma mère coud ; mon père bricole des gadgets ; mon frère Stefan lave son auto ; un de mes voisins adore travailler dans sa cour, tandis qu'un autre promène son chien. Ce sont toutes des façons valables d'entrer en contact avec votre esprit.

La clé pour profiter de périodes calmes est de vraiment tenir à ces moments. Si c'est important pour vous, vous n'aurez aucune difficulté à trouver du temps. Plus vous apprendrez à vider votre esprit, plus vous serez à l'écoute de vos vibrations. Et plus vous capterez vos vibrations, plus vous serez porté à vous y fier.

Exercice pratique pour éveiller votre sixième sens

Cette semaine, accordez-vous dix minutes de tranquillité par jour (vingt minutes si vous le pouvez). Si vous aimez méditer et que vous y parvenez facilement, faites-le, car c'est vraiment le meilleur moyen d'entrer en contact avec votre esprit pour entendre la Voix divine. Si la méditation traditionnelle ne vous convient pas, creusez-vous la tête pour trouver d'autres façons de profiter chaque jour de moments de silence. Examinez votre emploi du temps pour voir si vous ne disposez pas déjà de périodes propices au calme. Par exemple, devez-vous parcourir une grande distance en automobile ? Si oui, pouvez-vous le faire en silence ? Planifiez chaque jour vos périodes de silence plutôt que d'attendre une occasion ici et là. Remarquez comme il est plus facile d'être à l'écoute de votre sixième sens quand vous vous accordez davantage de moments calmes. Songez à toute la paix que cela vous procure.

CAPSULE DE SAGESSE INTUITIVE :

Soyez à l'écoute.

SECRET N° 7

OBSERVEZ L'ÉNERGIE, MAIS NE L'ABSORBEZ PAS

Votre sixième sens fonctionne ? Félicitations. Mais fonctionne-t-il *bien* ? Là est la question. Parce qu'à moins d'être sélectif, vous risquez de capter des messages que vous ne désirez pas Les ondes psychiques ressemblent aux fréquences radio qui émettent différentes informations en même temps. Imaginez les signaux de votre Moi Supérieur comme l'équivalent psychique d'une station de musique classique, c'est-à-dire un poste utile pour la guérison spirituelle. Les signaux de la « poubelle psychique », comme je l'appelle, — ou la retransmission générale des sentiments, des humeurs, des peurs, des pensées, des inquiétudes et même des cauchemars des gens —, serait plutôt l'équivalent des tribunes téléphoniques.

Lorsque votre canal intuitif est ouvert mais que vous ne syntonisez pas la fréquence de votre Moi Supérieur, vous risquez de capter accidentellement cette énergie négative sans même vous en rendre compte. Vous pourriez en effet syntoniser inconsciemment l'anxiété, la dépression ou la peur d'une autre personne et l'absorber comme si elle était vôtre, au risque de sombrer vous-même dans la dépression ou la paranoïa. Vous pourriez aussi absorber l'anxiété, la colère et même la maladie d'un autre individu et devenir soudainement irrité et vidé sans aucune raison.

Une de mes clientes était au désespoir : « Sonia, je crois que je capte les vibrations de tout le monde dans le métro ! Lorsque j'arrive au travail, j'ai l'impression de porter en moi toutes leurs douleurs, leurs souffrances et leurs soucis. » Et, croyez-le ou non, c'était effectivement le cas. L'absorption des vibrations psychiques est réelle, courante et extrêmement contagieuse.

Avez-vous déjà été en contact avec une personne très anxieuse et agitée ? Combien de temps vous faut-il pour être contaminé ? Avez-vous observé qu'il vous arrive parfois de devenir soudainement envahi par la même fébrilité, et ce même si vous vous sentiez parfaitement bien avant ce contact ? Pour éviter cette « contamination psychique », concentrez-vous sur vos propres priorités et objectifs. Plus vos buts seront précis, plus vos barrières psychiques seront solides, et plus vous serez protégé de toute influence indésirable.

Tout comme vous n'avez aucune difficulté à vous tenir éloigné d'une personne qui a la grippe, vous devriez également garder une distance psychique lorsque vous êtes en présence d'une personne « contaminée » (c'est ainsi que je décris une personne agitée ou qui émet une vibration désagréable), ou d'une personne qui dégage une mauvaise énergie. Même si cela relève du gros bon sens, je dois souvent me rappeler de le faire. Lorsque je suis en présence d'une personne stressée, je suis capable d'absorber son anxiété en trois minutes, comme si j'attrapais un virus. Cela se produit souvent quand je vais au bureau de poste. On pourrait presque croire que l'immeuble est dévoré par une infection psychique. Dès que j'y pénètre, mon corps se met sur la défensive. L'immeuble en tant que tel est vieux, sombre, triste et déprimant, et les gens qui y travaillent sont visiblement affectés par ses mauvaises vibrations, car ils sont impolis, peu empressés et clairement désintéressés. Et cette infection se transmet à tous les gens qui attendent en file. Lorsque je ne me protège pas contre cette énergie, je suis tellement de mauvaise humeur quand je quitte l'endroit que je pourrais frapper tout ce qui bouge.

N'empêche, j'aime aller à ce bureau de poste parce qu'il me donne l'occasion de mettre en pratique ce que j'enseigne. Je décide d'avance d'observer plutôt que d'absorber l'énergie et d'avoir de la compassion pour les personnes infectées par cette « vibration fébrile ». Je réussis mieux certains jours que d'autres et j'ai appris à ne pas y aller lorsque je ne me sens pas bien, car je sais que l'expérience sera alors désastreuse. Je parviens cependant à rester détachée quand je suis de bonne humeur.

Vous pouvez vous aussi apprendre à agir avec détachement afin de demeurer centré lorsque vous vous retrouvez plongé au milieu d'un tourbillon d'énergie, comme c'est le cas dans un aéroport, un restaurant bondé, une salle de cinéma, à l'hôpital, dans le transport en commun ou lors d'un événement sportif, au bureau et, le plus difficile d'entre tous, lors des fêtes familiales.

Ce sont toutes des occasions où vous risquez d'absorber cette énergie qui ne vous appartient pas et de perdre votre équilibre. En vous entraînant à vous détacher, répétez dans votre tête ce secret tel un mantra — « observe, mais n'absorbe pas » — jusqu'à ce que cela devienne une habitude.

Durant ses enseignements, mon professeur Charlie me faisait regarder des photographies ou des dessins représentant des scènes chargées d'émotion tout en me demandant de rester détachée (cela pouvait aller du nouveau-né dans son berceau à des personnes fuyant un édifice en flammes, sans compter tout ce qui se trouve au milieu). Ma tâche était d'étudier ces images sans me laisser envahir par les émotions. Jusqu'à ce que j'y parvienne, l'énergie émise risquait de supplanter mes propres vibrations et de semer ainsi la confusion.

Comme certaines de ces photos étaient extrêmement troublantes, j'ai mis des mois à pouvoir les étudier en demeurant neutre au lieu de laisser mes émotions m'envahir. Jour après jour, Charlie me soumettait une photo d'une scène horrible ou bizarre et j'avais chaque fois un mouvement de recul en criant « oh ! mon Dieu, mais c'est affreux ! ». Il acquiesçait en riant, mais me disait qu'il n'était pas nécessaire de me laisser émouvoir.

J'avais peur que le fait de ne plus être émotive m'empêche d'être sensible envers les autres, mais étrangement, c'est le contraire qui s'est produit : moins j'étais émotive ou critique, plus je parvenais à être à l'écoute de mon intuition et, du fait même, à éprouver de la compassion et de l'amour envers tous les êtres humains. Je ne ressentais ni l'un ni l'autre quand je réagissais trop ; je ne parvenais pas à capter mes vibrations.

Lorsque je songe aux défis que j'ai dû relever dans ma vie et aux efforts déployés pour rester détachée, je pense souvent aux équipes de sauvetage et au détachement avec lequel ces personnes doivent travailler pour pouvoir plonger dans l'horreur et aider les victimes sans se laisser envahir par les émotions. Ces âmes incroyables et magistrales me donnent une grande leçon d'humilité — que ferions-nous sans elles ? Voilà ce que Charlie essayait de m'enseigner et toutes les équipes de sauvetage du monde sont mes modèles. Que Dieu les bénisse.

Mon entraînement au détachement s'est avéré un précieux outil pour mes lectures médiumniques. Maintenant, peu importe le degré d'émotivité ou d'affolement d'un client ou l'intensité d'une situation, je demeure détachée afin de trouver des réponses plutôt que de céder au drame et à la confusion du moment.

J'ai récemment rencontré une femme, nommée Darlene, qui était en colère contre son amoureux. Celui-ci la maltraitait selon ses dires. Darlene m'a raconté sa version des faits en pleurant à chaudes larmes : il la menaçait, prenait son argent, fouillait dans ses effets personnels et l'accusait constamment de tout et de rien. À l'en croire, c'était un maniaque qui devait être emprisonné.

Sur le plan émotif, je souhaitais que cet homme soit arrêté. Je suis par contre demeurée neutre et je me suis servi de mon sixième sens pour examiner le problème plus en profondeur. J'ai alors découvert un autre scénario qui ne correspondait aucunement à la version de Darlene. J'ai senti que, même si son ami ne valait pas grand-chose, il l'aimait vraiment et lui avait dit, avec justesse, qu'elle était sérieusement dépendante de l'alcool et des analgésiques, et qu'il la quitterait si elle refusait de se faire traiter. Elle ne contrôlait plus sa dépendance et il essayait de l'empêcher de ruiner sa propre vie également.

Effectivement, cet homme était très épris d'elle et extrêmement contrôlant, mais il ne méritait pas la prison comme elle me l'avait fait croire. J'ai suggéré qu'elle aille en désintoxication et que son ami reçoive de l'aide psychologique. Elle a alors tourné sa colère contre moi. Elle était en grande détresse psychique, mais pas pour la raison citée. Et pourtant, si je m'étais laissé convaincre par sa version des faits, je serais peut-être passée à côté du vrai problème et j'aurais raté l'occasion de l'aider.

Il est très difficile pour les personnes naturellement intuitives comme moi d'apprendre à se détacher. En recevant des vibrations, nous avons tendance à *tout* capter et il faut beaucoup de concentration pour éviter de le faire. Comme certaines personnes m'accusent d'être insensible quand je les conseille, il est important de comprendre que le fait de rester détachée face à une énergie émotionnelle intense ne signifie pas que je suis insensible. Cela me permet seulement d'ouvrir davantage mon cœur afin de percevoir psychiquement quelle est la meilleure réponse à offrir.

Il est faux de croire qu'il faut faire preuve de commisération pour être sensible aux autres. Se soucier d'une personne signifie prendre suffisamment de recul pour analyser la situation sans laisser les émotions intervenir. Il est également important d'être à l'écoute de vos vibrations sans vous vider de votre énergie.

Si le commis du nettoyeur à sec, le garçon impoli du supermarché ou les autres passagers du train vous dérangent, alors cessez de fréquenter ces endroits. Quand c'est possible, évitez de vous exposer aux problèmes, sinon essayez de rester détaché. (Et dans un cas comme dans l'autre, gardez votre sens de l'humour !)

Ma technique préférée pour prendre mes distances est d'imaginer que le monde autour de moi joue dans un film fascinant, à la fois instructif et distrayant, et que je n'en suis surtout pas la vedette. Tout comme il ne m'arriverait jamais d'être tellement prise dans un film au point de sauter de mon siège pour courir vers l'écran, je refrène également mon envie d'absorber les énergies qui m'entourent pour me les approprier. Grâce à cette technique, je peux observer les événements avec un détachement créatif. Vous pourriez expérimenter la même chose. Lorsque vous vous laissez entraîner dans la négativité qui vous entoure, rappelez-vous qu'il s'agit seulement d'un film — vous n'êtes pas *directement concerné*. Attendez la conclusion.

Protégez-vous

Lorsque vous êtes exposé à une explosion d'émotions intenses, l'une des meilleures façons de demeurer ancré dans votre propre énergie est de croiser les bras sur votre plexus solaire (la région entourant le nombril), une attitude que nous avons tendance à adopter de toute manière. Remarquez combien vous le faites naturellement quand vous êtes sur la défensive. J'ai récemment assisté à une scène, pendant que j'attendais l'avion à l'aéroport, qui m'a rappelé ce geste instinctif. Une mère visiblement excédée réprimandait son bambin de deux ans. Pendant qu'elle le grondait, il la fixait d'un air provocateur, les deux bras croisés sur sa poitrine, complètement imperturbable. De toute évidence, il n'était nullement atteint par les reproches de sa mère, à un point tel que j'ai éclaté de rire.

Comme cet enfant le démontrait, le fait de croiser vos bras sur votre poitrine ou votre nombril empêche l'énergie négative de pénétrer dans votre corps et vous protège contre ses effets néfastes. Pour empêcher toute énergie étrangère d'envahir votre aura, vous pouvez aussi prendre de grandes respirations en même temps. Plus vous respirez lentement, plus vous êtes ancré et protégé.

Une autre façon d'éviter d'être influencé par une énergie non désirée est de vous en éloigner. Lorsqu'une personne est fâchée, détournez-vous légèrement pour ne plus lui faire face et respirez profondément. Comme l'énergie pénètre dans votre corps par le nombril, il suffit de vous détourner pour la faire dévier. Vous devriez habituellement vous tirer de toute situation troublante si vous vous rappelez que vous ne faites pas partie de la distribution de ce film — et si vous respirez bien, en vous détournant et en croisant les bras sur l'estomac.

Si vous n'êtes pas conscient que vous absorbez l'énergie d'un autre individu, prêtez attention à vos vibrations et demandez-vous si elles *vous* appartiennent vraiment. La dépression ou l'anxiété que vous ressentez ne provient peut-être pas de vous, mais du fait que vous avez absorbé une trop grande quantité d'énergie négative environnante. Par exemple, j'ai déjà eu une cliente qui travaillait le soir dans un centre de détention et qui, en conséquence, souffrait d'une grande dépression. Elle a retrouvé sa joie de vivre le jour où elle a quitté son emploi pour aller travailler dans une église. La mauvaise énergie de la prison lui était devenue insupportable. Dans son désir d'être utile à la société, elle était beaucoup plus à sa place dans une église que dans une prison.

Une autre façon d'empêcher l'énergie des autres de vous envahir est de faire une pause et de nommer tout ce qui vous entoure, à voix haute si c'est possible, pendant au moins cinq minutes. En regardant autour de vous, vous pourriez par exemple dire : « Je vois une lampe de table noire, un téléphone beige, trois magazines, un coquelicot dans un vase, trois crayons, une poubelle brune, mon patron qui sourit à un client, etc. » Poursuivez pendant trois ou quatre minutes, ou jusqu'à ce que vous soyez entièrement détendu, calme et neutre. Cet exercice vous aide à vider votre esprit pour vous concentrer sur ce qui est devant vous plutôt que de vous laisser prendre en otage par vos propres émotions ou celles d'un autre.

On ne saurait trop insister sur les avantages de pratiquer l'art du détachement face à des émotions intenses. Cela ne veut pas dire que vous fermez alors votre cœur, bien au contraire. En fait, quand vous vous empêchez d'absorber l'énergie qui vous entoure, vous demeurez lucide et ancré, et vous accédez plus facilement à votre créativité et à votre canal intuitif. Vous pouvez alors décider de tenir compte des messages que vous recevez de votre Moi Supérieur.

Exercice pratique pour éveiller votre sixième sens

Cette semaine, prenez le temps de regarder plusieurs films pour vous entraîner à observer les scènes sans vous laisser prendre au jeu. Choisissez différents thèmes, par exemple des films d'amour, d'action, de suspense et même une comédie. Si vous sentez les émotions vous envahir, croisez les bras sur votre ventre et respirez profondément, ou levez-vous et marchez pour secouer la vibration que le film fait résonner en vous.

Remarquez à quel degré vous vous laissez imprégner par l'énergie des acteurs. Soyez patient et obligez-vous à demeurer neutre, tout en appréciant l'histoire qui se déroule sous vos yeux. Analysez votre réaction face aux différents thèmes et demandez-vous pour quelles raisons vous restez parfois neutre ou devenez complètement absorbé selon l'histoire. Réagissez-vous de la même façon dans la vie qu'au cinéma ?

Exercez-vous à être objectif et observez combien vous êtes beaucoup plus intuitif quand vous demeurez neutre. Enfin, essayez de prédire la conclusion des films avec ce regard objectif. En plus d'être amusant, c'est un excellent moyen de renforcer votre canal intuitif.

CAPSULE DE SAGESSE INTUITIVE :

Répétez-vous ceci : « Je ne suis qu'un spectateur. »

3ᵉ PARTIE

Les vibrations positives

SECRET Nº 8

LE POUVOIR DES MOTS

Les mots sont imprégnés d'une puissante énergie. Tel un coup de baguette magique, ils peuvent influer sur les conditions et les circonstances de votre vie. Chaque mot que vous prononcez possède une vibration et un ton précis, ainsi qu'une intention qui attire son équivalent dans la dimension terrestre.

Les mots ont le pouvoir d'améliorer votre vie. Ils peuvent servir à semer la destruction ou à créer des expériences enrichissantes. Votre vie est modelée à partir de ce que vous vous dites à vous-même et aux autres. Pour atteindre un niveau de conscience plus élevé et suivre le courant de la vie, vous devez donner le ton en utilisant des mots tendres et créatifs prononcés d'une voix sereine et harmonieuse.

Durant mon apprentissage, mes professeurs spirituels m'ont très tôt enseigné l'importance des mots. J'ai appris que nous sommes tous des Êtres divins, des co-créateurs de l'Univers, et que nous créons notre propre réalité à partir des mots que nous utilisons. Rien de ce que nous disons ne se perd ou ne diminue en intensité — en fait, chaque mot est doté d'un pouvoir incroyable et commande à l'Univers d'obéir. Pour ce dernier, tout ce que nous disons a force de loi, car il est incapable de distinguer le vrai du faux. Il prend donc tout pour la vérité et s'efforce de le réaliser.

Vous est-il déjà arrivé de faire croire que vous étiez trop malade pour aller travailler (parce que vous vouliez un congé), pour ensuite vous sentir mal en point avant la fin de la journée ?

Ou avez-vous déjà inventé une excuse pour ne pas avoir à composer avec un individu, pour ensuite voir la situation se retourner contre vous ? Cela m'est arrivé à plusieurs reprises. Une fois, durant mon adolescence, j'ai annulé une sortie avec un garçon que je ne souhaitais pas vraiment fréquenter en lui disant que je devais aller faire du gardiennage. Sans aucun remord, je lui ai dit à plusieurs reprises que j'étais vraiment désolée et que j'aurais vraiment aimé le voir. Sitôt le téléphone raccroché, je suis allée patiner avec mes amies à la patinoire municipale. Après trois tours de patinoire, je suis arrivée face à face avec lui. « Gardiennage, mon œil ! », m'a-t-il lancé d'une voix rageuse avant de déguerpir d'un coup de patin. Très embarrassée, je me suis alors sentie complètement stupide en me disant que je l'avais bien cherché. Après tout, *ne lui avais-je pas répété* que j'aurais aimé le voir ?... L'Univers m'avait prise au mot.

Soyez non seulement conscient de ce que vous dites mais aussi de la *façon* dont vous le dites, parce que l'Univers fonctionne à partir des sons et des intentions. Plus vos mots sont paisibles et vos intentions nobles, meilleures sont les situations que vous créez. Les paroles dures, discordantes et furieuses — même celles qui reflètent vos sentiments réels — ont un effet destructeur sur vous et sur les autres.

C'est là une dure leçon que Jennie, une de mes clientes, a un jour apprise. Elle consultait un thérapeute qui l'encourageait à trouver sa voix intérieure et à dire la vérité. Suivant ses conseils, Jennie s'est mise à dire à tout le monde exactement ce qu'elle ressentait, de la façon dont elle le ressentait. Elle s'en est donc prise à son mari, lui reprochant sa coiffure, son haleine, ses goûts vestimentaires et ses manières. Puis, elle a dit à ses beaux-parents de se mêler de leurs affaires. Encouragée sur cette voie de l'honnêteté à tout prix, elle a dit à son patron que ses idées étaient dépassées et qu'elle voulait une augmentation de salaire. Croyant qu'elle était en train de devenir une femme libérée et sûre d'elle, Jennie a été sous le choc le jour où elle a perdu son emploi, où son mari l'a quittée et où son fils est allé vivre chez ses beaux-parents. Comme elle avait fait preuve d'honnêteté, elle ne comprenait pas pourquoi sa vie ne s'était pas améliorée. Après tout, son thérapeute avait mis deux années à la convaincre que la seule façon d'être heureuse était de dire la vérité. Malheureusement, le jour où elle a décidé d'envoyer promener tout le monde, c'est exactement ce qu'ils ont fait. Ils ont claqué la porte.

Le problème pour toutes les Jennie du monde est d'apprendre à faire la distinction entre une vérité et une opinion.

Les opinions peuvent repousser et agresser les gens, tandis que la vérité, même si elle est difficile à entendre, ne sert jamais à rabaisser l'autre individu — elle suscite plutôt la compréhension et le respect mutuel. En d'autres termes, être vrai signifie dire la vérité sans faire de mal à soi et aux autres. C'est d'ailleurs tout un art et une discipline de communiquer ainsi. Cela permet d'émettre des vibrations qui unissent les cœurs, créent la confiance, attirent le soutien et entraînent la guérison. Cette vérité est potentiellement magique, car elle vous permet de transformer vos vrais désirs en réalité.

L'Univers est structuré de manière à soutenir votre vrai moi ; plus vous saurez communiquer clairement avec lui, plus il lui sera facile d'obtempérer selon vos désirs. Lorsque nos paroles sont empreintes de confusion, de colère, de blâme ou de victimisation, nous transmettons à l'Univers des signaux amers et des messages contradictoires qui entraînent celui-ci dans une ronde infinie. Le pauvre est alors incapable de nous aider malgré toute sa bonne volonté.

Ma cliente Madelyn se plaignait constamment de son ex-époux, Bob. Selon elle, il lui causait constamment des ennuis et lui rendait la vie misérable. Cela faisait pourtant dix ans qu'ils étaient divorcés et Bob l'appelait rarement. Il habitait dans une autre ville, s'était remarié et, selon mon radar médiumnique, pensait rarement à elle. Chacune de leurs rares discussions tournait inévitablement en querelle parce que Madelyn ne pouvait s'empêcher de le critiquer, ce qui les mettait tous les deux en colère et sur la défensive. Il avait beau avoir refait sa vie, elle éprouvait encore de la rancœur envers lui.

Les gens étaient portés à éviter Madelyn parce qu'elle était trop négative. Même si elle réussissait à s'attirer la pitié durant trois minutes chaque fois qu'elle s'entretenait avec quelqu'un, elle n'était pas suffisamment libérée de son ancienne relation pour tourner la page et refaire sa vie. Il lui arrivait de mentionner qu'elle aimerait bien trouver l'amour, mais cette affirmation ressemblait davantage à une pause publicitaire entre la saga Madelyn-et-son-ex qu'à un réel désir. L'Univers ne pouvait lui donner que ce qu'elle demandait, alors il lui a donné toujours plus d'ennuis avec Bob, sans jamais lui faire rencontrer un autre homme.

Est-ce que vous communiquez bien vos désirs ? Si les mots sont les artisans de votre vie, comment pouvez-vous espérer construire un Taj Mahal en lançant à la face de l'Univers des paroles négatives et avilissantes ?

De plus, l'usage de paroles offensantes et blasphématoires est très dommageable avec le temps pour un être intuitif, car cela crée une vibration négative et dissonante. L'âme devient infectée par le recours excessif aux jurons ou à un langage vulgaire, au lieu des vrais mots. Même si cela semble inoffensif et amusant, en plus d'être fort populaire, l'utilisation de ce genre de langage érode en fait votre corps lumineux et atténue sérieusement votre vibration. Bien entendu, mon intention n'est pas de faire de vous un saint. Nous savons tous qu'un juron enthousiaste est parfois fort approprié pour exprimer exactement ce que nous ressentons. Je parle plutôt de l'usage régulier de blasphèmes ou du langage de la rue au lieu des termes appropriés, que ce soit par habitude ou parce que vous êtes trop paresseux, insouciant ou confus pour faire l'effort de communiquer efficacement. L'Univers ne peut agir qu'en fonction de ce que vous lui offrez, alors rappelez-vous seulement ceci : *la qualité des résultats est fonction de la qualité des données à l'entrée* ou, plus simplement, *on récolte ce que l'on sème.*

Tous les mots ont un pouvoir d'évocation, mais ceux exprimés avec amour sont positivement irrésistibles. Ils sont aussi efficaces que des formules magiques et possèdent un immense pouvoir d'attraction. En voici un exemple. J'ai déjà eu une cliente qui avait souffert d'obésité presque toute sa vie. Elle n'était parvenue à perdre que quelques kilos, malgré une saine alimentation et des exercices quotidiens. Elle parlait toujours de son désir de « se débarrasser de sa graisse » même si elle perdait en fait très peu de poids. Puis, un jour, elle a décidé de s'exprimer autrement. Son but était dorénavant de « retrouver sa beauté ». Elle est devenue tellement emballée et motivée par cette façon beaucoup plus inspirante d'exprimer son objectif qu'elle a perdu cinq kilos au cours de la première semaine suivant ce changement d'attitude. Comme elle adorait son « projet beauté », elle l'a atteint sans effort.

Soyez attentif et créatif par rapport aux mots que vous utilisez et ceux que vous entendez. Sachez que les paroles prononcées risquent de se concrétiser, alors si vous entendez des rumeurs, prenez vos distances. Gardez le silence en présence d'une personne qui ne cesse de critiquer. Le fait de vous éloigner d'une conversation négative permet non seulement à votre vibration de continuer d'osciller à une fréquence élevée, mais empêche aussi votre interlocuteur d'abaisser sa fréquence en lui retirant son auditoire.

La meilleure façon de maintenir une vibration élevée est de rendre chaque pensée et chaque parole utilisée ou entendue aussi aimable et réconfortante que possible.

C'est le chemin le plus court — il n'y a pas de raccourcis, de détours ou d'exceptions. Quand quelqu'un vous demande comment ça va, au lieu de marmonner « bien », dites plutôt « j'vais super bien ! » ou « la vie est belle ! ». En guise de paroles d'accueil, pourquoi ne pas dire « belle journée, n'est-ce pas ? » au lieu de « quel sale temps ! ». Plutôt que de vous plaindre constamment, faites des compliments ; exprimez votre gratitude au lieu de jouer à la victime et appréciez les gens au lieu de les critiquer — et voyez ce qui se produit. L'énergie que vous transmettez cherche soit à s'élever et à donner de l'amour, soit le contraire. Et dans ce dernier cas, c'est vous qui êtes le grand perdant.

Exercez-vous petit à petit à communiquer avec amour jusqu'à ce que cela devienne une seconde nature. Plus vous serez conscient des mots que vous prononcez et des résultats qu'ils vous procurent, plus vous sentirez vos vibrations s'éveiller. Vous vous sentirez plus léger, libre et beaucoup moins accablé par votre propre façon de vous exprimer. Votre poitrine se gonflera, vos épaules se redresseront et votre cœur s'ouvrira. De plus, votre dialogue interne s'atténuera pour faire place à votre voix intuitive, au ton beaucoup plus doux et agréable. Vous sentirez alors naître en vous un sentiment de paix et de créativité.

Exercice pratique pour éveiller votre sixième sens

Cette semaine, prêtez attention à ce que vous dites et entendez autour de vous. Utilisez vos mots judicieusement.

Ne participez pas à un débat enflammé, même s'il est justifié, parce que vous risquez alors de divaguer. Rappelez-vous que nous sommes tous unis dans l'Univers et que, quand vous faites du mal à quelqu'un, c'est aussi à vous que vous le faites. Peu importe que votre ego le comprenne ou non, cela n'en demeure pas moins la vérité.

Parlez avec considération et retenue en utilisant des mots tendres empreints d'acceptation, de pardon et d'humour. S'il le faut, apprenez des mots gentils, surtout si ce n'est pas votre genre habituel. Si vous avez de la difficulté à vous exprimer verbalement, écrivez des paroles réconfortantes et communiquez-les au moyen d'un courriel, d'une télécopie, d'une lettre d'amour, d'une note, d'un autocollant, d'un tableau d'affichage ou d'une carte de souhaits. Ne vous arrêtez pas là. Prenez l'habitude de vous exprimer de manière efficace et aimable, même si cela vous semble contre-nature.

Cela deviendra naturel à force de vous entraîner. Prenez soin d'éviter des expressions populaires quoique destructives comme « aimer à mort », « je tuerais pour l'avoir », « quel demeuré », « je suis écœuré », « je n'ai pas les moyens » et « je déteste cela ! ».

Élargissez votre vocabulaire afin de pouvoir choisir des mots précis, agréables, sensuels, inspirants, mystérieux, efficaces et qui suscitent la réflexion. Procurez-vous un dictionnaire ou un calendrier perpétuel affichant un mot par jour et apprenez de nouveaux mots pour encore mieux exprimer vos intentions. Chaque jour, ajoutez un nouveau mot intéressant à votre vocabulaire et utilisez-le au moins trois fois ce jour-là. Puis, le soir, dites-vous cinq choses positives à voix haute avant de vous coucher.

CAPSULE DE SAGESSE INTUITIVE :

Choisissez judicieusement les mots que vous prononcez.

SECRET N° 9

En tant qu'être intuitif, il est très important que vous vous protégiez contre l'énergie négative *avant* qu'elle ne vous atteigne. Ce processus comporte plusieurs étapes : savoir reconnaître cette énergie, découvrir d'où elle vient et tenter de la dissiper ou de vous en distancier le plus tôt possible. Permettez-moi de vous les décrire plus en détail.

Étape n° 1. Sachez reconnaître une mauvaise vibration (c'est ainsi que je décris une énergie négative) pour ce qu'elle est et voyez si elle vous affecte. Quand une chose est négative, le savez-vous et êtes-vous capable d'identifier l'impact qu'elle a sur vous ? Tout comme le fait d'identifier très tôt les symptômes du rhume vous permet de vous soigner avant de tomber vraiment malade, la capacité de ressentir la négativité avant qu'elle ne vous contamine peut vous éviter une grande détresse psychique.

Quand je suis exposée à une mauvaise vibration, je remarque d'abord combien cela entrave ma respiration. Ma poitrine devient opprimée et ma gorge se serre. Je sens aussi une pression derrière la tête ou un serrement au cœur. Lorsque l'énergie est intense, il m'arrive même de commencer à m'affoler. Ces sensations me signalent que l'énergie négative se dirige vers moi, comme un nuage de pollution, de smog ou même de radiations, et que je dois être sur mes gardes.

J'ai demandé à mes clients de décrire leurs réactions face aux mauvaises vibrations afin qu'ils en prennent conscience. « Chaque fois que je suis confrontée à des mauvaises vibrations, j'ai l'impression d'être en bouillie », m'a expliqué Jeanne.

« Dès que je reçois des mauvaises vibrations, je deviens grognon, parfois même impoli. C'est peut-être ma façon de les tenir à distance », m'a dit John. D'autres clients ont noté que leur rythme cardiaque s'accélère, que leur tête devient alourdie ou qu'ils figent simplement sur place.

Admettre que vous ressentez ces mauvaises vibrations est sans doute le premier et le meilleur moyen de défense. Comment pouvez-vous espérer vous protéger et trouver une solution créative si vous niez la situation ?

Il faut cependant reconnaître qu'il est plus facile de détecter et de composer avec certaines mauvaises vibrations que d'autres, par exemple quand votre conjoint vous crie des bêtises ou qu'un fou du volant vous menace avec des gestes insultants de la main. D'autres vibrations sont par contre plus sournoises, comme celles émises par des agresseurs psychiques ou des personnes qui décochent subtilement leurs flèches empoisonnées sous forme de gentillesses et de plaisanteries. Ce type de mauvaise vibration est plus difficile à identifier, surtout si vous n'êtes pas habitué de vous fier à votre radar médiumnique.

J'ai déjà rencontré une femme qui insistait pour devenir mon amie. Je sentais toutefois des mauvaises vibrations en sa présence. Elle était flatteuse et insistante, planifiait des activités avec moi, se pointait chez moi sans s'être annoncée et me faisait souvent des cadeaux. Elle était très drôle et parfois même intéressante avec ses mauvaises manières, et à part le fait d'être envahissante, elle ne me faisait pas de mal ouvertement. Et pourtant, je me sentais piégée chaque fois que nous étions ensemble.

Malgré les apparences, je savais que cette « amie » n'était pas bonne pour moi. (Comme disait souvent ma mère, « un œuf pourri est un œuf pourri, même si c'est un œuf de Pâques ».) Je suis donc restée sur mes gardes et j'ai tout fait pour maintenir une distance entre nous. Comme de fait, peu de temps après, elle a essayé de s'approprier une partie de mon travail et de s'en attribuer le mérite. J'ai finalement pris conscience de son petit jeu — et j'ai eu l'impression de récupérer d'une terrible maladie en m'éloignant d'elle.

Comme les agresseurs psychiques sont sournois, vous pourriez questionner ou même nier le problème étant donné que vous n'avez aucune preuve pour soutenir votre intuition. Ne mettez pas votre sécurité psychique en danger en laissant votre ego l'emporter. Une personne intuitive sait que le simple fait de sentir ces mauvaises vibrations constitue une preuve suffisante. Lorsque vous sentez que quelque chose ne va pas, même s'il vous est impossible de le vérifier, fiez-vous à vos sentiments et protégez-vous.

Sachez que vos doutes risquent de susciter la colère autour de vous, surtout de la part des personnes non intuitives qui ont tendance à tout nier. Ignorez-les.

Ma cliente Janice ressentait des vibrations extrêmement mauvaises en présence de son nouveau beau-père, Wayne, même s'il semblait être la personne la plus gentille et attentionnée qui soit. Un jour, Janice s'est renseignée auprès de sa mère au sujet du passé de Wayne. Comme celle-ci l'avait épousé plutôt impulsivement, elle s'est fâchée et s'est mise sur la défensive, allant même jusqu'à accuser Janice d'être jalouse. Même les frères et sœurs de Janice étaient agacés par sa méfiance parce qu'ils étaient tous soulagés que leur mère ait refait sa vie. Cela ne les concernait plus.

Janice n'en est pas moins demeurée sur sa position. Elle sentait que c'était un salaud et le disait, malgré les reproches qu'on lui faisait. Comme je l'ai déjà souligné, vous devrez non seulement rejeter votre ego, qui adore nier votre intuition, mais également composer avec les ego de votre entourage. Bref, huit mois après le mariage, Janice s'est fait réveiller par sa mère un matin. Celle-ci était hystérique au téléphone : Wayne lui avait volé tous ses biens et avait fui la ville. Il s'est avéré que c'était un escroc qui s'était marié au moins huit fois — et qui avait dévalisé chacune de ses épouses.

Janice a dû réprimer l'envie qu'elle avait de lui souligner qu'elle l'avait pourtant bien avertie au sujet de Wayne. Elle a préféré se montrer magnanime. Même ses frères et ses sœurs se sont excusés, en faisant tout pour aider leur mère à reprendre sa vie en main. Janice a connu son unique vengeance le jour où Wayne a été accusé de fraude par une de ses épouses et s'est retrouvé derrières les barreaux. (Bien fait, Janice.)

Étape n° 2. La deuxième étape pour vous protéger est de vous exprimer à haute voix chaque fois que vous sentez quelque chose de négatif. Cet exercice d'emprise sur vous-même indique aux autres que vous êtes pleinement conscient et sur vos gardes, peu importe de quoi il s'agit. Commencez en disant simplement « j'ai des mauvaises vibrations », « quelque chose cloche », ou « je me sens mal soudainement » dès que vous sentez une énergie négative, même si c'est en aparté.

Parfois, le simple fait de souligner la présence des mauvaises vibrations suffit à les éliminer, surtout si elles proviennent secrètement d'agresseurs psychiques.

J'ai déjà travaillé avec une femme qui se sentait continuellement agressée par les mauvaises vibrations de la secrétaire de son mari, sans savoir pourquoi (ou sans vouloir le savoir). Chaque fois qu'elle lui parlait, cette personne était si impolie, condescendante et méchante que ma cliente se sentait mal le reste de la journée. Elle a enduré ce harcèlement psychologique pendant plusieurs mois, puis en a eu assez. Elle a alors entrepris de décrire à la secrétaire combien son énergie l'affectait en disant : « C'est fou, mais je ne me sens pas très bien depuis le début de notre conversation. N'est-ce pas étrange ? » Ou bien elle faisait la remarque suivante : « C'est bizarre combien chaque fois que je te parle, je me sens soudainement mal. Je me demande bien pourquoi. » Ma cliente gardait toujours un ton agréable et non accusateur — elle décrivait simplement ce qu'elle ressentait et de quelle façon cela l'affectait.

La secrétaire était déconcertée. Au début, elle a dit : « Quoi ? Ça ne va pas ? ». Puis, elle a commencé à s'interroger. « Vraiment ? J'espère que je n'en suis pas la cause. » Ma cliente a acquiescé de tout cœur en disant : « Moi aussi. » Cela a suffit à dissiper la mauvaise énergie qui circulait entre les deux femmes.

Beaucoup de gens m'ont raconté qu'ils avaient de la difficulté à admettre, autant à eux-mêmes qu'aux autres, qu'ils avaient de mauvaises vibrations. Ils suivaient ainsi les règles de leur ego qui aime déclarer que ce qui n'est pas du domaine physique n'existe pas. Suivant la loi spirituelle, l'énergie psychique est aussi réelle que l'énergie physique, mais beaucoup plus révélatrice.

Ma cliente Marianne, une avocate en droit environne-mental, m'a raconté qu'à l'été 2001, au moment de se diriger vers son siège d'avion pour un vol Washington-Chicago, elle a croisé quatre hommes dans la classe affaires qui lui ont vraiment donné la chair de poule. *Ils sont l'incarnation du mal*, a-t-elle alors pensé, tout en se reprochant de juger si vite des gens qu'elle n'avait jamais rencontrés. Peu de temps après cette rencontre, des hommes qui ressemblaient à ceux qu'elle avait vus ont détourné quatre avions le 11 septembre. « C'était peut-être ces mêmes hommes qui allaient faire un essai, m'a-t-elle raconté. J'ai immédiatement pensé à eux quand j'ai entendu parler de la tragédie. » Je ne serais pas surprise que son instinct ne l'ait pas trompée.

Nommer une mauvaise vibration quand vous la sentez, même si vous ne parvenez pas à en identifier l'origine, est un puissant outil de protection. D'ailleurs, cet exercice est parfaitement conforme à la loi spirituelle. Celle-ci ne vous demande pas de nier l'énergie négative ; elle vous dit plutôt d'être honnête face à toute chose, bonne et mauvaise. Lorsque vous soulignez la présence d'une énergie négative, celle-ci a tendance à prendre ses distances car elle se nourrit des ténèbres et du mystère, et ne peut pas supporter d'être révélée au grand jour. La lumière diminue l'intensité des mauvaises vibrations et, dans de nombreux cas, finit même par les guérir.

Étape n° 3. Ensuite, découvrez d'où provient l'énergie négative. Commencez par vérifier si elle provient de vous. Si vous êtes fatigué, affamé, surchargé, pressé ou de quelconque façon malheureux et mal à l'aise, ne soyez pas surpris d'être *la personne* qui émet des mauvaises vibrations (voir le secret n° 2, à la page 37). Nous sommes parfois notre pire ennemi et le simple fait de ne pas prendre soin de notre corps suffit à nous donner l'impression que le monde est contre nous.

Vous ressentez peut-être aussi des mauvaises vibrations parce que vous vous jugez trop sévèrement. Si c'est le cas, cessez immédiatement ! Changez d'attitude et commencez plutôt à penser des choses positives de vous-même, des autres et même du monde entier. La négativité est peut-être contagieuse, mais l'énergie positive l'est tout autant. Selon la loi spirituelle, vous devriez chercher à vous élever de la manière la plus positive possible et demander à ceux qui ont des bonnes vibrations de les partager avec vous.

Quand il vous est impossible d'identifier la source des mauvaises vibrations, jouez au détective. Demandez à vos vibrations de vous guider et posez-leur une foule de questions en commençant par : « Est-ce que j'émets *moi-même* ces mauvaises vibrations ou bien est-ce qu'elles proviennent d'une autre personne ? » À partir de là, demandez : « Est-ce que cette énergie provient de ma famille, de la parenté, de voisins, d'amis ou de collègues de travail ? » Une autre façon de trouver l'origine des mauvaises vibrations est de fermer les yeux en demandant : « Qui êtes-vous ? » Notez qui surgit dans votre tête, puis demandez : « Que voulez-vous ? » Écoutez la réponse que vous recevez.

Parfois, malgré tous nos efforts, nous ne sommes pas certains de la provenance de l'énergie négative. Heureusement, cela changera à force de vous entraîner. Plus vous exercerez votre esprit à être attentif, plus vous deviendrez avisé psychiquement, surtout lorsqu'il s'agit de vous protéger.

En attendant, protégez-vous contre les vibrations négatives. Créez un bouclier psychique en disant avec conviction : « Pas un geste ! »

Mon amie LuAnn m'a appris à pousser encore plus loin la démarche en déposant dans un pot en verre un bout de papier sur lequel il est écrit « j'exige que toute énergie négative connue ou inconnue se fige avant de m'atteindre ». Versez de l'eau dans le pot ainsi que du colorant alimentaire bleu pour plus de protection et placez le pot au congélateur. J'ai déjà eu une assistante très malheureuse qui projetait sans cesse sur moi sa négativité. Je voulais la congédier mais je ne m'en sentais pas encore capable, alors je l'ai fait « figer ». Elle a démissionné le lendemain, à notre plus grand soulagement à toutes les deux.

Ce rituel fait toujours des miracles parce qu'il amplifie l'intention derrière le message. L'intention devient très puissante lorsque vous faites appel à tous vos sens, d'où l'utilisation du pot en verre, du colorant alimentaire, du bout de papier et du congélateur. Tous mes sens sont stimulés, y compris mon imagination, qui constitue sans doute notre meilleur outil en matière d'intention.

Vous pouvez aussi bloquer les mauvaises vibrations en disant à voix haute à leur expéditeur : « Reprends tout ça. Je n'en veux pas. Ça ne m'appartient pas. » C'est ce que je répète chaque fois que je sens une mauvaise énergie essayer de me planter un poignard dans le dos ou dans le cœur. En retournant ainsi l'énergie à sa source, je l'empêche de s'accrocher à moi et je laisse l'expéditeur expérimenter ses propres vibrations pour qu'il puisse les rendre positives.

Étape n° 4. Lorsqu'une personne vous envoie de l'énergie négative, la loi spirituelle vous demande de faire preuve de bonté et d'essayer de renverser la situation. La négativité résulte souvent de malentendus qui peuvent facilement être réglés si vous vous adressez à la personne avec amour et sincérité. Les mauvaises vibrations ne sont souvent pas plus graves que la mauvaise haleine et peuvent facilement être soignées. Trouvez l'origine du malaise et essayez de le dissiper au moyen de paroles apaisantes. Ainsi, vous pouvez dire : « Je sens une certaine confusion ou négativité entre nous. Est-ce que je t'ai offensé ou bien as-tu quelques attentes envers moi dont je ne suis pas conscient ? J'aimerais effacer tout malaise entre nous et j'ai besoin de ton aide. » Vous créez ainsi une ambiance proactive et chaleureuse dans laquelle chacun peut exprimer en toute sécurité ses besoins insatisfaits. Vous constaterez vite combien l'énergie devient ainsi beaucoup moins lourde.

En fait, la meilleure protection contre l'énergie négative est de vous entourer de beaucoup d'amour et d'acceptation. Cela ne veut pas dire accepter la négativité, mais plutôt *accepter le fait* qu'une personne a besoin d'amour et que ses mauvaises vibrations ne font que refléter sa maladresse à demander cet amour. Bien entendu, il n'est pas facile pour un être intuitif novice ou une personne qui préfère jouer à la victime de faire preuve de pardon, de compassion et de sincérité. Cependant, plus vous serez à l'écoute de vos vibrations, plus votre vision étroite de la vie s'élargira. En effet, à force d'évoluer sur le plan psychique en suivant la loi spirituelle plutôt que celle de l'ego, vous comprendrez que chaque expérience ou événement dans votre vie, bon ou mauvais, est une invitation à l'élévation de votre âme. Lorsque vous doutez de l'attitude à adopter face à une énergie malsaine, rappelez-vous que l'amour demeure en tout temps votre principal allié.

Étape n° 5. Enfin, rappelez-vous que, parfois, une mauvaise vibration n'est seulement qu'une mauvaise vibration. Une personne peut très bien vivre une mauvaise journée (ou une mauvaise vie) et elle s'en prend à vous parce que vous vous adonnez à passer dans sa mire. Je vous recommande de ne pas vous sentir personnellement visé par l'énergie négative d'une personne, même si elle *est dirigée* contre vous. Les mauvaises vibrations ne sont que des occasions ratées d'exprimer de l'amour et de la compréhension, et de communiquer efficacement. Priez plutôt pour la guérison de la personne — et quittez l'endroit immédiatement. Ce faisant, entourez-vous des pensées les plus tendres et bienveillantes qui soient. Si vous en avez de reste, transmettez ces mêmes pensées d'amour à *toutes* les forces hostiles venant vers vous — elles en ont bien besoin.

Le simple fait de vous distancier de l'énergie négative permet de briser le contact, et de détendre l'atmosphère, en plus de vous aider à rester ancré et à abaisser vos défenses. Vous ouvrez alors votre cœur et élevez votre conscience. C'est particulièrement vrai lorsque vous vous retrouvez au milieu d'une chaude discussion. Il est alors préférable de quitter la pièce avec grâce, sensibilité et discrétion. Si c'est possible, éloignez-vous simplement de la situation toxique. Lorsque la vibration négative est dirigée vers vous et que vous ne pouvez pas quitter facilement ou discrètement la pièce, dites simplement : « J'ai besoin d'aller prendre l'air pour réfléchir.

Nous pourrions reprendre notre conversation plus tard, une fois les esprits apaisés. » Puis, sortez.

En prenant vos distances, vous avez alors un meilleur jugement pour choisir votre direction et les personnes avec qui avancer dans la vie. Si vous éprouvez un mauvais sentiment en présence d'une personne ou dans un lieu donné, fiez-vous à vos vibrations et tenez-vous-en éloigné. Ne prenez même pas la peine de vous demander pourquoi vous vous sentez mal — pas besoin d'explications pour savoir qu'une énergie négative est toxique.

Vous avez après tout la responsabilité de vous protéger. Personne ne peut le faire mieux que vous. Pour vivre avec une conscience plus éveillée, vous devez prêter attention à tout ce que vous ressentez et réagir en fonction. Bien entendu, cela ne signifie pas que vous devez manquer de respect ou être indifférent envers les sentiments des autres. Cette attitude, basée sur les lois de l'ego, ne ferait que vous attirer des mauvaises vibrations. Comme le veut la loi du karma, « on récolte ce que l'on sème ». Une offensive bien intentionnée constitue en fait la meilleure défensive, alors montrez-vous le plus respectueux et affectueux possible envers tous les êtres humains, même envers les personnes que vous n'aimez pas. Rappelez-vous que, suivant la loi spirituelle, nous sommes tous interreliés, alors l'individu avec qui vous êtes en interaction n'est que le reflet de *votre propre personne.*

Exercice pratique pour éveiller le sixième sens

Cette semaine, protégez-vous sur le plan énergétique en créant consciemment des bonnes vibrations. Utilisez des paroles positives lorsque vous parlez de vous et des autres, et identifiez quelles personnes et quelles situations vous procurent du bien-être. Rappelez-vous de ne pas vous sentir personnellement visé par une énergie ou une vibration négative — refusez simplement d'être blessé par une autre personne qui n'a pas su profiter de cette occasion de semer de l'amour. Protégez-vous en dégageant une énergie positive et aimable, et coupez-vous intentionnellement de toute énergie désagréable. Enfin, si les vibrations sont vraiment mauvaises, sachez que vous pouvez toujours les « figer ».

CAPSULE DE SAGESSE INTUITIVE :

Nommez les choses telles que vous les ressentez.

SECRET N° 10

SYNTONISEZ LA BONNE FRÉQUENCE

En apprenant à être à l'écoute de vos vibrations, vous n'aurez plus l'illusion que nous sommes seulement des êtres physiques et mortels, distincts les uns des autres, et limités à l'espace-temps physique. Vous finirez par comprendre qu'en fait, nous existons aussi dans la dimension spirituelle. Que notre ego le sache ou non, nous communiquons fréquemment entre nous à un niveau énergétique (« non localisé » comme le décrivent les scientifiques), et nous nous transmettons ainsi nos pensées, nos sentiments, nos idées, nos croyances de même que de l'information.

Nous sommes également liés à chaque âme de la planète par le centre du cœur, ce qui signifie que nous entretenons une forme de rapport télépathique conscient et inconscient avec les autres, proches ou éloignés, comme si nous partagions tous la même fréquence radio. Mon professeur Tully disait que la plupart d'entre nous faisons en tout temps de la télépathie avec au moins mille personnes et que, lorsque des événements particulièrement troublants se produisent dans le monde, nous nous relions à plus d'*un million* d'âmes à la fois, même si nous n'en sommes pas conscients.

Le type de rapport télépathique entre les membres d'une même famille en est un exemple. Quand j'étais jeune, je me souviens que ma mère n'avait qu'à sortir sur le porche de la maison et à « nous voir » de retour à la maison pour que toute la famille accoure se mettre à table. Comme beaucoup de mes clients ont vécu la même expérience, je crois qu'elle est assez universelle. Je me demande même si le « pouvoir maternel » n'est pas l'un des liens télépathiques les plus puissants — après tout, nous venons tous de notre mère. Ce lien télépathique est donc logique.

La façon dont la télépathie fonctionne habituellement est que nous syntonisons la même fréquence vibratoire que celle que nous émettons ; nous nous relions surtout aux fréquences qui nous intéressent ou qui résonnent en nous. Qui se ressemble s'assemble : si nous vivons dans la peur, la crainte du danger et des blessures et si nous agissons en victimes, c'est ce que nous allons attirer. Si, au contraire, nous recherchons les expériences positives, agréables et exaltantes, c'est ce que les autres renverrons dans notre champ de conscience.

J'ai un ami qui est passablement négatif et obsédé par le manque de considération et de savoir-vivre des autres. Chaque fois qu'il écoute la radio, il tombe toujours sur une nouvelle rapportant qu'une personne a pété les plombs. Cela lui est même arrivé à plusieurs reprises d'être victime d'un accès de rage, comme la fois où il roulait sur l'autoroute et qu'une femme a essayé de lui couper la voie, ou lorsqu'un couple a failli s'en prendre à lui à coups de poing parce qu'il leur avait demandé de cesser de parler durant un film au cinéma. De fait, je ne connais personne qui a eu autant de rencontres désagréables avec des étrangers. Mais le pire est que cela ne se limite pas à ses périodes d'éveil — il est également tourmenté dans ses rêves. Au moins deux fois par semaine, des personnages flous le poursuivent pour le tuer. Ces énergies sont si puissantes qu'il sent parfois leur présence dans la pièce. Il insiste pour dire que la négativité domine le monde, ce qui est vrai. Elle ne domine toutefois par *le* monde, mais *le sien*.

Je connais aussi un homme qui refuse de penser négativement. C'est une question de discipline spirituelle. Il a toujours des pensées sereines et les partage partout où il va. En retour, il reçoit souvent des fleurs, des lettres d'appréciation et des petits cadeaux, de même que des salutations sincères, aimables et positives de chaque personne qu'il rencontre. Il suscite même de la sympathie chez les personnes les plus acariâtres. On dirait que les vibrations qu'il émet de manière télépathique résonnent telle une douce musique aux oreilles psychiques de chacun. Il attire la même chaleur et la même affection de son entourage. En plus de réussir à maintenir ses vibrations sur une fréquence puissante et élevée, les pensées qui circulent dans son champ de conscience continuent elles aussi d'être créatives, drôles et tendres.

Il reçoit même des messages pénétrants dans ses rêves, emplis de belles images et d'une douce musique.

Malheureusement, de nos jours, nous sommes pour la plupart comme mon ami pessimiste : nous avons tendance à être fascinés, voire hypnotisés par les images sombres. Que ce soit dans les films et les jeux vidéo violents ou jusque dans les bulletins de nouvelles, la mort et la destruction semblent attirer un public qui trouve ces choses intéressantes, et ce partout dans le monde. Cela est peut-être dû au fait que certaines personnes se sentent vides et déconnectées de la vie. Cette fascination pour l'horreur, la violence et les images ignobles comble ce vide et, d'une manière perverse, leur donne l'impression d'être en vie.

Cela ne veut pas dire qu'un bon film d'horreur ou d'action n'est pas divertissant de temps à autre, mais il est mal avisé de nourrir continuellement notre esprit avec ce type de divertissement. Ces images suscitent la peur, qui mène à la maladie, la dépression et le désespoir — elles deviennent dans un sens un cancer télépathique qui gruge notre esprit. C'est une des pires formes de terrorisme psychique.

Malheureusement, le nombre de fréquences négatives a grandement augmenté au cours des cinquante dernières années avec la radio, la télévision et Internet. Ce n'est pas que la vie soit plus négative, étant donné qu'il n'y a jamais eu autant de consciences éveillées et d'amour sur la planète. Ces émissions mass-médiatiques et les sites Internet manipulent les ondes psychiques ; il est donc beaucoup plus difficile de ne pas nous laisser entraîner dans ce courant de négativité. Après tout, vous vibrez en fonction des pensées qui vous habitent : par exemple, si vous êtes un tenant de la suprématie blanche qui, par paranoïa, croit que le gouvernement contrôle le monde, vous attirerez à vous tous les autres suprémacistes qui partagent votre point de vue et intégrerez vite leur mentalité à la vôtre.

Le pire exemple dans l'histoire du monde est la montée du nazisme en Allemagne. Le peuple allemand, pourtant sensé et raisonnable, s'est laissé convaincre inconsciemment, par voie télépathique, qu'il était bon d'exterminer une race. Nous pourrions croire que nous avons éradiqué ce type de comportement et pourtant nous assistons au même mouvement télépathique de destruction massive chez les groupes de terroristes islamistes. Encore une fois, nous voyons des personnes habituellement intelligentes se transformer en monstres. Tout comme l'endoctrinement de masse, il existe aussi une forme d'endoctrinement psychique.

Voilà pourquoi il est plus qu'essentiel pour une personne qui a choisi de suivre la loi spirituelle de continuer de lutter contre cette contamination télépathique en envoyant de l'amour à chaque être humain.

Une façon d'éviter ce genre de contamination est de vous concentrer sur ce que vous aimez. Plus vous pratiquez les activités qui nourrissent votre âme, plus vous syntonisez la même fréquence positive sur les ondes psychiques. Ainsi, lorsque vous vous concentrez sur les énergies empreintes d'amour et de bonté, qui élèvent l'âme, vous attirez dans votre vie ces mêmes vibrations.

Il ne s'agit pas de faire l'autruche dans le but d'éviter la réalité, comme pourraient le sous-entendre les personnes attirées par la noirceur et le désespoir. Il s'agit plutôt de faire obstacle à ceux qui veulent nous contrôler et projeter sur nous leur négativité. Choisir consciemment une vie empreinte d'amour est une arme puissante contre le plus sombre des oppresseurs télépathiques. Prenez l'exemple de Mohandas Gandhi. Il a libéré l'Inde en transmettant à ses compatriotes un message de paix, et ce avec une conviction inébranlable. Sa détermination était si grande et son message si empreint d'amour et de non-violence que toute l'Inde s'est unie et s'est libérée du pouvoir britannique sans avoir recours aux armes.

Nous recevons tous des télégrammes télépathiques quotidiens. Lesquels êtes-vous prêt à accepter ? Ceux qui véhiculent et renforcent les vibrations de guérison et de lumière ou ceux qui, comme le jeu vidéo *Chicken Little*, suscitent et communiquent l'hystérie et la noirceur ? Toutes les pensées qui vous rongent s'ajoutent aux ondes de la pensée collective — même si vous n'êtes pas responsable de l'ensemble de la contamination télépathique, vous *êtes* responsable de la pollution que vous ajoutez personnellement.

Votre meilleure contribution pour guérir le monde serait de transmettre par voie télépathique des pensées de guérison et de lumière, tout en rejetant simultanément les messages de noirceur et de désespoir. Lorsque vous suivez les élans de votre cœur, vous servez de phare aux autres en devenant une source d'amour et d'inspiration. Plus vous transmettez des vibrations légères, plus elles s'amplifient, se multiplient et vous reviennent. Selon la loi spirituelle, tout ce que vous donnez vous revient décuplé, alors choisissez d'émettre dans le monde une énergie d'amour et de lumière. Malgré toutes les apparences du contraire, elle sera *redirigée* vers vous.

Plus vous ouvrez votre cœur, plus vous êtes réceptif aux messages télépathiques. Ces signaux circulent par le chakra du cœur, ce point physique situé au milieu de votre corps. Vous pouvez donc attirer les circonstances, les occasions et les rencontres les plus extraordinaires en émettant intentionnellement de l'amour. En voici un exemple.

Le message inscrit sur ma plaque d'immatriculation transmet de l'énergie positive partout où je vais. Depuis que je l'ai installée, mes déplacements dans Chicago se sont transformés en une expérience agréable. Les gens sourient, m'envoient la main, me cèdent le passage ou la place de stationnement et me renvoient des bonnes vibrations. Maintenant, j'adore conduire mon automobile — cela me remonte le moral instantanément.

En matière de sixième sens, la télépathie est l'un de nos outils les plus accessibles : tout le monde parle à tout le monde, en tout temps, et tout le monde est à l'écoute. Vous participez à chaque seconde à des causeries mentales, que vous le sachiez ou non. Vous pourrez le constater en prêtant attention aux pensées qui traversent votre esprit. Ne devenez pas le récepteur des déchets psychiques en laissant la négativité l'emporter sur vos pensées. Sachez demeurer vigilant et en contact avec les vibrations empreintes de guérison et de créativité qui en valent la peine. Prenez également les choses en main et émettez-en vous-même. Comme le disait mon professeur Tully : « Si vous souhaitez aider le monde, n'ajoutez pas à sa peine. »

Exercice pratique pour éveiller votre sixième sens

Cette semaine, prêtez une attention particulière aux pensées qui surgissent dans votre esprit. Évitez de garder en tête les images mentales qui émettent des vibrations négatives, déprimantes, violentes ou destructrices. Pour ce faire, éteignez la télévision et la radio et ne lisez pas les journaux de la semaine. Peu importe ce qu'ils rapportent, ils ne sont d'aucune utilité si leurs messages sont démoralisants et suscitent la peur.

Concentrez-vous sur vos paroles et écoutez-vous parler. Voyez le lien entre ce que vous véhiculez comme message et ce qui vous revient. Quel genre de pensées avez-vous habituellement ? Êtes-vous imprégné par la peur et par des images négatives ?

Recevez-vous des messages empreints de jalousie, de colère, de mesquinerie et d'insécurité qui vous vident de votre énergie et vous donnent le sentiment de n'être ni aimé, ni aimable ? Si c'est le cas, changez consciemment de canal. Concentrez-vous sur des pensées supérieures et envoyez des messages d'amour et de paix à votre entourage. Imaginez que votre esprit est une station de radio FM qui reçoit et transmet des vibrations sur une fréquence supérieure.

Lisez des prières et des poèmes. Débarrassez-vous des images de destruction et procurez-vous des livres d'art. Écoutez de la musique classique et des conversations positives et entourez-vous d'humour, de rire et de musique agréable. Notez combien les pensées qui traversent votre esprit sont de meilleure qualité à mesure que vous améliorez vos ondes psychiques. De même, remarquez si ce qui vient à votre conscience améliore la qualité de votre vie. C'est vraiment simple : si vous souhaitez avoir de l'inspiration, ayez des pensées inspirantes ; si vous souhaitez la guérison, ayez des pensées apaisantes ; si vous souhaitez être créatif, ayez des pensées créatives et si vous souhaitez vivre à un niveau de conscience plus élevé, ayez des pensées plus élevées.

CAPSULE DE SAGESSE INTUITIVE :

Prêtez attention.

SECRET N° 11

P our vous laisser guider par vos vibrations, vous devez avoir l'esprit le plus ouvert possible. Pour ce faire, vous devez faire preuve de souplesse dans vos pensées et vos actions — c'est-à-dire vous laisser porter par le courant. Votre sixième sens vous suggérera souvent d'abandonner vos plans originels et de modifier rapidement votre ligne de conduite, sans poser de questions ni résister. Pour vivre de manière éveillée, évitez de tout planifier dans les moindres détails afin d'être ouvert aux impulsions intuitives, comme le veut la loi spirituelle. La raison est simple : vous ne savez jamais à quel moment la conscience universelle pourrait faire appel à vous.

J'ai appris cette leçon il y a plusieurs années. C'était un après-midi de novembre et il neigeait à gros flocons. En route pour aller chercher mes filles à l'école, j'étais presque arrivée quand j'ai soudainement éprouvé le besoin d'emprunter la direction opposée. Perplexe, mais confiante d'être guidée par l'Univers, j'ai fait demi-tour, puis, sous le coup d'une autre impulsion, j'ai tourné à gauche, trois pâtés de maisons plus loin. Arrivée à un arrêt, j'ai vu une petite fille en couche traverser la rue devant moi. Comme je ne voyais aucun adulte dans les parages, j'ai garé l'auto pour me lancer à sa poursuite. Heureusement, j'ai réussi à l'attraper juste avant qu'elle ne traverse une autre intersection. J'ai alors songé en la ramenant avec moi : « C'est donc pour cette raison que je devais m'éloigner de l'école. L'Univers avait besoin de moi pour sauver cet enfant. »

Portant l'enfant serré contre moi sous mon manteau, j'ai suivi mes vibrations, à la recherche d'indications de sa provenance. Attirée par une porte ouverte, je suis allée sonner à cette maison. Une jeune femme a répondu et, en voyant la petite fille dans mes bras, elle s'est écriée : « Oh ! mon Dieu ! Qui êtes-vous et que faites-vous avec cet enfant ? » Je lui ai expliqué ce qui venait de se produire et elle m'a raconté qu'elle n'était en fait que la gardienne. Elle avait couché l'enfant pour une sieste et parlait depuis ce temps au téléphone — elle ne s'était même pas rendu compte de sa disparition. Après lui avoir remis la petite fille, je suis retournée chercher mes filles à l'école (avec trente-cinq minutes de retard). Mes filles ont d'abord été furieuses, puis heureuses quand elles ont su que j'avais sauvé une petite fille. (Plus tard ce soir-là, je suis retournée voir la mère de l'enfant pour lui raconter en personne ce qui s'était passé.)

Cette histoire illustre à la perfection combien il est important d'être souple. Si j'avais résisté à l'impulsion de faire demi-tour, qui sait ce qui serait arrivé à l'enfant ? Je n'arrêtais pas de me dire : « Une chance que je l'ai trouvée avant qu'un malheur lui arrive. » Les anges avaient décidé de faire appel à moi ce jour-là parce que j'étais prête à faire preuve de souplesse et à suivre mes vibrations. En fait, plus vous êtes souple, plus votre sens psychique sera en mesure de vous guider et de faire appel à vous. Mon professeur Charlie m'a déjà raconté que chaque fois qu'il quittait la maison, il savait où il s'en allait sans pourtant être certain de s'y rendre parce qu'il était conscient que l'Univers pouvait l'entraîner ailleurs. J'admirais sa volonté de suivre ses vibrations. Elles lui ont permis de vivre chaque jour des situations qui ont béni et honoré sa vie.

Suivant son exemple, je suis entièrement ouverte à l'idée d'écouter mes vibrations et de faire preuve de souplesse, surtout en voyage. Bien entendu, je planifie certaines choses, mais je me garde toujours une marge de manœuvre au cas où je serais attirée par quelque chose de mieux. Cette façon de faire confiance à la vie a de quoi rendre fous les gens qui ont besoin de tout contrôler. Je trouve cela plutôt excitant. J'ai l'impression de participer à un jeu de hasard et coïncidence avec l'Univers, qui m'a d'ailleurs fait profiter de centaines d'occasions que je n'aurais jamais pu planifier. Par exemple, dans le cadre d'un voyage à Londres, j'ai réservé ma chambre d'hôtel à la dernière minute. Le grossiste en voyage m'a dit qu'il ne lui restait qu'une seule chambre à moins de 150 $ la nuit, une aubaine dans cette ville.

Tout le monde m'avait avertie de la difficulté à trouver une chambre décente à un tarif raisonnable sans réserver longtemps d'avance, mais je les ai ignorés en me disant que tout irait pour le mieux.

À mon arrivée à l'hôtel, le préposé, qui m'a accueillie poliment, a semblé perplexe en voyant ma réservation. Il est disparu quelques minutes, puis est revenu en me disant : « Je suis désolé, madame. Nous sommes complets. Je viens juste de donner la dernière chambre à la personne qui vous précédait. Mais ne vous inquiétez pas : nous allons vous fournir une chambre au même tarif dans l'un de nos autres hôtels. »

« Pourrais-je savoir de quel hôtel il s'agit ? », lui ai-je demandé.

Il a souri en disant : « C'est Le Meridien Waldorf, sur la Strand, près de Covent Garden. Je crois que vous allez apprécier étant donné que vous ne pourriez pas trouver un meilleur endroit dans la ville. » En plus de m'accorder une chambre cinq étoiles au même tarif, ils m'ont même payé le transport en taxi. J'étais donc joyeusement récompensée pour mon attitude décontractée face à la vie.

Étant plus qu'habituée à me fier à mon intuition et à suivre le courant, j'admets que ce genre de confiance aveugle peut paraître exagéré si vous avez tendance à tout planifier d'avance. Bien entendu, je ne vous recommande pas d'être aussi audacieux ou ouvert que moi (même si cela vous procurerait sans doute beaucoup de satisfaction). Je crois cependant que pour vivre à un niveau de conscience élevé, il est nécessaire de temps à autre de laisser votre sixième sens vous guider dans les événements. Assurez-vous seulement de bien vous y fier lorsqu'il se manifeste.

UNE DE MES CLIENTES EN A RÉCEMMENT FAIT L'EXPÉRIENCE après s'être aventurée dans un quartier qu'elle avait toujours évité. Durant sa promenade, elle a été attirée par la boutique d'un antiquaire dont elle ignorait l'existence. Elle y a déniché, à un prix ridicule, un magnifique miroir dont les dimensions et le style correspondaient exactement à ce qu'elle recherchait depuis des mois. Inutile de dire combien elle était à la fois emballée et reconnaissante. Elle a maintenant pris l'habitude de se laisser guider intuitivement au moins une fois par semaine à la recherche de trésors cachés.

Une excellente raison d'être à l'écoute de vos vibrations est de permettre à l'Univers de vous guider dans la bonne direction. Alors, si vous avez tendance à être rigide et inflexible, il est temps de lâcher prise mentalement.

Cela veut dire cesser de suivre la loi de l'ego, selon laquelle vous devez tout savoir d'avance, pour adopter la loi spirituelle, qui vous invite à vous laisser guider vers différentes choses en cours de route. Plus vous ouvrez votre cœur et adoptez une attitude décontractée, plus vous serez ouvert à l'idée de vous laisser guider par la vie.

Lors d'une récente réception chez l'auteur Deepak Chopra, j'ai rencontré un publicitaire nommé Bill avec qui j'ai discuté de l'importance d'être souple pour vivre une vie intuitive. Je lui ai expliqué ma philosophie de vie qui consiste à me laisser guider en tout temps par mon sixième sens. Il m'a raconté que Phil Jackson, l'ex-entraîneur des Chicago Bulls et l'entraîneur actuel des Los Angeles Lakers, abondait dans le même sens. « Ne regardez pas les têtes (des autres joueurs de basketball), mais leurs hanches, disait-il à ses joueurs. Leurs hanches suivent le ballon. C'est ainsi que vous pourrez anticiper leurs mouvements. »

Les personnes rigides se privent de cette occasion de laisser l'Univers leur montrer la voie. Qui n'a jamais dit « j'aurais donc dû » après avoir raté une occasion simplement parce qu'il refusait de suivre une meilleure suggestion commandée par l'Univers ? Si cela vous arrive, souvenez-vous de l'importance de suivre la loi spirituelle parce qu'elle vous fait profiter de diverses occasions intéressantes, tandis que la loi de l'ego vous en prive. Ainsi, plus vous cessez de vous accrocher à la façon dont les choses devraient selon vous se produire, plus votre intuition est susceptible de vous montrer une meilleure direction. Bien entendu, cela ne veut pas dire qu'il faut cesser d'avoir des intentions ou de vous fixer des objectifs personnels, bien au contraire, pas plus que je ne vous conseille d'errer sans but dans la vie. Vous ne feriez que tourner en rond. Je vous recommande plutôt de décider ce que vous voulez accomplir, tout en laissant suffisamment d'espace à votre Moi Supérieur et à l'Univers pour vous soutenir dans votre réussite.

Par exemple, ma cliente Lucy regrettait d'avoir refusé de s'associer avec une amie d'enfance. Lucy s'était fixé comme objectif de conserver son poste encore cinq années jusqu'à ce qu'elle puisse prendre une retraite anticipée, et ce même si elle détestait son emploi. « Tout me disait que je devrais quitter mon emploi et m'associer avec mon amie dans son entreprise de logiciels. L'idée me plaisait et j'adorais travailler avec elle, sans compter que les tâches qu'elle souhaitait me confier m'attiraient beaucoup. Mes vibrations résonnaient haut et fort, mais mon esprit refusait de s'y fier.

Je tenais tellement à mon plan que j'ai refusé, même si je détestais mon emploi. Dix-huit mois ont passé et elle a gagné des millions après avoir introduit en bourse son entreprise. Quant à moi, rien n'a changé ; je demeure dans la même vieille position, à toujours détester ma vie. J'ai vraiment laissé passer une belle occasion, même si mon amie est revenue cinq fois à la charge. »

Lucy a malheureusement raté sa chance, comme le font la plupart des gens qui refusent de suivre leur voix intérieure. Et pourtant, pour vivre de manière intuitive, il faut être prêt à changer nos plans et à suivre l'inspiration du moment. Comme un client très prospère m'a déjà dit : « Je ne réfléchis pas, je sens les choses. Et je suis mon intuition là où elle me guide. C'est le secret de ma réussite. »

Jusqu'à quel point êtes-vous spontané et suivez-vous votre intuition, même si cela signifie changer vos plans ? Avez-vous tendance à vous accrocher aux mêmes routines et idées sans même laisser votre génie intuitif interférer et faire quelques suggestions ? Vous sentez-vous tellement obligé de suivre un plan au point de ne jamais laisser votre âme vous guider ? Si c'est le cas, vous suivez alors les règles de l'ego qui, comme vous le savez maintenant, vous entraînent toujours dans un cul-de-sac prévisible.

La loi spirituelle nous rappelle qu'être à l'écoute de nos vibrations s'apparente à la danse. Même si vous connaissez les pas, vous ne réussirez jamais si vous refusez de bouger au rythme de la musique. L'Univers possède ses propres battements et son propre rythme et il veut vous entraîner avec lui — alors, si vous entrez dans la danse de l'Univers, n'oubliez pas de le laisser guider vos pas.

Exercice pratique pour éveiller votre sixième sens

Cette semaine, exercez-vous à devenir plus souple en vous étirant le matin au saut du lit. Commencez en étirant lentement les bras au-dessus de votre tête, puis faites des rotations du cou. Soulevez et abaissez les épaules, puis faites des étirements latéraux et des rotation des poignets et des chevilles. Allez-y progressivement, en faisant chaque jour davantage d'étirements.

Comme je l'ai déjà mentionné, une bonne façon d'apprendre à devenir souple est de bouger les hanches.

Pour ce faire, ressortez votre vieux cerceau de « hula-hoop » que vous avez rangé depuis des décennies (ou prenez celui de votre enfant) et faites-le tourner autour de votre taille durant quelques minutes. Si vous n'en avez pas, balancez les hanches en faisant comme si un cerceau de plastique s'enroulait autour de vous. (Vous vous rappelez comment ?)

Après vos étirements physiques, faites quelques exercices d'assouplissement mental. Invitez votre sixième sens à vous influencer en demandant à votre esprit ce qu'il souhaite faire. S'il veut parler, parlez ; s'il veut être tranquille, restez tranquille ; s'il veut se lancer dans une aventure, allez-y. Cédez à *toutes* vos impulsions et soyez curieux de la direction où elles souhaitent vous entraîner. Empruntez un nouveau chemin pour aller au travail, portez quelque chose de complètement différent des vêtements que vous portez habituellement, procurez-vous une nouvelle paire de lunettes ou adoptez une nouvelle coiffure, simplement pour le plaisir d'explorer une autre dimension de votre personnalité. Faites preuve de curiosité et laissez-vous guider par votre âme en essayant un nouveau restaurant, en explorant un quartier inconnu ou en allant vous promener à pied ou en voiture sans but précis. Mettez de la musique entraînante et dansez — sautillez, secouez-vous, tordez-vous et pliez-vous juste parce que vous le pouvez. Mieux encore, dansez les yeux bandés. (N'oubliez pas de déplacer les meubles avant.) Ne vous inquiétez pas — ce n'est pas dangereux, seulement différent.

Pour profiter pleinement de mon sixième sens, un de mes professeurs m'a une fois suggéré d'agir comme Gumby, le jouet en caoutchouc qui se plie et s'étire dans tous les sens. Si vous avez des enfants de moins de cinq ans, observez-les quelques minutes et voyez comme ils sont souples et spontanés. Ils n'hésitent jamais à changer de plan, d'idée ou de direction. Suivez leur exemple.

CAPSULE DE SAGESSE INTUITIVE :

Faites preuve de souplesse.

SECRET N° 12

LA SIMPLICITÉ VOLONTAIRE

P our vivre de manière intuitive, vous devez vous débarrasser de tout ce qui vous empêche d'être à l'écoute des vibrations supérieures — c'est-à-dire tout ce qui gruge de l'espace ou de l'énergie sans vraiment contribuer à votre vie. Cela inclut les possessions inutiles ou non désirées, les affaires non réglées, les engagements excessifs, la pensée négative, les projections mentales, les rancœurs du passé et les associations négatives du présent.

Commençons par vos « affaires ». Tout comme la pollution psychique, les possessions inutiles créent une énergie inerte et toxique qui vous attire vers le bas. En tant qu'être intuitif, vous devez vous assurer de vivre dans une atmosphère vivante et énergisante, à l'intérieur comme à l'extérieur. Passez en revue chaque objet autour de vous et demandez-vous s'il s'agit d'une source de stimulation ou de distraction. Plus votre espace est dégagé, plus vos ondes psychiques peuvent circuler librement et plus elles sont ouvertes aux transmissions supérieures.

Il ne vous viendrait sûrement jamais à l'idée de passer du temps dans un dépotoir de déchets toxiques, alors pourquoi devriez-vous accepter de vivre ou de travailler dans une ambiance polluée ? Même si vous ne pouvez pas voir l'énergie inerte, elle demeure nocive — même un objet en apparence inoffensif peut empêcher l'énergie positive de pénétrer dans votre vie.

Cela m'est arrivé dernièrement. Je devais donner un cours et je ne savais pas quoi porter.

J'ai essayé une robe que je n'avais pas mise depuis des années. Même si elle était encore à la mode, je ne me sentais pas bien. En entrant dans ma chambre, Sabrina, ma fille de douze ans, m'a jeté un regard, puis a dit : « Maman, tu n'as pas l'intention de porter cette robe, n'est-ce pas ? »

« Oui. Pourquoi pas ? C'est une belle robe. »

« D'accord, elle est bien, mais ce n'est pas toi. »

Elle avait entièrement raison. Cette robe n'était pas moi. Je m'étais même sentie fade et sans vie après l'avoir essayée, alors je l'ai donnée. C'est fou comme le simple fait de donner une robe peut faire toute la différence : cela a entraîné une sorte de réaction à la chaîne. Je me suis débarrassée de tous les vêtements qui ne reflétaient plus « la vraie moi ». À la fin, j'avais rempli douze sacs de vêtements ! En sortant le dernier sac de la maison, je me suis sentie plus inspirée que jamais, avec le sentiment d'être revenue dans le courant de la vie. Je me suis soudainement sentie ragaillardie comme je ne l'avais pas été depuis des mois et le goût de l'écriture m'est revenu après une longue période de panne sèche.

Le fait de vous débarrasser de l'énergie inerte permet à la vie de suivre librement son cours vers une dimension supérieure. L'art chinois du feng shui repose entièrement sur le principe suivant : il faut baigner dans une énergie légère, dépouillée et équilibrée pour permettre à votre vie de s'écouler librement. Tout comme vous pouvez rendre votre bureau ou votre maison feng shui, vous pouvez faire de même avec votre atmosphère psychique. En prêtant attention aux choses, à ce qu'elles dégagent et à leur utilité, vous pouvez vous débarrasser de tout ce qui vous encombre ou ne sert à rien. Soyez inflexible — aussi inestimable qu'un objet puisse être, rien ne mérite d'être conservé s'il n'émet pas une vibration positive ou s'il vous empêche de sentir l'énergie subtile du moment. Quand vous prenez ce genre de décision, fiez-vous à votre intuition, pas à votre intellect et laissez partir tous vos résidus psychiques.

Il y a plusieurs années, ma sœur nous avait donné, à mon époux et à moi, un tableau de Salvador Dalí d'une assez grande valeur. Nous étions tous les deux impressionnés et excités de posséder une œuvre d'art aussi prestigieuse… mais le tableau me tombait sur les nerfs. Même si Dalí était un grand peintre, son œuvre me déprimait. Pendant dix ans, je me suis tout de même considérée chanceuse de posséder une telle œuvre à la maison.

Un jour, j'ai jeté un regard au tableau et j'ai eu envie de crier.

Dès ce moment, j'ai su que Dalí devait partir, alors je l'ai décroché pour le ranger dans l'armoire. Je me suis alors sentie beaucoup mieux, mais cela ne suffisait pas — le fait de savoir que le tableau était dans l'armoire me dérangeait encore et continuait de me préoccuper. J'y pensais chaque fois que je passais devant l'armoire, comme s'il était pris en otage dans le noir. En ayant assez de cette énergie encombrante, j'ai finalement vendu le Dalí à une vente de garage. J'étais si soulagée de le laisser aller que je me suis demandé pourquoi je ne m'en étais pas débarrassé avant. Plus tard, j'ai timidement admis à ma sœur ce que j'avais fait et elle a éclaté de rire. « Je ne te blâme pas. Moi aussi, je haïssais ce tableau. C'est d'ailleurs pour cette raison que je te l'avais donné ! »

Être à l'écoute de vos vibrations signifie non seulement tout faire pour vivre dans un espace dégagé mais aussi maintenir un environnement le plus dépouillé possible pour laisser l'énergie circuler ou l'empêcher de demeurer prisonnière du passé. Ne vous attachez pas aux objets pour des raisons sentimentales ou parce que « vous pourriez en avoir besoin un jour ». Vous ne ferez que vous enliser davantage au point de rater les énergies supérieures et légères de l'esprit.

Passez en revue toutes vos possessions et débarrassez-vous de ce qui n'est pas positif. Rappelez-vous que tant que nous nous accrochons aux choses, elles s'accrochent à nous.

C'est ce qu'a expérimenté Lorraine, une de mes clientes. Gina, une amie de Lorraine, se comparait toujours à elle au point où celle-ci se croyait obligée de cacher ses réussites et de minimiser les choses positives qui lui arrivaient pour ne pas se mettre Gina à dos. Au début, Lorraine a accepté de se plier à ce petit jeu et a même essayé de complimenter Gina pour rétablir l'équilibre. Puis, elle s'est lassée de l'énergie négative de cette femme malheureuse et jalouse et a décidé de prendre ses distances.

Quand elles étaient amies, Gina avait donné à Lorraine une jolie croix amérindienne peinte à la main. Cependant, après avoir pris ses distances, Lorraine ressentait toujours la même énergie triste qu'elle éprouvait en présence de Gina, chaque fois qu'elle passait devant la croix. Même si elle appréciait ce cadeau, Lorraine a décidé de le donner pour laisser l'énergie suivre son cours. Elle en a fait don pour un encan à une école catholique qui était ravie de le recevoir. Lorraine s'est sentie soulagée d'être débarrassée du fardeau de la croix. Celle-ci ne lui manque plus du tout.

Une de mes amies a eu une révélation psychique semblable au sujet d'un collier de corail dispendieux que son ancien petit ami lui avait donné. Elle avait eu une relation très douloureuse et malsaine avec cet homme et, pourtant, tout le monde lui conseillait de « garder le bijou et d'oublier cet imbécile », ne serait-ce que parce qu'il lui devait en argent la valeur que représentait l'objet.

Ce n'était cependant pas aussi simple sur le plan psychique. Même caché dans un tiroir, le collier continuait d'émettre des vibrations qui rendaient mon amie triste, tourmentée et malheureuse. Un jour, elle a ouvert le tiroir et s'est sentie démoralisée à la vue du collier. « Ça n'a aucun sens, a-t-elle dit à haute voix, en prenant le collier. Cette chose est démoralisante. » Elle s'est rendu compte que le collier la vidait de son énergie et la rendait triste et que, dispendieux ou pas, elle devait s'en départir. Elle l'a glissé dans son sac à main et l'a donné à l'Armée du Salut de sa région.

« On aurait dit qu'on venait de me soulager d'un énorme poids », m'a-t-elle raconté par la suite. Son cœur a retrouvé son élan et, une fois hors de l'emprise du collier, elle a même été touchée d'avoir des pensées aimables au sujet de son ancien petit ami.

On ne saurait trop insister sur l'importance de se départir des énergies du passé et de favoriser la simplicité volontaire. Cela ne devrait pas se limiter à la dimension physique — nous pouvons devenir tout aussi démoralisés par nos vieilles attitudes, nos pensées et nos croyances négatives, nos émotions écrasantes et mélodramatiques et même nos anciennes relations. Elles sucent toute notre énergie et nuisent à notre habileté à entendre notre Moi Supérieur. Il vous sera sans doute beaucoup plus difficile de nettoyer votre espace psychique que votre espace physique, mais c'est possible.

Avec mes trente-cinq ans d'expérience auprès des gens, à offrir quotidiennement des consultations individuelles, je peux affirmer sans équivoque que vous ferez du surplace dans votre vie si vous ne vous débarrassez pas de ce type particulier de déchets psychiques. En d'autres termes, vous n'apprendrez jamais à être à l'écoute de vos vibrations si vous laissez votre ego se cramponner à vos blessures, vos ressentiments, vos projections, vos frustrations et vos colères, sans rien faire.

Ayez l'honnêteté et l'humilité de recourir à un spécialiste si vous avez besoin d'aide pour nettoyer vos énergies. L'ego est trop orgueilleux pour admettre qu'il a besoin de quoi que ce soit, alors que la loi spirituelle se réjouit d'avoir du soutien. (Même Jésus-Christ s'est doté de douze assistants avant d'accomplir sa mission. Était-ce un message ?) Donc, si vous êtes dans un cul-de-sac, allez chercher de l'aide auprès de guérisseurs, enseignants et guides de tous genres. Si c'est nécessaire, entourez-vous d'une équipe d'assistants pour vous délester de votre passé.

Ainsi, vous aurez peut-être besoin d'un groupe qui fonctionne à partir d'un programme en douze étapes (comme les Alcooliques anonymes), de *plusieurs* groupes de ce genre, d'un thérapeute, d'un groupe de soutien, d'un massothérapeute, d'un groupe de soutien au deuil, d'une église, d'un prêtre, d'un conseiller financier, d'un entraîneur sportif, d'un entraîneur personnel, d'un professeur d'art, d'une gardienne, d'un copain d'exercice *et* d'une nouvelle coiffeuse.

La plupart des gens diront qu'ils ne peuvent pas se permettre ce genre de soutien. Je leur répondrais toutefois que si votre vie est à la dérive et votre âme éteinte, vous ne pouvez pas vous permettre de *ne pas* chercher de l'aide. La plupart des services sont gratuits ou peu coûteux. Par exemple, les réunions des programmes en douze étapes sont gratuites. Les organismes communautaires offrent des groupes de consultation et de soutien pour aussi peu que 15 $. Les écoles de massothérapie recherchent en tout temps des « cobayes ». Les adolescentes sont toujours prêtes à garder des enfants. Quant au copain d'exercice, vous pouvez demander à un ami de s'entraîner avec vous. Ces services deviennent abordables lorsque vous en mesurez la valeur. Cependant, si vous accordez plus d'importance à votre détresse qu'à votre habileté à vivre en harmonie avec votre âme, alors je crois malheureusement que notre cheminement ensemble se termine ici — parce que rien au monde, ni personne, pas même votre sixième sens, ne peut vous aider si vous n'êtes pas prêt à vous aider vous-même.

Mon but n'est surtout pas de vous ordonner de « vous en remettre », comme le font certains supposés gourous, qui adoptent un style militaire pour faire évoluer les gens. Au cours de toutes mes années d'expérience auprès de milliers de personnes vulnérables, blessées et surmenées, je n'ai jamais observé qu'on pouvait guérir quoi que ce soit avec la méthode dure. Ce qui fonctionne, par contre, c'est de vous attaquer au problème, de trouver des solutions, de le surmonter et de garder vos bonnes résolutions jusqu'à ce que vous appreniez à vous aimer et à pardonner aux autres. Je crois qu'il faut faire preuve de patience pour parvenir à vous libérer de vos « expériences humaines ». Vous devez examiner votre vie en toute honnêteté. Bon, finie la leçon de morale, je vous laisse cogiter là-dessus…

En résumé, pour transformer votre vie, vous devez d'abord accepter de laisser aller certaines choses. Pour pousser l'exercice encore plus loin, débarrassez-vous de certaines émotions et de ce qui se trouve dans la garde-robe, sous le lit et dans votre tête. Lâchez prise sur tout ce qui ne nourrit pas votre âme et appelez vos aides à la rescousse. Vous devez libérer votre attention pour être à l'écoute de votre sixième sens — vous serez incapable de l'entendre si vous faites face à une trop grande détresse. Est-ce que cela vaut la peine de vous accrocher à une chose qui vous empêche d'être intuitif ?

Notre planète ne peut plus soutenir les personnes qui persistent à s'enliser dans le bourbier des mauvaises vibrations du passé. Nous sommes sur terre pour expérimenter la vie dans la joie et le bonheur et non pour ressasser le passé qui n'est plus.

Exercice pratique pour éveiller votre sixième sens

Cette semaine, faites le grand ménage dans votre vie et débarrassez-vous de tout ce qui ne nourrit plus votre esprit. Commencez par vider votre porte-feuille ou votre sac à main, puis faites l'inventaire de votre bureau, de votre auto, de vos garde-robes et de vos armoires, de votre garage et de votre sous-sol ou de tout autre endroit où pourraient se cacher l'énergie inerte ou vos démons psychiques. Conservez uniquement ce qui vous donne de l'énergie positive et légère. Tout comme un soldat défendant son royaume, soyez sans pitié lorsqu'il s'agit de déterminer si une chose mérite d'être conservée ou non. Et si vous décidez de vous en débarrasser, procédez rapidement.

Après avoir dégagé votre espace physique, vous serez mieux en mesure d'évacuer les suceurs d'énergie qui vous habitent sur le plan mental, émotif et même psychique. Examinez dans quels aspects de votre vie vous vous enlisez et ne vous découragez pas. Notez sur papier toutes les attitudes négatives, les ressentiments, les drames et les vieilles vengeances que vous entretenez (cela pourrait vous prendre toute la semaine et même davantage).

Une fois que vous êtes conscient du poids psychique que vous transportez avec vous, faites-le premier pas pour vous en débarrasser en allant chercher de l'aide. (Si vous ignorez par où commencer, lisez mon livre *True Balance*. Il vous aidera à identifier les aspects de votre vie qui nécessitent une aide extérieure, en plus de citer en référence différents endroits où trouver du soutien.) Si vous souffrez d'une dépendance, communiquez avec un groupe d'aide de votre région — il existe des groupes pour les personnes dépendantes de l'alcool, de la drogue, du jeu et du sexe, ainsi que pour les gens qui vivent ou sont parents avec des personnes aux prises avec une dépendance.

Vous pourriez avoir besoin du soutien d'un thérapeute, d'un entraîneur personnel ou d'un bon médium. Demandez à votre médecin ou à des amis de vous référer quelqu'un et essayez plusieurs professionnels jusqu'à ce que vous en trouviez un qui soit sur la même longueur d'onde que vous. Si vous résistez, rappelez-vous que c'est votre ego qui essaie de vous empêcher d'être à l'écoute de votre cœur parce qu'il refuse d'améliorer la qualité de votre vie.

Alors qu'il est mortel pour votre âme de refuser d'obtenir du soutien, sachez qu'il est normal d'avoir peur de montrer vos faiblesses et vos blessures à un étranger. Ce sentiment disparaîtra dès que vous vous trouverez en présence d'un véritable guérisseur. Écoutez votre voix intérieure et allez chercher de l'aide. Vous n'êtes ni faible, ni perdu — vous êtes humain, comme tout le monde, et vous avez besoin de soutien, comme tout le monde.

Dans mon cas, la meilleure décision que j'ai prise a été de consulter mes mentors. Ils ont renforcé mon habileté à vivre en harmonie avec mon cœur, à aimer ma vie, qui je suis et à avoir de la compassion pour les personnes moins éclairées. Nous sommes tous des élèves et des enseignants et nous avons besoin des uns et des autres pour apprendre.

Dans votre quête de guérison, allez-y doucement au début tout en procédant avec diligence — et soyez patient. Je sais que cet exercice peut parfois sembler ardu et interminable, mais même quelques séances seulement avec un guérisseur ou un enseignant chevronné, dans lesquelles vous vous impliquez vraiment, peuvent être très libératrices. À cette étape-ci, l'important est de décider d'avancer et de ne pas vous inquiéter du temps qu'il vous faudra. Le travail de guérison de l'âme, appelé *karma*, peut prendre une vie ou deux, alors ne vous pressez pas. Vous commencerez à vous sentir en paix *dès le moment où vous accepterez* de guérir et non pas seulement *après* être guéri.

La purification par le feu vert

Mon rituel préféré pour accéder sur tous les plans à une vibration supérieure est de faire ce que j'appelle un « feu vert ». Le feu vert purifie l'atmosphère et incite à un nouveau départ. Il s'agit d'un puissant rituel pour signaler officiellement le début d'un temps nouveau dans votre vie. (Certaines personnes non intuitives jugent les rituels ridicules et païens

— je préfère les considérer comme de l'art et de la création étant donné qu'ils s'adressent à notre créativité et non à notre intellect. J'ai fait des rituels toute ma vie et je peux vous assurer qu'ils fonctionnent.)

Pour effectuer le rituel du feu vert, écrivez sur une feuille tout ce dont vous souhaitez vous débarrasser mentalement et émotionnellement. Puis, prenez du papier d'aluminium, du sel d'Epsom, une bouteille d'alcool à friction, un contenant profond et une allumette.

Tapissez le contenant avec du papier d'aluminium pour le protéger et versez 500 ml (2 tasses) de sel d'Epsom, puis de l'alcool à friction pour bien imbiber le sel. Placez le contenant sur une plaque protectrice et déposez-le au sol, au milieu de la pièce principale de votre maison, à l'écart de tout ce qui pourrait s'enflammer. Déposez-le dans votre foyer si vous en avez un. En allumant ce mélange, demandez à votre Moi Supérieur, à vos anges et à vos guides de vous aider à laisser aller vos vibrations négatives du passé et à libérer votre environnement de toute énergie indésirable.

Jetez votre liste de vieilles vibrations dans le feu. Celui-ci prend habituellement dix à quinze minutes à se consumer, alors demeurez concentré. Chaque fois que j'allume un feu vert, je frappe sur mon tambourin pour aider l'énergie désuète à s'envoler. Faites de même si vous en avez un ou utilisez une casserole. Les bruits forts aident à dissiper l'énergie négative pendant que la flamme brûle, alors sentez-vous libre de crier, de pousser des grognements ou de chanter à tue-tête. Le rire est un autre puissant purificateur et ce rituel suscite le rire. Vous pouvez aussi faire sonner une cloche en regardant le feu brûler ou crier après les énergies qui se trouvent dans votre maison — un simple « allez-vous en ! » suffit et c'est toujours amusant de s'époumoner ainsi.

Le rituel du feu vert est très puissant et efficace et ne devrait être effectué qu'avec une réelle intention de changer. Je le fais tous les trois ou quatre mois, ou chaque fois que je me sens un peu bloquée, simplement pour nettoyer et raviver mon esprit. Il s'agit d'un magnifique rituel pour conclure cette semaine de purification psychique. Remarquez combien vous vous sentez plus léger et conscient après avoir nettoyé votre espace énergétique.

CAPSULE DE SAGESSE INTUITIVE :

Tout passe avec le temps. Même ce moment-ci de votre vie.

SECRET N° 13

NE VOUS ACCROCHEZ PAS AU PASSÉ

Comme je l'ai mentionné précédemment, pour devenir des êtres intuitifs, nous devons élever suffisamment notre vibration pour pouvoir syntoniser les fréquences d'énergie supérieures. Après tout, l'esprit universel est subtil et léger, et nous risquons de le rater si notre énergie est trop basse. Pour nous relier à cette force d'amour qui nous montre la voie, nous devons libérer notre attention de tout ce qui est lourd, déplaisant, négatif, dramatique ou effrayant, car l'Énergie divine est incapable de franchir le mur de ces pensées ou de ses émotions.

Ressasser sans cesse le passé est sans doute l'un des plus grands obstacles à l'énergie spirituelle. Plus nous nous accrochons ou même accordons de l'importance à ce qui nous est arrivé dans le passé, surtout si c'était injuste et désagréable, moins nous sommes réceptifs à l'Énergie divine dirigée vers nous au même moment. Bien entendu, nous avons tous un passé, mais, fait intéressant, une grande partie de cette histoire ne nous appartient habituellement pas — nous l'avons héritée de nos parents.

Par exemple, quand les gens me demandaient qui j'étais, j'avais l'habitude de répondre que j'étais la fille d'une survivante de l'Holocauste. Même si c'était vrai, il s'agissait d'une histoire triste et contraignante, qui me définissait uniquement à partir de l'incroyable malheur vécu pas ma mère et non pas à partir de mes propres expériences. Plus je m'accrochais à l'histoire de ma mère, moins j'étais connectée à qui *j'étais vraiment* — à mon cheminement, ma leçon de vie et ma mission. Aussi valorisant, courageux et romantique que son passé puisse être, je devais tourner la page et évoluer au sein de ma propre histoire. Je devais regarder devant et non derrière.

Dès le moment où j'ai pris cette décision, je me suis sentie soulagée d'un énorme poids qui nous affligeait toutes les deux, ma mère et moi. Cela nous a libérées d'une énergie contraignante et nous a permis de découvrir qui nous sommes aujourd'hui et qui nous souhaitons devenir demain.

Cette libération a ouvert mon cœur en guérison, en plus de me permettre d'entendre mes guides, de sentir mes anges gardiens et de vraiment comprendre les gens qui m'entourent. En partageant cette histoire avec vous, je ne veux surtout pas nier ou minimiser votre histoire personnelle. Je souhaite simplement vous rappeler qu'il ne faut pas la laisser vous contrôler ou vous contraindre, ou vous empêcher de devenir un être évolué. Aussi fantastiques ou profondes qu'elles soient, nos expériences ne définissent jamais entièrement qui nous sommes. Elles façonnent bien sûr notre personnalité et influencent notre façon de voir les choses, mais elles ne devraient que servir de leçon. Après quoi, il faut lâcher prise.

Quand vous tournez la page au passé, votre réalité présente émerge. Il faut beaucoup d'énergie pour porter continuellement votre histoire sur vos épaules ; cela brouille votre connexion avec le Divin. Essayez plutôt de devenir curieux de votre nouvelle histoire, de ce que Dieu vous réserve pour aujourd'hui et demain. Puis, décidez de ne plus laisser votre passé vous définir. Classez votre saga personnelle une fois pour toute et tournez-vous vers l'avenir.

S'il vous arrive d'échouer et de ressasser le passé, arrêtez-vous en disant : « C'est de l'histoire ancienne. Je m'intéresse maintenant à ma nouvelle histoire. » Et faites-le. Observez combien cette décision rend votre vibration plus légère et combien il vous est plus facile d'être à l'écoute de vos guides, de vos aides spirituels et de vos anges gardiens. Anticipez le plaisir que vous aurez à être vraiment qui vous êtes et à recevoir de l'amour, du soutien et même à assister à des petits miracles durant votre parcours. Beaucoup de choses chercheront à vous distraire de la voie spirituelle. Il est important de les identifier et de les éliminer une à la fois jusqu'à ce que la Voix divine vous atteigne et éveille votre attention.

Exercice pratique pour éveiller votre sixième sens

Cette semaine, concentrez-vous sur votre histoire ancienne et appréciez-la. Si c'est possible, écrivez le récit profond et dramatique de votre vie passée et partagez-le avec le plus de gens possible.

Observez combien vous êtes porté à l'embellir à chaque fois et constatez les réactions des gens. (Si vous ne trouvez pas d'oreilles empathiques, racontez-vous-le à vous-même.)

Prêtez attention à ce que cela vous rapporte de ressasser cette histoire ancienne. Est-ce que vous êtes enclin à vous apitoyer sur votre sort ? Vous sentez-vous brave, courageux ou héroïque ? Ou vous sentez-vous petit, écrasé ou victime ? Remarquez si vous vous sentez honnête lorsque vous racontez cette histoire. Est-ce qu'elle reflète vraiment qui vous êtes et qui vous voulez devenir ? Vous sentez-vous léger et aimé ? Béni et aimé de Dieu ? Guidé par vos aides spirituels et vos anges gardiens ?

Après avoir raconté votre histoire tous les jours durant une semaine, tournez la page. Tout en ayant du respect et de l'appréciation pour tout ce que vous avez traversé, décidez qu'il est temps de tourner le dos au passé et de plonger dans le présent.

CAPSULE DE SAGESSE INTUITIVE :

Plongez dans votre nouvelle vie.

4ᵉ PARTIE

L'entraînement psychique

SECRET N° 14

NOTEZ TOUT PAR ÉCRIT

Vos vibrations ne vous seront d'aucune utilité si vous doutez de leur capacité de vous guider. La plupart des gens que j'ai rencontrés *veulent* se fier à leur Moi Supérieur, mais ne le font pas parce qu'ils ont peur. Combien de fois ai-je entendu : « Et si je commettais une erreur ? Et si mes vibrations se trompaient ? Et s'il m'arrivait un malheur parce que j'ai une fausse intuition ? »

Ce sont bien entendu des scénarios possibles quoique fort improbables. Pour être maître de votre propre vie, vous devrez éventuellement courir le risque d'écouter vos vibrations. Même si la décision de vous tenir debout sur vos deux pieds psychiques peut sembler difficile à prendre, pour ne pas dire effrayante, il n'est pas question ici de plonger aveuglément dans l'inconnu et le chaos, comme votre ego tentera sûrement de vous le faire croire. Vous pouvez apprendre à vous fier à votre intuition de la même façon que vous avez appris à faire confiance aux autres choses dans la vie : par l'expérience.

Votre sixième sens vous invite à collaborer avec votre Moi Supérieur. Tout comme dans n'importe quel partenariat, vous apprendrez progressivement à vous faire confiance à mesure que vous vous connaîtrez mieux. En d'autres termes, la confiance s'établira d'elle-même à mesure que vous vous familiariserez avec votre âme.

Pour créer ce climat de collaboration, je ne connais pas de meilleure façon que de garder un calepin à portée de la main. Chaque fois que vous avez une impression, un sentiment, un pressentiment, une inspiration, une vibration ou toute autre information provenant de votre sixième sens, notez-le dans votre calepin. Ne laissez pas votre ego censurer, juger, réfuter ou interpréter de quelconque façon l'information ou les vibrations que vous recevez.

De plus, ne vous inquiétez pas si vos vibrations vous paraissent ridicules, irrationnelles, stupides ou non pertinentes, ou si vous croyez que ce que vous ressentez ne relève que de votre imagination. Écrivez-le quand même. Votre esprit veillera à ce que chaque vibration ait du sens d'une manière ou d'une autre avec le temps.

Vous n'êtes pas obligé de *me* croire ; vous en aurez vite la preuve. Comme je le mentionne à mes élèves, il suffit de noter fidèlement vos vibrations pendant trois semaines pour voir tous vos doutes s'envoler. En effet, vous aurez alors accumulé suffisamment de preuves pour savoir que votre sixième sens est digne de confiance.

Malheureusement, beaucoup de mes clients et de mes élèves sont incapables de reconnaître et encore moins de nommer avec précision leurs intuitions parce qu'ils les refoulent. Ils éviteront cette situation en les notant soigneusement. Voici ce que mon élève Barry m'a raconté : « Avant d'être conscient de leur importance, je réprimais mes vibrations. Quand j'avais une mauvaise impression, plutôt que de tenir compte de cet avertissement, je faisais exactement le contraire en me disant que j'étais ridicule — et que tout irait bien.

« Ma mauvaise impression s'avérait inévitablement juste, mais comme je persistais à l'ignorer, cela me causait encore plus d'ennuis. Cependant, après avoir décidé de noter mes pressentiments, je suis devenu plus détendu et j'ai pu découvrir exactement ce que mon intuition essayait de me dire. Et à ma grande surprise, cela avait beaucoup de sens dans la plupart des cas. »

Mon client Kyle m'a raconté que la prise de notes était en soi une bonne habitude : « Plus je décris sur papier mes vibrations, plus j'en suis conscient. Je me suis vite rendu compte qu'avant de tenir un journal, j'avais souvent des pressentiments mais je les ignorais. Et pourtant, ils étaient justes. »

Louise, une autre cliente, m'a rapporté ce qui suit : « J'ai d'abord noté des vibrations générales, puis celles-ci se sont davantage concentrées sur des choses précises, comme le marché boursier. Cela avait toujours été un passe-temps pour moi, même si je n'avais jamais vraiment pris cette activité au sérieux. Durant trois semaines, je ne me suis pas trompée dans mes prévisions boursières. Si seulement j'avais investi de l'argent à ce moment-là ! »

Pour passer physiquement d'une réalité basée sur l'ego et les cinq sens à une réalité basée sur l'esprit et le sixième sens, il n'y a pas de façon plus directe que de prendre note de vos vibrations. Tout comme un plongeur lors d'une chasse au trésor, chaque nouveau message capté par votre sixième sens s'ajoute aux éléments sur lesquels fonder votre raisonnement.

Vous n'aurez plus seulement une impression, mais la preuve que vos vibrations constituent des guides légitimes fort utiles dans votre vie.

Le fait de tenir un journal pousse également votre subconscient à reconnaître l'importance de votre intuition, ce qui, pour la plupart des gens, est une révélation. Chaque fois que vous notez une vibration, vous confirmez sa pertinence, même si elle n'a aucun sens à ce moment-là. Votre subconscient, par contre, en comprendra vite le message et collaborera même encore davantage.

Si vous étiez habitué à ignorer votre sixième sens, vos annotations vous feront vite perdre cette habitude, c'est-à-dire que l'intention qui vous pousse à agir retrouvera son importance et vous fera redécouvrir cet aspect essentiel de vous-même. Notre canal supérieur est heureusement fort résilient ; il suffit de très peu d'efforts pour qu'il reprenne du service même après une vie entière dans l'oubli. Votre intuition est naturelle et fait partie intégrante de qui vous êtes en tant qu'être spirituel — il est *contre-nature* d'être déconnecté de vos vibrations au point de ne pas vous y fier ou même de ne pas les ressentir.

La meilleure raison entre toutes de tenir un journal intuitif est le plaisir que vous en retirez. Savoir que vous recevez de l'aide d'une autre dimension a quelque chose de fondamentalement rassurant. Ce n'est pas dans votre imaginaire — il existe vraiment des forces supérieures qui veillent sur vous et qui font un excellent travail. Même votre ego sera impressionné par votre journal intuitif parce qu'il ne pourra pas le mettre en doute, la preuve étant irréfutable. En fait, il commencera à être fier de cette intuition et vous aidera à progresser. Après tout, votre ego n'est pas votre ennemi — il essaie vraiment de vous aider, même s'il s'y prend mal la plupart du temps. Alors, ne le tuez pas ; empêchez-le seulement d'avoir le dernier mot. L'idée, c'est de laisser votre intuition l'emporter sur votre ego, ce qui est beaucoup plus intelligent et pratique pour éveiller votre conscience.

Chaque fois que vous notez quelque chose dans votre journal, votre radar médiumnique devient plus net et précis, ainsi que divertissant. C'est très stimulant de relire ce que vous avez écrit et de prendre conscience de la valeur de votre sixième sens. Tout comme une perle de sagesse, chaque annotation deviendra précieuse, ne serait-ce que pour vous rappeler la magnificence de votre âme astucieuse.

Exercice pratique pour éveiller votre sixième sens

Je trouve qu'il est préférable de tenir deux journaux : un que vous gardez sur vous et un autre que vous laissez à la maison. Le premier peut être un petit calepin, tandis que celui pour la maison devrait être plus volumineux.

Apportez le calepin partout où vous allez et notez chaque vibration ressentie. Si vous détestez écrire, vous pouvez adapter l'exercice en utilisant un agenda électronique de poche ou un dictaphone. Exprimez-vous librement ; notez chaque vibration sans vous censurer. Qui sait, ce qui ne signifie rien sur le moment aura peut-être du sens plus tard.

CAPSULE DE SAGESSE INTUITIVE :

Prenez bonne note de vos intuitions.

SECRET N⁰ 15

La prière vous met directement en communication avec votre Moi Supérieur. Elle vous permet de parler à cœur ouvert avec votre Créateur. Lorsque vous priez, vous demandez à votre ego de se retirer et vous abandonnez votre énergie aux mains d'une Puissance Supérieure. La prière constitue un entraînement de base pour quiconque souhaite demeurer fidèle à sa voix intérieure et vivre à un niveau de conscience élevé. Elle vous permet non seulement d'ouvrir votre cœur à l'aide envoyée par une Puissance Supérieure, mais vous soulage également du fardeau de devoir tout résoudre par vous-même. On reconnaît un être intuitif à sa façon de ne jamais s'inquiéter du dénouement des choses. Prier, c'est en quelque sorte s'en remettre à Dieu.

La prière élève immédiatement votre vibration personnelle ; elle fait pénétrer davantage de lumière dans votre corps et ouvre le centre de votre cœur — tout ceci active votre sixième sens et vous relie à votre esprit. Comme de nombreuses recherches le démontrent, la prière possède un pouvoir de guérison sur le corps physique et émotionnel. Elle réduit l'anxiété, calme les nerfs et abaisse la tension. Elle est même reconnue pour diminuer la pression artérielle, éliminer la dépression et guérir les maladies. En plus de guérir, calmer, renforcer, équilibrer et rétablir l'ordre, la prière attire également des solutions inimaginables — c'est-à-dire des miracles.

Il n'y a pas qu'une seule façon de prier. Comme il s'agit d'un lien plus qu'intime avec l'Esprit universel, vous pouvez prier de la façon qui vous convient le mieux intuitivement.

Par exemple, je connais des gens qui seraient incapables de commencer une journée sans réciter un rosaire à voix haute, alors que d'autres s'agenouillent pour prier avec ferveur en silence. J'ai des amis qui prient en marchant, d'autres qui vont à la synagogue, à la mosquée ou à l'église. Certaines personnes prient de façon officielle, alors que d'autres entretiennent simplement une conversation avec Dieu dans leur tête. J'ai des voisins qui se réunissent pour une cérémonie religieuse, comme le Shabbath, tandis que d'autres forment des cercles de tambours tout en chantant et en dansant, et parfois même en suant. Quant à moi, je prie de toutes ces façons et même davantage — en fait, je prie à partir du moment où j'ouvre les yeux le matin jusqu'à ce que je m'endorme le soir parce que je n'aime pas être déconnectée de Dieu.

Dernièrement, j'ai essayé d'aller sur Internet, mais, à mon grand étonnement, j'ai été incapable d'établir la connexion en raison d'un problème informatique. Vous pouvez imaginer ma frustration de ne pas pouvoir accéder à cette vaste source de renseignements gratuits au moment où j'en avais vraiment besoin. Eh bien, prier s'apparente à se brancher à Internet, mais en mieux ! Quand vous priez, vous vous branchez spirituellement à la Sagesse divine, la meilleure source de soutien et de guidance.

Je demande souvent aux gens s'ils prient. La plupart disent le faire, mais quand je demande à quelle fréquence, ils répondent habituellement « de temps à autre » ou « en situation d'urgence ». Les raisons de ne pas prier varient, bien que certaines soient vraiment nobles. Certaines personnes disent ne pas vouloir déranger Dieu, d'autres prétendent vouloir réserver la prière à des occasions particulières, mais le plus souvent, les gens me disent qu'ils ne prient pas pour la simple raison qu'ils n'y pensent pas.

Comme tout ce qui nous permet de nous relier à notre Moi Supérieur, l'efficacité de la prière augmente avec la pratique. Vous devriez donc prier *chaque fois* que vous y penser jusqu'à ce que cela devienne automatique. En d'autres termes, vous devriez prendre l'habitude de prier à votre réveil, sous la douche, avant votre première tasse de café et en vous rendant au travail. Priez pour que votre journée se déroule bien. Priez pour la réussite de vos projets et pour avoir de la patience quand quelqu'un de votre entourage vous tape sur les nerfs. Priez pour faire preuve d'indulgence et de sincérité envers les autres. Priez pour obtenir de l'inspiration et être en meilleure santé, pour tourner la page au passé, de même que pour ouvrir votre esprit et votre cœur à un meilleur avenir. Priez pour avoir la volonté de vous débarrasser de ce qui est vieux et dépassé afin de faire place à la nouveauté.

Priez pour vivre dans la compréhension et la foi, pour demeurer joyeux malgré tout, pour obtenir le bon réseau de soutien et le meilleur emploi possible, et pour la paix et la prospérité dans votre foyer.

Ce ne sont là que quelques suggestions pour vous aider à commencer. Vous comprenez le concept : vous pouvez (et devriez) prier pour toutes les situations et toutes les personnes auxquelles vous songez.

QUAND J'ÉTAIS EN CINQUIÈME ANNÉE, mon enseignante, sœur Mary Joan of Arc, nous avait demandé de rassembler dans un cahier nos prières préférées. J'ai adoré fabriquer mon premier livre de prières et, depuis, je continue d'en créer d'autres de ce genre. Ainsi, chaque fois que je lis ou que j'entends une prière qui me plaît ou qui a de la signification pour moi, je l'écris dans mon livre de prières. J'y ai également noté des dévotions de mon cru. Mon livre de prières est devenu une part importante et intime de mon cheminement spirituel et intuitif, ainsi qu'une aide fort précieuse. Sa vibration est si agréable que le simple fait de le tenir dans mes mains me procure un profond sentiment de paix et de tranquillité — il a quelque chose de sacré. C'est aussi une grande source d'inspiration et de protection ; je l'ai donc toujours sur moi.

J'ai rarement mentionné autour de moi que je tenais un livre de prières, même si je le fais depuis plus de trente ans. Et pourtant, j'ai récemment éprouvé le besoin de parler aux autres de ce puissant outil pour qu'ils puissent à leur tour en créer un. Il suffit de voir la popularité du livre de Bruce Wilkinson, *La prière de Jaebets*, pour comprendre son utilité — si une prière aussi impersonnelle que celle écrite par un étranger peut être aussi puissante, imaginez l'impact d'un livre de prières personnelles, familières et intimes qui comptent vraiment pour vous. Au fil des ans, à mesure qu'elles s'accumuleront, les intentions contenues dans un tel livre se revêtiront de leur propre grâce et pouvoir spirituel, et je peux vous assurer que la vibration émise par ce précieux outil est d'une puissance exceptionnelle.

Plusieurs des êtres qui me sont chers tiennent également un livre de prières. Mes amies LuAnn et Joan, par exemple, possèdent toutes deux une collection de dévotions à la Sainte Vierge, tandis que ma mère a une collection de prières pour demander des miracles — qui se sont révélées fort utiles. Un jour, une des clientes de ma mère a accouché d'un garçon en état de mort cérébrale — la pauvre femme frôlait l'hystérie et toute sa famille était dévastée.

Munie de son livre de prières, ma mère a donc prié pour cet enfant même s'il était maintenu artificiellement en vie et avait peu de chance de s'en sortir. Une semaine plus tard, les médecins ont suggéré de le débrancher et de laisser la nature agir. Durant tout ce temps, ma mère n'a jamais cessé de prier pour un miracle, tout en s'empêchant d'imaginer un autre dénouement. Le bébé a donc été débranché et tout le monde s'attendait à ce qu'il meure ; il a plutôt pris une grande inspiration et a survécu. De plus, au grand étonnement de tous, il s'en est sorti sans aucune séquelle au cerveau. Une année plus tard, le *Denver Post* a même raconté l'histoire de ce bébé miraculé. Est-ce que la prière fonctionne ? Je réponds oui sans hésiter.

Chaque fois qu'on me demande comment on peut savoir si nos prières sont entendues, je réponds ceci : « Par la paix de l'esprit qu'elles vous procurent. » En voici un exemple. Je connais ma cliente Susan depuis plus de dix ans. Je l'ai vue se débattre pour trouver et garder ses emplois d'auteure pour la télévision, ainsi que pour rencontrer le partenaire idéal et entretenir des relations harmonieuses avec sa famille. J'avais beau la rassurer que tout irait bien, elle ne me croyait jamais.

Finalement, je lui ai suggéré de recourir à la prière pour tenter de guérir sa peur et son anxiété plutôt que de chercher à tout contrôler. Comme me l'indiquait mon radar médiumnique, elle avait absorbé une vibration très négative et commune aux personnes qui se cherchent un emploi à Hollywood. Guidée par la peur et son instinct de survie, sa quête la vidait de toute sa force vitale. La prière permettrait donc de rétablir l'équilibre et de faire circuler l'énergie à un niveau supérieur, en plus de lui procurer un soulagement immédiat.

Elle a éclaté de rire en entendant ma suggestion. Quand je lui ai demandé pourquoi elle réagissait ainsi, elle m'a répondu : « Parce que ma mère était une vraie bigote et m'obligeait toujours à prier. Je me suis donc rebellée et je n'ai plus jamais prié depuis mon départ de la maison, à dix-sept ans. Cela me paraît tellement étrange de prier. »

« Est-ce que la prière aidait ta mère ? », lui ai-je demandé.

Susan est demeurée silencieuse un moment, puis a ajouté : « Tu sais, je dois admettre que cela l'aidait. Durant mon enfance, nous avons traversé des périodes difficiles et pourtant, elle s'en est toujours tirée en disant que la prière l'avait sauvée. Elle avait peut-être raison. »

À la fin de notre conversation, elle se sentait déjà mieux. Le simple fait de penser à la prière l'avait aidée à calmer son anxiété et ce n'était qu'un début. Voilà un bel exemple du pouvoir de la prière.

La prière m'aide aussi à me préparer en vue de mes lectures médiumniques. J'utilise toujours les mêmes : (1) « Très Saint Père, Très Sainte Mère, utilisez-moi selon votre volonté. » (2) « Seigneur, je me remets entre vos mains. » et (3) « Merci. » Ces trois prières me simplifient grandement la vie parce qu'elles me permettent de m'ouvrir et d'être réceptive à la Voix divine en plus d'offrir toute ma reconnaissance à Dieu pour mes dons.

Bien entendu, je ne vous suggère pas de suivre des rituels précis, mais plutôt de prier quand vous en avez envie, à propos de ce que bon vous semble et de la façon qui vous convient. N'ayez pas peur de vous y prendre mal — Dieu sait mieux que vous ce que vous souhaitez lui transmettre et ce dont vous avez besoin. Ce qui compte, ce n'est ni la requête ou la façon dont vous priez, mais plutôt de laisser l'Esprit divin pénétrer dans votre cœur. La beauté de la prière repose sur le fait qu'elle permet à Dieu d'arranger les choses beaucoup mieux que ce que vous auriez pu imaginer. Alors, n'hésitez pas à prier pour renforcer votre intuition et devenir un être encore plus spirituel, guidé, intuitif et créatif. Et si votre entraînement psychique repose en grande partie sur la prière, vous verrez immédiatement votre conscience s'épanouir davantage et vous sentirez le soulagement et la paix de l'esprit que procure la prière.

Exercice pratique pour éveiller votre sixième sens

Cette semaine, faites chaque matin une prière à votre réveil. Vous pourriez commencer par remercier votre Créateur de vous accorder une autre journée sur cette merveilleuse planète. Si quelque chose vous préoccupe, demandez d'être soutenu, protégé et béni durant toute la journée. Priez en tout temps quand vous y pensez. Priez pour votre famille, vos amis, vos voisins et vos collègues de travail. Priez également pour vos ennemis et pour la terre entière. Priez pour tout ce qui vous préoccupe, pour tout ce qui sème le doute en vous. Enfin, priez en remerciement pour tous vos bienfaits. Priez de ne pas oublier de prier.

Votre livre de prières personnel

Pourquoi ne pas créer votre propre livre de prières ? Procurez-vous d'abord un joli cahier empli de pages blanches, puis inscrivez toutes les prières que vous entendez, lisez ou rédigez vous-même et qui apaisent votre cœur et votre âme en plus d'élever votre esprit. Comme bon nombre de prières comportent un rituel, vous pourriez en adopter un également, par exemple en utilisant toujours le même crayon de manière à donner un sens particulier à vos annotations en plus de leur attribuer un caractère sacré.

Vous pourriez aussi écrire vos prières de manière distincte — peut-être en dessinant un objet sacré ou en glissant dans le livre une image sacrée ou un talisman en guise d'inspiration. Il s'agit de *votre* collection personnelle, alors fiez-vous à votre âme pour vous aider à créer le livre de prières qui vous convient le mieux.

J'apporte toujours mon livre de prières partout où je vais, surtout en voyage. Je vous recommande de faire de même. Apportez-le aussi au travail. Qui sait, c'est peut-être à cet endroit qu'il vous sera le plus utile. Concevoir votre propre livre de prières est une agréable façon de vous entraîner à prier et à garder votre cœur ouvert à la Voix spirituelle — comme tout être intuitif. Vous verrez, le simple fait de l'avoir en votre possession sera apaisant en soi.

CAPSULE DE SAGESSE INTUITIVE :

Priez.

SECRET N^O 16

Il va sans dire que vous deviendrez beaucoup plus sensible à force d'utiliser votre sixième sens. Les sons ont tendance à s'amplifier, le sens du toucher se raffine et les paroles que vous prononcez ont une plus grande influence sur vous. Votre odorat pourrait même devenir extrêmement fin — tout cela parce que votre canal psychique vous fait davantage prendre conscience de votre corps énergétique, c'est-à-dire votre *aura*.

Votre aura est le champ énergétique qui entoure votre corps physique. Elle peut posséder jusqu'à douze couches d'épaisseur. Comme tout médium professionnel pourrait l'attester, lorsque votre aura est sensitive, *tous* vos sens montent d'une octave pour ressentir l'énergie de la quatrième dimension. Cela signifie que votre vision peut atteindre l'octave supérieure de la *clairvoyance*, votre ouïe, celle de la *clairaudience* et votre toucher, celle de la *clairsentience* — soit les trois canaux intuitifs de base. (Votre odorat peut également se raffiner et, bien qu'il n'existe aucun terme spécifique pour décrire ce phénomène, vous pourriez constater que vous avez « du pif » pour deviner les choses.)

À mesure que votre conscience s'éveille, vos sens, telle une antenne parabolique installée sur le toit, parviennent à capter un immense flot d'énergie. Au début, cela peut être fort troublant. Par exemple, une femme m'a déjà dit que son éveil intuitif l'avait secouée comme une « décharge électrique traversant soudainement un grille-pain ».

Elle paralysait surtout lorsqu'elle se retrouvait dans des situations particulièrement bruyantes et intenses.

« Les choses qui ne me dérangeaient pas avant m'énervent maintenant, m'a raconté John, un de mes élèves. J'ai l'impression de me réveiller soudainement. Par exemple, je ne peux plus supporter d'aller dans les bars. Le bruit, la fumée, l'ambiance, tout m'agace. »

Voici ce que Carmen, une autre élève, m'a expliqué : « J'ai toujours été très sensible à ce que j'entendais, mais depuis que j'ai commencé à utiliser mon sixième sens, je ne supporte plus les commérages au travail. Ce n'est pas une question d'éthique — ils me laissent un arrière-goût que je ne peux plus supporter. »

Plus votre sixième sens s'éveille, plus vous devenez sensible à la qualité des vibrations qui vous entourent et à leurs effets. Cela fait partie de l'art d'être intuitif. En effet, choisir de mener une vie intuitive vous oblige à être plus sélectif envers ce que vous syntonisez, tout comme lorsque vous écoutez la télévision par satellite. En d'autres termes, vous ne souhaitez pas écouter nécessairement toutes les émissions que vous pouvez capter.

« Plus mon sixième sens s'éveillait, m'a raconté ma cliente Donna, plus je ressentais au fond de moi ce qui était vrai et ce qui ne l'était pas. C'est difficile à expliquer, mais je pouvais déterminer si les gens me disaient la vérité à la façon dont leurs paroles résonnaient dans ma tête. Quand ils mentaient, j'entendais une note discordante qui me faisait mal aux oreilles. »

J'ai déjà travaillé avec le détective J.J. Bittenbinder, qui avait une émission à Chicago appelée *Tough Target* dans laquelle il enseignait aux gens à utiliser leurs vibrations pour se protéger. Il appelait son sixième sens son « détecteur de conneries ». En d'autres termes, nous possédons tous un baromètre intérieur qui nous guide et qui, une fois activé, agit tel un radar. Comme me l'a décrit Adam, un de mes clients : « Après avoir suivi ton cours sur l'intuition, je ne pouvais plus supporter d'entendre quelqu'un me mentir parce que mon détecteur de conneries se déclenchait alors comme une alarme. » Je sais de quoi il parle. Un mensonge peut effectivement être très douloureux pour des oreilles intuitives — comme si la personne faisait crisser ses ongles sur un tableau.

À force d'être sensible à vos vibrations, vous pourriez également éprouver un profond besoin de silence étant donné que vous essayez inconsciemment de régulariser la vibration qui résonne dans votre aura. Votre attention s'éloigne alors du monde physique et de votre ego pour se tourner plutôt vers votre Moi Supérieur.

Vous serez incapable d'entendre votre voix intérieure ou vos guides si vous ne faites pas le silence en vous. Ce besoin de silence est donc un signe que votre canal naturel s'ouvre à l'aide spirituelle. On comprend mieux ainsi pourquoi les personnes mystiques aspirent au silence — c'est leur façon de se relier à Dieu.

« J'ai tellement besoin de tranquillité, m'a raconté une cliente, qu'il m'arrive d'aller dans le garage et de m'asseoir dix minutes dans l'auto. Avec trois garçons de moins de cinq ans, c'est le seul endroit où je peux avoir la paix. Chaque après-midi, j'ai toujours hâte à ce moment. »

Vous êtes également susceptible de réagir fortement à ce qui vous entoure à mesure que votre sixième sens s'éveille. En effet, plus vous devenez sensible aux vibrations, plus votre besoin de beauté s'intensifie. Vous pourriez même éprouver un manque si vous n'êtes pas déjà suffisamment exposé aux beautés de la nature. C'est ce que j'ai constaté au fil des ans :

plus je devenais sensible, plus j'avais besoin de sortir de la ville pour aller à la campagne me calmer les nerfs et nettoyer mon aura de l'énergie de mes clients. Un de mes clients a éprouvé un besoin semblable de beauté, qui s'est toutefois manifesté autrement : « J'ai soudainement eu envie de peindre. Je passais des heures et des heures à peindre des aquarelles. Plus je m'adonnais à la peinture, plus cela nourrissait mon âme. »

La façon d'entrer en contact avec la beauté dépend de la nature de chacun, mais la plupart des gens éveillés rapportent que cela devient une nécessité. C'est le cas de Steve, un détective du service de la police de Chicago, qui consacrait la majeure partie de son temps à démanteler les gangs de rue. Il a vite appris à éveiller son sixième sens et s'est rendu compte que cela l'affectait énormément. « Mon travail exigeait que j'utilise mon flair pour détecter les troubles. Puis, éventuellement, je me suis mis à avoir du flair pour autre chose. Mon sixième sens détectait tout, alors j'ai décidé de suivre ton cours pour le développer encore davantage. Il s'en est suivi un drôle de phénomène — je n'avais qu'une seule envie, celle de visiter des musées, moi qui n'avais même jamais songé y mettre les pieds avant. Mes collègues se sont moqués de moi en disant que je devenais snob, mais quelques-uns m'accompagnent maintenant et ils comprennent pourquoi la vue de ces œuvres est si enrichissante. »

Une fois votre sensibilité intuitive éveillée, vous aurez de la difficulté à vous exposer aux choses qui troublent votre esprit, comme la violence, le chaos et même une trop grande concentration de béton.

Ainsi, lorsque vous vous sentirez trop exposé, vous commencerez instantanément à graviter vers des choses ou des lieux plus paisibles. Notre ego engourdit nos sens ; l'éveil de notre sixième sens nous rend donc beaucoup plus sensible. Nous nous rendons compte que nous avons besoin d'harmonie et de beauté et que nous ne pouvons pas tolérer la violence gratuite parce qu'elle sonne faux à notre âme.

Mes clients ont ressenti de différentes façons ce besoin de beauté réclamée par leur âme. Lorsque Larry a éveillé son Moi Supérieur, il s'est mis à réagir à des choses qu'il n'avait jamais remarquées avant, comme les graffitis dans son quartier. Il a organisé une vaste campagne de lutte contre les graffitis parce qu'il ne pouvait plus supporter la vibration qu'ils émettaient.

Ma cliente Linda s'est mise à détester les émissions ou les films violents. « Avant, je ne voyais pas en quoi cela pouvait m'affecter. Je suis renversée par cette découverte, car, maintenant, cette violence me vide de mon énergie. Mon but n'est pas de censurer la télévision ou le cinéma. Je censure par contre ce que *je* regarde parce que cela m'affecte. C'est comme si on avait monté le volume : je suis maintenant consciente d'être bombardée de vibrations. Je m'assure donc d'être plus sélective par rapport à celles que je peux contrôler. »

Plus vous progresserez vers une vie intuitive, plus vous constaterez combien votre âme est sensible et délicate. Et plus vous évoluerez, plus vous reconnaîtrez ce qui nuit à votre équilibre interne. C'est ce que Louis m'a expliqué : « Avant d'être à l'écoute de mon Moi Supérieur, je me souciais peu de ce que je portais. J'enfilais souvent n'importe quel vieux vêtement, que j'aie l'air ridicule ou non. Cependant, après l'éveil de mon intuition, je suis devenu très sélectif dans mes vêtements. Ce n'est pas une question de mode — c'est une question d'énergie. Je me suis mis à ne plus vouloir porter certains tissus, comme le polyester, parce qu'ils émettaient des vibrations désagréables. J'étais davantage attiré par les fibres naturelles, qui me procuraient une sensation agréable sur la peau et m'apaisaient. »

Quant à Tom, voici ce qu'il a ressenti. « Je n'ai plus été capable de porter une seule cravate après avoir commencé à être à l'écoute de mes vibrations. Ça ne correspondait pas à ma personnalité et c'était devenu agaçant. Il fallait que je l'enlève ! Heureusement que je n'étais pas obligé d'en porter une au travail, parce que la vibration était vraiment trop restrictive ».

Une autre de mes clientes m'a rapporté ceci : « Après avoir commencé à suivre mon intuition, je n'étais plus capable de porter des couleurs foncées. Elles étaient trop déprimantes. Je me suis mise à ne porter que du blanc ou des couleurs pastel et je me sentais beaucoup mieux. C'est ce que mon âme réclamait. »

Bob, un des mes élèves réguliers, a éprouvé le contraire : « J'ai soudainement eu envie de porter du vert et du brun foncé — et de dire adieu aux complets-vestons. Je tenais à porter des chandails parce que je me sentais bien dès que je les enfilais. Ils m'apaisaient. »

Ne vous inquiétez pas : vous ne deviendrez pas un être excentrique qui a soudainement besoin des bons souliers, du bon tissu ou de la bonne couleur. L'éveil de votre canal intuitif vous procurera simplement un meilleur discernement et une meilleure connaissance de vous-même. Vous avez toujours eu besoin de beauté, de nature, de solitude et d'équilibre, ainsi que de sons, de textures et d'images harmonieuses. La seule différence, dorénavant, est que vous vous rendrez compte combien vous vous sentez diminué sans elles.

Vous deviendrez cependant beaucoup plus sensible. Voilà pourquoi on appelle les médiums et les personnes intuitives des êtres *sensitifs*. Plus votre conscience s'éveillera à la loi spirituelle, plus vous ferez des choix qui respectent et préservent davantage votre espace intérieur — vous serez plus conscient de qui vous êtes, des personnes que vous fréquentez, de vos actes et du sentiment qu'ils vous procurent. Vous serez en mesure de déterminer honnêtement si ce qui vous arrive est bon ou nuisible — si vous avez une mauvaise impression, vous aurez le courage de prendre vos distances même si cela surprend votre entourage (les personnes qui ne se fient qu'à leurs cinq sens vous trouveront sans doute trop capricieux).

Comme me l'a décrit Josie, une de mes clientes, cette sensibilité accrue face à l'énergie qui vous entoure pourrait vous faire craindre de passer pour un poltron aux yeux des autres. Et pourtant, j'ai observé que ce qui épuise à la longue, c'est d'ignorer les besoins de notre esprit et non le contraire. Et puis même si vous étiez une mauviette, la belle affaire ! Au lieu de vous préoccuper de passer pour un peureux, changez d'attitude et reconnaissez que c'est en fait votre âme sensible qui se cache derrière votre prudence. Alors, appréciez-la au lieu de la renier. En tant que médium, je peux vous assurer que cette réserve pourrait également s'appeler « amour de soi ».

Alors, au nom de cet amour de soi, soyez à l'écoute de vos vibrations. Bon nombre de mes élèves m'ont affirmé qu'avant d'écouter leur intuition, ils se fiaient à tout le monde, en tout temps, sans le moindre discernement. Leurs priorités ont radicalement changé depuis qu'ils ont accru leur sensibilité. Donc, si vous vous sentez interpellé par quelque chose, n'hésitez pas à foncer.

Si une chose blesse votre sensibilité, par contre, éloignez-vous-en. Succombez à l'appel de la nature. Installez-vous confortablement. Plongez en vous. Et soyez à l'écoute de vos vibrations.

Exercice pratique pour éveiller votre sixième sens

Cette semaine, soyez à l'écoute de vos sens et de leurs besoins. Prêtez attention à votre environnement et à ce que vous voyez, entendez ou ressentez par rapport à ce qui vous entoure. Si vous ressentez une énergie ou une vibration discordante, ou si quelque chose vous déprime, n'y prêtez pas attention, éteignez sa source ou éloignez-vous-en. Commencez par vos vêtements — à partir des sous-vêtements jusqu'au reste, remarquez si vos vêtements vous procurent une sensation agréable sur la peau ou s'ils élèvent votre vibration. Si un vêtement vous donne un sentiment étrange, enlevez-le immédiatement.

Exercez également votre flair. Si vous sentez que quelque chose ne va pas, ne posez pas de questions, fiez-vous seulement au message que vous recevez. Soyez conscient des odeurs et de leur effet sur vous. Procurez-vous des huiles essentielles, des chandelles parfumées, des pots-pourris et de l'encens et observez s'ils élèvent ou abaissent votre vibration. Prenez le temps également de mettre tous vos sens au repos. Assoyez-vous en silence dans un endroit sombre et tranquille et détendez-vous. Puis, prêtez l'oreille à vos guides et concentrez-vous sur votre voix intérieure.

CAPSULE DE SAGESSE INTUITIVE :

Mettez vos sens en éveil.

5e PARTIE

Entourez-vous de personnes intuitives

SECRET N° 17

Vous serez incapable d'être à l'écoute de vos vibrations si vous vous sentez obligé de les cacher. Pour devenir plus confiant, vous devez donc en parler avec des âmes dotées de la même sensibilité. Comme me disent souvent mes clients : « J'aimerais tellement posséder ton don et pouvoir me fier à mon sixième sens comme toi. Ma vie serait tellement plus simple. »

Je possède effectivement un don ; en fait, j'en ai plusieurs. Ce que j'apprécie le plus, par contre, ce sont mes âmes sœurs. Comme moi, ce sont des êtres intuitifs qui communiquent avec l'Esprit universel, sont conscients de la vie dans l'au-delà et se fient à leurs vibrations. Le fait d'être entourée d'oreilles et de yeux aussi bienveillants et confiants m'a rendu la vie beaucoup plus facile que si j'avais été seule à me fier à mon intuition.

Il faut dire que j'ai eu la chance de grandir dans une famille où mon sixième sens était accepté et encouragé, et où je pouvais l'exprimer et le développer sans risquer de faire rire de moi ou de passer pour une folle. C'était également formidable d'avoir une mère qui, par son exemple, m'a permis d'explorer librement et sans censure mes dons de médium, dans une ambiance de créativité et de jeu. En plus de ma mère qui m'a toujours encouragée à reconnaître et à respecter mes vibrations intuitives, mes frères et mes sœurs m'ont également servi de cobayes lorsque je voulais m'entraîner à exprimer mon sixième sens sans éprouver de gêne ni de doutes.

J'ai perfectionné mes dons à la maison tout comme les autres enfants s'entraînent au piano.

Chaque jour, je révélais aux autres ce que mon intuition me dictait comme si je répétais mes gammes. Parfois j'avais raison, parfois j'avais tort — mais à force de m'entraîner quotidiennement, mes vibrations sont devenues plus précises, cohérentes et fiables. Je suis certaine que c'est cette atmosphère qui a permis à mon sixième sens de devenir aujourd'hui un aussi puissant guide. Sans cet entraînement à la maison, je n'aurais jamais acquis cette bonne habitude ou la confiance nécessaire pour écouter ma voix intérieure et m'y fier comme je le fais maintenant. La possibilité de parler de mon sixième sens avec ma famille a renforcé ma voix intérieure jusqu'à ce que je sois de plus en plus à l'aise de m'en servir telle une boussole dans ma vie.

Beaucoup de mes clients et de mes élèves m'ont rapporté leur difficulté à entraîner leur sixième sens parce qu'il leur était presque impossible d'exprimer en toute confiance ce qu'ils ressentaient et d'obtenir le soutien de leur entourage. Ces histoires ne font que confirmer ma conviction qu'il faut nous entourer d'êtres intuitifs pour vivre de manière intuitive. Toutes les personnes intuitives que je connais possèdent au moins un ou deux amis semblables, car, pour ouvrir notre canal intuitif, nous devons nous sentir libres de parler de nos intuitions à des gens intéressés et réceptifs. Ceux qui, comme moi, ont reçu du renforcement positif durant leur enfance, se sentent beaucoup plus à l'aise avec leur voix intérieure que ceux qui n'étaient entourés que de personnes concentrées sur leurs cinq sens.

Combien d'histoires d'horreur ai-je entendues, au fil des ans, de la part de personnes ayant grandi dans un environnement où seuls les cinq sens comptaient. Jamais elles n'auraient osé exprimer ouvertement ou partager leurs intuitions par crainte de faire rire d'elles, de se faire critiquer ou de passer pour folles. Si c'est ce que vous avez vécu, dites-vous que cela peut dorénavant changer. Vous pouvez maintenant élargir vos horizons et créer un environnement réceptif. Vous pouvez donner un coup de pouce à votre sixième sens en recherchant des âmes avec qui vous avez des affinités.

La première étape consiste à admettre que vous avez besoin d'un cercle d'amis bien ancré et intéressé, avec qui parler de vos vibrations. Surtout, ne faites pas l'erreur de croire que vous êtes « un cow-boy solitaire au pays de l'intuition » (comme un de mes clients préférés se plaît à le décrire), c'est-à-dire que vous vous ferez descendre à bout portant si jamais vous faites part de vos dons.

L'industrie du nouvel âge est l'une des plus rentables en Amérique du Nord, avec un chiffre d'affaires annuel représentant des milliards de dollars en vente de livres, de cassettes et de séminaires sur le sixième sens et la quête spirituelle. Vous croyez être la seule personne à s'intéresser à ces sujets ? Eh bien, cela doit faire longtemps que vous avez mis les pieds dans une librairie !

En réalité, des *millions* de gens se fient à leur sixième sens, mais ils le cachent par crainte du ridicule. Je crois que presque tout le monde, de nos jours, demeure à un certain degré confiné dans le placard psychique : celui-ci doit donc commencer à être passablement encombré. Si vous « sortez du placard » et révélez un peu plus vos intérêts aux autres — ou du moins si vous allumez la lumière afin de voir combien d'autres personnes cherchent secrètement à évoluer sur le plan spirituel et intuitif de nos jours —, vous obtiendrez alors beaucoup d'appui provenant de sources insoupçonnées.

Les gens assistent par centaines à mes ateliers et à mes conférences publiques. Beaucoup d'entre eux prétendent être sceptiques et, pourtant, ils ne peuvent pas s'empêcher de me poser des questions ou de rechercher mes conseils. Par exemple, j'ai déjà fait une lecture à Carl qui disait ressentir certaines vibrations, tout en se plaignant de n'obtenir aucun soutien psychique, surtout au travail. « Je sais que mon sixième sens est très développé, mais je travaille avec des Cromagnons si insensibles et inconscients que cela fait peur. Jamais je n'oserais leur avouer mes intérêts. Ils se moqueraient beaucoup trop de moi. »

J'ai donc invité Carl à un atelier pour qu'il puisse rencontrer d'autres « confrères intuitifs. » Il a été stupéfait d'y voir plusieurs de ses collègues de travail, mais moi, je ne l'étais pas. Après tout, même si nous sommes portés à croire que nous connaissons les gens, nous nous trompons souvent. Dans notre quête de soutien psychique, il est donc préférable de faire preuve d'ouverture et de ne présumer de rien. Au Moyen Âge, les personnes intuitives devaient *effectivement* dissimuler leurs dons par crainte d'être incomprises et attaquées. Heureusement, les gens ont lentement évolué et l'intuition pose de moins en moins problème. Bien entendu, il existe encore des gens qui résistent, mais, grâce à Dieu, de plus en plus commencent à comprendre.

Vous vous trompez sérieusement si vous croyez que vous pouvez renforcer vos vibrations par vous-même, sans aucun soutien. Même les personnes intuitives ont besoin de se sentir entourées pour demeurer fidèles à elles-mêmes, surtout lorsqu'il s'agit de se fier à leurs vibrations. Alors, pour ouvrir votre canal intuitif, recherchez activement vos « âmes sœurs » (ces personnes intuitives qui suivent la loi spirituelle).

Trouvez des gens qui sont sur la même longueur d'onde que vous, qui sont prêts à vous écouter et à respecter vos vibrations, tout en vous protégeant contre tout jugement négatif — y compris le vôtre. En d'autres termes, trouvez votre clan. Ces gens existent réellement et vous devez établir des liens avec eux et les faire entrer dans votre vie le plus tôt possible, car les personnes intuitives se sentent beaucoup plus à l'aise lorsqu'elles forment un clan — la solitude ne nous convient pas. Comme je l'ai déjà mentionné, même Jésus-Christ s'est entouré de douze assistants avant d'accomplir sa mission. Voilà un excellent modèle à suivre dans notre quête d'alliés.

Ne laissez pas votre ego saboter votre démarche en allant vous confier aux personnes qui, de toute évidence, ne vous appuient pas. Faites preuve de discernement quand vous révélez vos vibrations ou recherchez des « âmes sœurs ». Tout ira bien si vous vous confiez à une autre personne intuitive ou, du moins, intéressée par les arts médiumniques. Vous risquez par contre de vous heurter à un mur si vous vous adressez à une personne qui n'est pas encore consciente de son âme.

C'est une question de bon sens. Comme vous le savez sans doute déjà, les personnes non intuitives sont souvent fermées à l'idée des vibrations, alors faites d'abord votre petite enquête. Par exemple, quand j'étais adolescente, j'avais une amie appelée Vicky. Fille unique d'une mère monoparentale, Vicky possédait un sixième sens bien affûté et ressentait fréquemment des vibrations qui s'avéraient exactes. Et pourtant, chaque fois qu'elle en parlait à sa mère (très superstitieuse), celle-ci s'agitait en disant : « Arrête Vicky ! Tu me fais peur. » Mon amie se sentait alors frustrée par sa réaction parce qu'elle aurait aimé que sa mère entende et apprécie ses intuitions plutôt que de chercher à la faire taire.

Un jour, alors que nous roulions toutes les trois en automobile, Vicky s'est soudainement exclamée : « Maman, ralentis un peu. Je sens qu'il y a un policier dans le secteur et tu vas beaucoup trop vite. » Comme toujours, sa sceptique de mère a mal réagi : « Vicky, ne dis pas des choses semblables. Tu passes pour une folle. » Et elle a refusé de ralentir.

Deux coins de rue plus loin, un policier est sorti de nulle part et a fait signe à la mère de Vicky de se ranger sur le côté. Puis, il lui a remis une contravention. Au lieu d'admettre qu'elle avait commis une erreur, la mère de Vicky l'a blâmée pour sa contravention. Je n'arrivais pas à y croire, pas plus que Vicky. Cela n'avait aucun sens.

Plus tard, j'ai mentionné à Vicky qu'elle ferait mieux d'éviter de parler aussi ouvertement de ses vibrations à sa mère parce que cette femme était tellement dominée par son ego qu'elle ne comprenait rien aux vibrations et n'y parviendrait jamais. J'ai plutôt suggéré à Vicky de partager ses intuitions avec *ma* famille étant donné que nous étions beaucoup plus réceptifs.

À partir de ce jour, Vicky a cessé de discuter de son intuition avec sa mère et a adopté ma famille en guise de clan psychique. Plus nous l'écoutions, plus elle devenait intuitive et plus elle y prenait du plaisir. À son entrée au collège, son sixième sens était devenu sa principale boussole dans la vie — elle s'en servait même pour guider les autres en faisant des lectures médiumniques. Je crois que c'est le fait d'avoir obtenu autant de soutien de son clan qui lui a permis de développer ses habiletés intuitives.

Contrairement à Vicky, il y a de fortes chances que vous vous trouviez au moins un allié au sein de votre famille. Cela vaut le coup d'essayer, car rien ne vaut le soutien familial. Adressez-vous d'abord aux membres qui ont déjà exprimé un intérêt pour la chose ; n'allez surtout pas recruter quelqu'un que vous devez convaincre. Chacun d'entre nous éveille sa conscience à son propre rythme et personne ne peut accélérer le processus chez un autre individu. Si une personne persiste à ne se fier qu'à ses cinq sens, passez votre chemin. Vous avez besoin de soutien, pas de sabotage.

Si vous ne trouvez personne au sein de votre famille, essayez d'identifier quelqu'un au travail qui partage vos intérêts. Vous pouvez tâter le terrain en demandant à vos collègues s'ils se fient ou croient à leur intuition. N'ayez pas peur et n'allez surtout pas imaginer le pire : beaucoup de gens sont intéressés et intrigués par ce sujet. Je sais que le travail n'est pas le meilleur endroit où chercher, mais comme vous y allez tous les jours, cela vaut le coup d'essayer étant donné que ce serait fort pratique d'y trouver un allié.

Si vous ne pouvez pas trouver d'alliés à la maison ou au travail, essayez de savoir si vos amis ou vos voisins partagent vos intérêts. Soulevez la question tout bonnement et voyez leur réaction. Selon mon expérience, les personnes qui s'intéressent *vraiment* à l'intuition adorent en parler, alors elles sortiront vite du placard psychique. Vous pouvez aussi trouver des alliés aux endroits où ils ont tendance à se rassembler, comme dans les ateliers, les conférences ou les églises progressistes qui vous encouragent à suivre votre sixième sens.

Vous n'avez vraiment besoin que d'un ou de deux alliés solidaires avec qui échanger de temps à autre. C'est tout. Je ne vous suggère surtout pas d'adhérer à une religion ou à une secte privée, secrète et contrôlante. Ce n'est pas ce qu'on appelle du soutien — elles donnent plutôt le frisson, alors gardez vos distances.

Une fois que vous aurez *vraiment* trouvé les membres de votre clan intuitif, communiquez régulièrement avec eux, du moins quelques minutes par semaine. Encouragez vos alliés à partager ouvertement leurs intuitions et écoutez respectueusement les récits de chacun, sans rien faire d'autre. Faites seulement de l'écoute active — c'est le meilleur soutien que quiconque puisse offrir ou obtenir.

Un dernier mot : j'ai constaté que la façon la plus rapide et la plus efficace de trouver votre clan est simplement de prier pour que vos alliés surgissent dans votre vie. Demandez à Dieu de vous mettre en contact avec les meilleurs partenaires intuitifs possibles et Il le fera. Votre tâche consiste à jeter votre ligne psychique à l'eau et à repêcher votre clan. Ce n'est pas aussi difficile que vous le croyez. Lorsque vous serez prêt et disposé à accepter du soutien, vous *en* recevrez, et habituellement assez facilement.

Exercice pratique pour éveiller votre sixième sens

Cette semaine, partez à la recherche des membres de votre clan. Peut-être en connaissez-vous déjà quelques-uns ; si c'est le cas, fixez d'avance des moments où vous pourrez discuter ensemble de vos vibrations. Si vous ne savez pas vraiment qui sont vos alliés, jouez au détective et débusquez-les. Servez-vous de ce livre : déposez-le sur la table du salon ou sur un bureau et observez les réactions qu'il suscite. Si une personne affiche un certain intérêt pour l'intuition et les vibrations, poussez un peu plus loin votre investigation. Vous saurez vite si vous avez trouvé un appui. Si, au contraire, une personne ne montre aucun intérêt, ne le prenez pas personnellement. Elle n'est simplement pas prête. Changez gentiment et diploma-tiquement de sujet et abandonnez la partie.

Vérifiez dans les journaux et les librairies si des conférences sur le sixième sens sont données dans votre loca-lité et invitez un ami à vous accompagner. Allez-y seul si vous ne trouvez personne. Vos alliés s'y trouvent peut-être déjà, prêtes à faire votre connaissance. De plus, n'oubliez pas de prier pour obtenir du soutien, puis soyez réceptif. Heureuse-ment, nous assistons présentement à un profond éveil de la conscience et de plus en plus de personnes intuitives émergent dans le monde.

De nos jours, il est de moins en moins difficile de trouver vos âmes sœurs si c'est vraiment ce que vous désirez.

CAPSULE DE SAGESSE INTUITIVE :

So-so-so... solidarité !

SECRET N^O 18

PARLEZ-EN OUVERTEMENT

L'un des traits les plus courants des personnes intuitives est leur habileté à admettre publiquement qu'elles ressentent des vibrations et à en parler ouvertement, peu importe à qui elles s'adressent. Pour évoluer vers une vie intuitive, il est essentiel de pouvoir discuter avec quiconque et sans la moindre hésitation de nos impressions et de nos expériences — en commençant par notre cercle d'alliés puis le monde en général.

Les gens qui ne se limitent qu'à leurs cinq sens discutent rarement de leurs vibrations parce que leur ego nie leur existence. Leur intuition demeure donc confinée au fond d'eux-mêmes. Les personnes intuitives, par contre, adorent parler librement de leurs expériences. Et nous le faisons de manière originale parce que nous vivons dans un monde original. Par exemple, quand mon amie Julia se sent interpellée par son sixième sens, elle dit « je reçois des instructions... » ou « mes guides me disent... ». Quant à Scott, un restaurateur et nouvel adepte du sixième sens, il dit « j'ai encore cette impression... ». Dans mon cas, je suis plutôt portée à dire « d'après mes vibrations ou mon esprit... » parce que je sais que c'est mon âme qui s'adresse à moi quand je ressens des vibrations.

Le fait de parler ouvertement de votre sixième sens, sans embarras ni excuse, favorise son éveil. Tout comme lorsqu'on donne un nom à un enfant à sa naissance, le fait de parler avec joie et respect de votre sixième sens lui donne vie.

Ce qui compte, ce n'est pas tant la façon dont vous parlez de votre voix intérieure, mais bien le fait d'en parler avec confiance et assurance.

Je veux que les gens soient au courant de mon sixième sens, non pas pour les scandaliser ou pour obtenir leur approbation, mais parce que j'aime faire part aux autres de ce qui m'aide à réussir dans la vie. Jay, un de mes clients, avait pourtant quelques réticences : « Je ne sais pas vraiment comment parler de mes vibrations aux autres parce que, dans mon milieu, on ne parle pas de ces choses-là. J'aimerais tant partager combien mes intuitions m'aident dans la vie, mais j'ai peur des réactions des gens.

« Et pourtant, mes vibrations sont vraiment stimulantes et quand j'*ose* en parler, j'obtiens toujours de bons résultats. Les gens sont fascinés et, s'ils s'esclaffent, c'est davantage parce qu'ils ne savent pas comment réagir que parce qu'ils rejettent mes dires. Certains avouent même qu'ils souhaiteraient eux aussi ressentir des vibrations. »

En plus de valider cette dimension supérieure dans laquelle nous évoluons, nous aimons parler ouvertement de notre intuition parce qu'il s'agit là d'une excellente façon de créer un pont entre notre âme créative et notre conscience du monde extérieur afin de pouvoir capter encore davantage d'information intuitive.

En voici un exemple. Un jour, alors que je racontais à ma sœur un rêve que j'avais fait et dans lequel je me retrouvais à la plage avec un groupe de gens qui chantaient, guérissaient, dansaient et s'amusaient follement, j'ai eu la forte impression que mon rêve était prémonitoire et qu'il se réaliserait sous peu, même si je n'étais pas vraiment du genre à aller à la plage. Ma sœur m'a alors révélé qu'*elle* aussi avait fait un rêve semblable dans lequel elle donnait un atelier de guérison à Hawaï. Nos rêves combinés ont donc mené à la création de notre atelier le plus percutant, « Translucent You » (Illuminez-vous), que nous organisons une fois par année à Hawaï. Nous dansons, nous jouons, nous donnons des lectures médiumniques, nous faisons de la kinésithérapie (des massages qui favorisent la guérison), en plus de nous adonner à des travaux artistiques et à des exercices de visualisation pour guérir entièrement les blessures psychiques des participants et les aider à retrouver leur voix intérieure. Notre personnel est composé de treize guérisseurs et enseignants qui font vivre à tous une formidable expérience. Si nous n'avions pas partagé nos rêves, ma sœur et moi, et si je n'avais pas éprouvé ce sentiment d'urgence, jamais nous n'aurions conçu cet atelier de guérison et offert autant de joie aux gens qui y participent.

Le fait de parler de vos vibrations vous aide à analyser le contenu de votre coffre au trésor intérieur. Vous devenez ainsi conscient de vos intuitions et pouvez en faire bon usage. Sachez aussi que votre sixième sens communique avec vous de diverses façons : au moyen de symboles, de mots clés, d'impressions, de rêves et de métaphores. Le monde de l'intuition possède son propre langage et le simple fait d'en parler aide souvent à en traduire le sens et, par conséquent, à enrichir votre vie.

Lorsque je fais des lectures médiumniques pour mes clients, j'ai souvent l'impression de suivre une piste d'indices. Je vois des pensées, des sensations et des images surgir dans ma tête et je ne sais jamais d'avance ce que je vais dire. Je suis habituellement aussi surprise que mes clients de ce qui sort de ma bouche. De même, quand j'examine mes propres problèmes, je parle à voix haute même si je suis seule. En m'exprimant ainsi, j'invite mes guides à me proposer des solutions auxquelles je n'aurais jamais pensé. Plus je parle du problème, plus j'obtiens des solutions. Par exemple, j'hésitais cet été à faire un voyage à Menton, en France, parce que c'était trop cher, inapproprié et sans doute en conflit avec mes autres engagements. Et pourtant, au moment d'en discuter avec mon mari, je me suis entendue dire : « J'ai besoin d'y aller. Je n'aurai plus jamais l'occasion de visiter l'hôtel où j'ai habité il y a vingt ans quand j'étudiais là-bas. »

Cet hôtel était cher à mon cœur, alors la possibilité qu'il disparaisse m'a aidée à prendre rapidement ma décision. Même si je n'avais rien pour appuyer mes vibrations, j'ai réservé une chambre en me disant que les choses allaient s'arranger d'elles-mêmes. Dix jours plus tard, j'ai reçu une lettre d'un ami de Menton me disant que l'hôtel était sur le point d'être transformé en appartements en copropriété. C'était sa dernière année d'existence. Je me suis donc procuré des billets à temps pour aller retrouver mon ami et visiter de nouveau ce lieu sacré (pour moi) avant qu'il ne disparaisse à tout jamais.

VOICI UN ÉLÉMENT IMPORTANT à retenir : lorsque vous parlez de vos intuitions, il est essentiel d'utiliser un vocabulaire avec lequel vous pouvez vous exprimer aisément, sans parti pris, sans contrainte et sans gêne. Je suis tout à fait à l'aise avec l'expression *psychique* quand je parle de mon sixième sens. J'aime vraiment ce mot, même si je suis minoritaire dans mon camp.

Pour beaucoup de gens, ce terme renferme encore de nombreuses connotations négatives ou superstitieuses. Ils ont donc tendance à sourciller quand ils l'entendent et sont mal à l'aise de l'utiliser pour se décrire.

Faites-vous partie de ces gens ? Êtes-vous rebuté chaque fois que vous voyez ou entendez le mot *psychique* ou *médium* ? Ne vous inquiétez pas si c'est le cas. La façon dont vous désignez votre sixième sens importe peu, en autant que vous parliez librement de cette *chose*. Essayez les expressions telles que « mes tripes », « mon instinct », « mon radar », « mon pressentiment » ou même « mon éternelle sagesse intérieure ». Vous pourriez même l'appeler Bozo si cela vous chante, en autant que vous en parliez de manière positive afin que votre sixième sens soit toujours présent dans votre vie. C'est comme un enfant : une fois né, vous devez lui accorder une place dans votre vie. Tout comme vous ne pouvez pas retourner le nouveau-né dans l'utérus, vous ne pouvez pas reléguer de nouveau au placard votre intuition. Vous verrez qu'il vous sera impossible de vous arrêter une fois que vous aurez commencé à en parler.

Les personnes intuitives expérimentées qui se fient à leur sixième sens sont enthousiastes et même fières de leurs intuitions. Leurs vibrations leur facilitent la vie et elles adorent partager leurs expériences. Quant aux personnes coincées entre le monde des cinq sens et celui des six sens, elles se sentent poussées à partager et à interpréter leurs intuitions, mais hésitent ou demeurent silencieuses parce qu'elles ignorent souvent comment expliquer leurs réussites.

Elles esquivent plutôt la situation en disant « j'avais un sentiment étrange », « quelque chose de bizarre vient de se produire » ou « j'avais cette drôle de sensation ». En d'autres termes, elles utilisent des qualificatifs qui atténuent leurs vibrations. Je leur accorde la note A pour l'effort, mais *vous* devrez faire mieux si vous souhaitez utiliser votre sixième sens à son plein potentiel. Votre intuition vaut de l'or ; elle devrait donc être traitée avec affection et considération, et être partagée avec enthousiasme plutôt qu'avec des qualificatifs. Essayez de dire « je viens d'avoir une formidable inspiration », « j'ai le sentiment incroyable que… » ou « ma sagesse intérieure me dit que… » et voyez comment les autres et votre esprit réagissent. Selon mon expérience, plus j'apprécie ma voix intérieure, plus elle me récompense en me transmettant encore davantage d'informations intuitives ; je suis donc doublement gagnante.

Bien entendu, je ne vous recommande pas de parler de votre intuition en exagérant. Il s'agit là d'un autre piège de l'ego qui ne fera que créer de la résistance.

Parlez plutôt de votre voix intérieure avec respect et appréciation. Vous démontrerez ainsi combien vous y accordez de l'importance. (J'ai vu des personnes intuitives éveiller le sixième sens de certains individus en décrivant simplement leur intuition d'un ton affectueux.) Plus vous laissez votre sagesse intérieure communiquer au moyen d'expressions simples et innovatrices avec votre conscience extérieure, plus votre Moi Supérieur est susceptible de vous guider au jour le jour.

Exercice pratique pour éveiller votre sixième sens

Cette semaine, exprimez-vous et faites part de vos vibrations à votre entourage, en commençant par les membres de votre clan, puis les autres. Quels mots utilisez-vous pour décrire ce que vous ressentez ? De même, observez de quelle façon les gens parlent de leurs vibrations, par exemple quand votre patron dit « j'ai l'impression que ça ne fonctionnera pas » ou quand votre conjoint dit « j'ai un mauvais pressentiment ».

Parlez positivement de vos intuitions, en disant par exemple « j'ai une idée brillante (ou une bonne impression) » au lieu de « j'ai une drôle de sensation ». Si vous croyez que votre âme vous transmet des « perles de sagesse » plutôt que des « sentiments étranges », pourquoi ne pas alors les décrire avec style et humour ? Faites preuve de créativité en utilisant des expressions qui reconnaissent l'existence de votre sixième sens sans vous attirer les moqueries. Ainsi, il serait sans doute préférable d'éviter le mot *psychique* à la réunion du conseil d'administration. Par contre, je peux vous assurer que personne ne sourcillera en entendant « mon impression », « mon sentiment » ou « mes tripes ».

Choisissez d'avance ce que vous voulez dire et à qui. Servez-vous de votre imagination et trouvez vingt façons de décrire sans hésitation votre monde intuitif. En voici quelques exemples : *mes vibrations, mon instinct, mes tripes, mon impression, un sentiment, une intuition, un pressentiment, mes guides, mon radar, mes anges* (une expression qui semble plus souvent acceptée que n'importe quelle autre).

Le mot utilisé importe peu, tant que vous vous exprimez en des termes positifs, appréciatifs et enthousiastes.

Partagez vos réussites avec joie et observez combien vous recevrez encore davantage de messages intuitifs valant leur pesant d'or.

CAPSULE DE SAGESSE INTUITIVE :

Tout est dans la façon de le dire.

SECRET N^O 19

Il y a plusieurs années, mon mari, mes enfants et moi sommes allés dans un complexe commercial extérieur pour profiter d'une belle soirée d'été. Après avoir fait du lèche-vitrine, nous avons acheté des glaces à la vanille puis sommes allés faire un tour du côté de l'aire de jeu, située au centre du complexe commercial, pour nous détendre et regarder les enfants s'amuser.

En nous assoyant pour déguster notre crème glacée, nous avons remarqué un couple assis en face de nous avec un enfant de deux ans. Soudain, Sonia, ma fille aînée, s'est levée (en tenant toujours son cornet à la main) pour aller sauter à cloche-pied autour de l'aire de jeu. Puis, elle a fait claqué ses talons dans les airs pour ensuite revenir s'affaler à côté de moi. Pour ne pas être en reste, sa sœur, Sabrina, a bondi sur ses pieds et a imité Sonia avant de revenir s'asseoir près d'elle.

Le bambin, fasciné par les moindres gestes de mes filles, les observait attentivement. Une fois mes filles assises, il s'est tourné vers son père et lui a demandé de lui donner le cornet de crème glacée qu'il tenait dans sa main, ce qu'a fait son père à contrecœur. Tout en continuant de fixer mes filles, le petit garçon a essayé de les imiter en sautillant autour de l'aire de jeu. Il y est parvenu jusqu'à ce qu'il perde l'équilibre à environ un mètre et demi de distance. Il s'est enfargé et est tombé au sol, l'œil gauche enfoncé dans le cornet de crème glacée.

La scène était à la fois cocasse et touchante, et démontrait une fois de plus combien nous apprenons en imitant les autres.

Les personnes qui nous servent de modèles dans la vie nous invitent à vivre de nouvelles expériences. Malheureusement, quand il est question du sixième sens, peu de gens possèdent des modèles positifs à suivre. On nous a répété plus souvent qu'autrement que le sixième sens est un don réservé à quelques initiés un peu étranges qui se cachent derrière leur boule de cristal dans des boutiques ésotériques ou qui vantent les mérites de leurs consultations téléphoniques dans une infopub de fin de soirée. Dans un cas comme dans l'autre, la plupart des gens ne se sentent nullement attirés ou contraints d'imiter quoi que ce soit qui se rapproche de ce cirque et je ne les blâme pas.

Les médiums des infopubs et les guides spirituels qui tiennent boutique ne sont pas les vrais représentants d'une vie basée sur le sixième sens. Comme tout ce qui repose uniquement sur les cinq sens, ils auraient dû rester confinés au Moyen Âge. Ces charlatans ne possèdent aucun don médiumnique, mais ils *savent très bien* manipuler et exploiter les personnes superstitieuses qui ont peu d'éducation. En fait, ils ne désirent surtout pas que nous évoluions, car ils devraient alors fermer boutique.

Comme vous vous apprêtez à franchir la dernière étape pour vivre de manière intuitive et créative, l'important maintenant est de trouver — et d'imiter — des modèles inspirants qui vous enseignent à tout moment ce que signifie vivre en harmonie avec votre âme et agir suivant les voix de votre cœur. Ne pas avoir de modèles positifs et stimulants pourrait vous priver d'une vie extraordinaire, tandis que les personnes qui vous *montrent positivement la voie* vers une vie intuitive deviendront vite vos plus grands alliés.

Beaucoup de gens ne sont que des débutants effrayés qui désirent sortir du placard mais qui ignorent comment le faire avec grâce et style. Le fait de trouver des personnes intuitives vraiment inspirantes et de suivre leur exemple vous aidera à utiliser subtilement votre sixième sens, sans vous sentir intimidé ou tendu, et d'une manière qui a fait ses preuves.

Il y a quelques années, avant même de devenir mon amie (ou même de me connaître), l'auteure Julia Cameron a commencé à avoir régulièrement des intuitions, des impressions et des inspirations inexpliquées. Mal à l'aise et ne voulant surtout pas avoir l'air de Madame Sophie de la boutique ésotérique du coin, elle a consulté un ami psychothérapeute et lui a confessé son inquiétude par rapport à ses dons : « J'ai peur de passer pour une folle aux yeux des gens. »

Il l'a écoutée un moment puis lui a dit très judicieusement : « Ce n'est pas l'éveil de ton sixième sens qui pose problème, Julia. C'est le fait que tu n'as pas de modèles positifs pour t'enseigner à l'utiliser et à en parler publiquement. Connais-tu quelqu'un qui est à la fois intuitif et aimable ? Une personne à l'aise avec son sixième sens et aussi normale que toi ? Quelqu'un qui pourrait même te montrer comment tirer parti de ce don afin qu'il te soit utile ? »

Après mûre réflexion, elle a entrevu une nouvelle possibilité qui a finalement mené à notre rencontre. Je lui ai montré ce qu'on m'avait enseigné, c'est-à-dire qu'une vie intuitive peut vraiment être agréable et créative et qu'il n'y a rien d'effrayant ou de rabaissant à cela. Comme je ne cesse de le répéter, l'intuition est un art inné que vous pouvez raffiner avec la pratique.

Après avoir conseillé Julia, j'ai songé aux personnes qui m'avaient servi de modèles dans ma propre vie. Il y a d'abord eu ma mère, qui était si belle, raffinée et créative, et pourtant bien ancrée et dotée d'un sens pratique. Puis, il y a eu le professeur Tully et Charlie Goodman, deux grands voyageurs, à la fois élégants, instruits et articulés, qui se sont servis de leur intuition avec art et intelligence dans le but de guérir et de favoriser la croissance spirituelle des gens. Enfin, mes mentors LuAnn Glatzmaier et Joan Smith, deux femmes à la fois exquises, intelligentes, instruites et bien attachées aux biens de ce monde, qui ont rédigé des livres, enseigné, conseillé des gens et créé un nombre infini d'œuvres d'art remarquables. Aucune de ces personnes n'était bizarre ou originale, comme le craignent tant de gens. En fait, il s'agissait d'individus à la fois moraux, responsables et gentils. Ils m'ont tous inspirée et leurs démonstrations psychiques faisaient vibrer mon âme. Ils m'ont servi à la fois de référence éthique et psychique : j'ai donc adopté leurs perspectives, leurs visions et leurs critères jusqu'à ce que je développe mon sixième sens et ma propre intégrité. Je me suis amusée sur leur terrain de jeu jusqu'à ce que je me l'approprie... et que j'invite à mon tour des enfants à venir jouer avec moi.

Vous aurez sans doute de la difficulté à trouver vos modèles étant donné que les personnes intuitives sont souvent très subtiles ; vous devrez donc vous fier à votre propre habileté à les détecter. Commencez par remarquer les gens qui vous entourent : même si les personnes intuitives ne possèdent pas d'affiches lumineuses au-dessus de la tête, elles rayonnent.

Cette lumière provient de leur aura et de leur confiance en soi, de leur éclat de rire franc et de leur enthousiasme pour la vie. Habituellement, elles ne cherchent pas intentionnellement à attirer l'attention sur elles, même si les gens sont naturellement attirés. Les personnes intuitives ne parlent pas toujours de leurs vibrations, mais ne les cachent pas. Tout comme les personnes qui ont l'œil pour la beauté ou une bonne oreille pour la musique, les personnes intuitives possèdent un don pour sentir les vibrations et s'y fier.

Connaissez-vous des personnes créatives et courageuses qui suivent les voix de leur cœur, écoutent leurs pressentiments, se fient à leur radar, disent ce qu'elles pensent ou suivent leur instinct sans hésitation (ou mélodrame) ? Si oui, vous avez de la chance. Observez attentivement ces individus, étudiez-les et servez-vous-en comme modèles. Tel un chanteur de karaoké qui débute sur scène, fredonnez leur mélodie avec le même enthousiasme, même si cela vous semble étrange. Vous serez mal à l'aise au début mais cela ne durera pas longtemps : avec la pratique, ce chant deviendra de plus en plus familier jusqu'à ce que vous vous l'appropriez. En d'autres termes, faites comme si vous receviez des vibrations jusqu'à ce que vous réussissiez à en ressentir. Vous entendrez et composerez éventuellement votre propre musique, celle de votre âme.

Chris, une de mes élèves, souhaitait devenir chanteuse depuis qu'elle était toute petite. Elle entendait dans sa tête des chansons complètes, surtout avant de s'endormir le soir. Elle savait qu'elle captait cette musique de l'au-delà, mais ses parents, qui trouvaient bizarre et anormal le fait de se fier au sixième sens, avaient réfuté cette explication. Comme elle ne voulait surtout pas être stigmatisée, Chris s'est donc distanciée de ses dons intuitifs qui ne l'attiraient plus. Elle riait même des médiums ou des personnes qui parlaient de *channeling,* jusqu'à ce qu'elle assiste à mon atelier, où elle a rencontré Jason, un compositeur intuitif très talentueux. Il lui a raconté qu'*il* s'était servi du *channeling* pour composer plusieurs symphonies aujourd'hui publiées.

L'amour de Jason pour la musique, ainsi que sa façon de travailler et son enthousiasme pour son inspiration, ont permis à Chris d'avoir de nouveau l'esprit ouvert. Son cœur s'est également ouvert au contact de l'âme chaleureuse, généreuse et apaisante de Jason qui se reflétait dans chacune de ses compositions. Chris a donc adopté Jason comme modèle à suivre. (Honnêtement, j'ai été un peu déçue qu'elle ne m'ait pas choisie, mais je crois que c'est parce qu'il était plus beau.) Ainsi, l'exemple de Jason était exactement ce dont Chris avait besoin pour se réapproprier son pouvoir. « C'est comme si je faisais du karaoké psychique, Sonia. Je chante l'âme de Jason et j'adore cela, car c'est exactement ce que je souhaite pour moi-même. Il me donne le courage et le style dont j'ai besoin. »

Alors, si *vous* voulez être créatif, confiant et guidé par votre voix intérieure, étudiez et imitez chaque individu intuitif et créatif que vous croisez. C'est ainsi que nous, les êtres *humains*, apprenons et que nous, les êtres *spirituels*, trouvons notre voix intérieure. Soyez toutefois sélectif au moment de choisir vos modèles : choisissez ceux qui inspirent, créent et profitent agréablement de la vie avec style, grâce et intégrité, ces personnes exceptionnelles qui apprécient leurs dons psychiques et en font part avec amour et conviction. La meilleure façon d'identifier les bons modèles est de voir lesquels sont heureux et apprécient leur vie. Ce sont-là des signes évidents qu'ils utilisent bien tous leurs sens. Demandez-leur leur secret, puis imitez-les.

Vous pouvez maîtriser l'art d'être intuitif comme toute autre chose — en étant un élève et en trouvant de bons professeurs. Continuez d'évoluer aux côtés de vos pairs tout en apprenant cet art auprès de modèles inspirants. Comme un apprenti qui devient autonome, vous pourrez ensuite laisser la vie devenir votre professeur et vos erreurs vous servir d'évaluations. Avec le temps, de la patience, de la persistance et de la pratique, vous maîtriserez l'art de vivre en harmonie avec votre Moi Supérieur. C'est là l'objectif d'une vie basée sur le sixième sens : devenir pleinement vous-même, un être éclairé et intègre — c'est-à-dire non seulement la personne que vous voulez être, mais aussi celle prédestinée par Dieu.

Pour vous aider à commencer, pourquoi ne pas vous servir de moi comme modèle et participer à un karaoké psychique avec moi ? Vous trouverez votre propre voix en très peu de temps et votre sixième sens vous inspirera votre propre mélodie.

Exercice pratique pour éveiller votre sixième sens

Cette semaine, ouvrez vos yeux, vos oreilles et votre cœur, et partez à la recherche de vos modèles intuitifs. Qui est votre héros psychique ? Qui interprète votre chanson et joue là où vous le voulez ? Quelles personnes pouvez-vous imiter ? Ne vous limitez pas à un certain nombre : essayez de trouver le plus de sources d'inspiration possible. Imitez-les en toute chose et demandez-vous si c'est ainsi que vous souhaitez vivre. Vous sentez-vous bien ? Si oui, dites-leur que vous aimez ce nouveau modèle de vie. Et continuez de chanter jusqu'à ce que votre propre génie créatif et intuitif s'exprime à travers vous.

CAPSULE DE SAGESSE INTUITIVE :

Restez fidèle à votre clan.

SECRET N° 20

Tout comme nous faisons de la télépathie les uns avec les autres dans la dimension physique, nous communiquons aussi avec nos anges et nos guides dans une dimension supérieure. Nous sommes intimement liés à nos aides (ces guides qui nous accompagnent dans la dimension spirituelle), et ce en tout temps — nous n'avons qu'à ouvrir notre cœur pour recevoir leur soutien.

Laissez les forces angéliques vous guider au moyen de la prière. En plus de demander de l'aide générale, vous pouvez aussi obtenir le soutien d'anges spécifiques pour des projets particuliers. Par exemple, si vous êtes musicien ou si vous souhaitez vous lancer dans un projet musical, vous pouvez demander aux anges de la musique de vous aider. Si vous êtes écrivain, vous pouvez demander le soutien des anges de la communication. Vous êtes à la recherche d'une nouvelle maison ou vous rénovez celle que vous habitez ? Les « anges du foyer » peuvent vous aider. Il en est de même pour les anges du voyage, de la guérison, de la protection de la famille et des enfants, et pour tout autre sujet particulier. Il existe des anges pour répondre à chaque besoin et ils sont toujours heureux de répondre à l'appel.

Personnellement, je demande souvent l'aide de mes anges pour me soutenir dans mon rôle d'enseignante, de mère et d'épouse. Et je serai toujours reconnaissante envers mon ange cuisinier qui m'a secouru il y a quelques étés. Comme je l'ai déjà mentionné, mon mari adore cuisiner et il accorde beaucoup de temps et de soins à la préparation des repas, surtout lorsque nous avons des invités.

Ce jour-là, Patrick avait invité quelques bons amis à un barbecue. Il avait passé la journée à préparer un rôti de porc, puis, après l'avoir déposé sur le gril, il m'a demandé de le surveiller quelques minutes, le temps d'aller chercher notre fille, Sonia.

Je suis donc restée assise près du barbecue pendant environ cinq minutes quand le téléphone a sonné. C'était une très vieille amie avec qui je n'avais pas parlé depuis plus de six ans. Inutile de dire que j'avais complètement oublié le rôti jusqu'à ce que j'entende un cri d'horreur en provenance de la cour arrière. C'était Patrick qui criait : « Bon Dieu, de bon Dieu ! Le barbecue est en feu ! » J'ai immédiatement raccroché pour aller voir ce qui se passait : j'ai alors aperçu mon mari qui tenait dans sa main une immense fourchette au bout de laquelle le rôti flambait encore. (Selon toute évidence, la graisse accumulée s'était enflammée autour du rôti.)

Nos invités sont arrivés au moment même où Patrick éteignait les flammes. Furieux que je n'aie pas surveillé le rôti qu'il avait préparé avec tant d'amour et se sentant embarrassé de n'avoir plus rien à servir, Patrick m'a foudroyée du regard avant d'aller répondre à la porte. J'ai alors désespérément demandé l'aide de mes anges.

Patrick est revenu avec nos invités et a annoncé en fulminant : « Aussi bien vous le dire, Sonia n'a pas surveillé le rôti et il est maintenant brûlé. Nous n'avons plus rien à manger. »

« Attends, lui ai-je dit en priant ardemment. Qui sait, la viande est peut-être récupérable ? »

Patrick m'a alors répondu d'un ton sarcastique : « Tu n'y songes pas ? » Mais j'ai insisté pour qu'il tranche tout de même le rôti. À notre plus grand étonnement, la viande était à point. C'est sans doute le meilleur rôti que j'aie mangé de toute ma vie — même Charlie Trotter, le célèbre chef de Chicago, n'aurait pu faire mieux. Le repas s'est avéré un vif succès et j'ai remercié mes anges cuisiniers à maintes reprises pour avoir sauvé la situation.

Je crois que tout ce que vous entreprenez se déroulera beaucoup mieux, de manière beaucoup plus paisible et agréable, si vous demandez le soutien de vos anges. Après tout, ne sont-ils pas présents et prêts à vous aider dans n'importe quelle situation ? À ma connaissance, aucun ange n'a jamais laissé tomber un être humain. Et cela fait des années que je fais appel à eux. Par contre, votre clan spirituel ne doit pas nécessairement se limiter aux anges : les saints, les prophètes et les divinités sont également disponibles pour vous aider.

Si vous êtes catholique, vous êtes sûrement familier avec les différents saints et leur habileté à nous aider de l'au-delà. Mes préférés sont saint Joseph, le patron des charpentiers ; saint Antoine de Padoue, le patron des objets perdus ; sainte Thérèse, dite « la petite fleur », patronne de l'amour ; saint Christophe, le patron des voyageurs, saint Jude, le patron des causes désespérées, et, bien entendu, ma préférée d'entre tous, la Vierge Marie, la représentation féminine de Dieu, qui offre à tous tendresse et compassion.

Rien ne vous empêche de vous adresser à une divinité qui ne fait pas partie de votre religion, car les puissances supérieures ne font aucune distinction. Par exemple, Annette, mon amie américaine, prie quotidiennement Kali, la déesse hindoue, tandis que mon ami Steven, pourtant chrétien, adresse ses prières à Bouddha. Dan, mon ami juif, demande souvent à saint Antoine de l'aider à trouver de nouveaux contrats et il a été surpris des résultats. Un de mes amis catholiques demande le soutien de l'Aigle blanc, de la tradition amérindienne, tandis que je demande régulièrement à la déesse Gaïa, la Terre-Mère dans la mythologie grecque, de m'offrir son aide.

Pour demander l'aide d'une force spirituelle, vous n'avez qu'à vous concentrer avec tout votre cœur sur le sujet qui vous préoccupe et dire « à l'aide. » L'Univers vous donnera accès à tout ce qui le compose. Donc, si vous vous concentrez sur l'aide particulière dont vous avez besoin, votre demande sera transmise par télépathie et vous recevrez une réponse en retour. Ainsi, si vous invoquez l'aide spirituelle de divinités, ces forces supérieures bienveillantes vous répondront.

Certaines personnes craignent de vouer un culte à de fausses idoles s'ils demandent de l'aide aux anges, aux saints ou aux dieux et déesses. Ne vous inquiétez pas — c'est encore une fois votre ego qui parle. Il n'y a rien de mal à recourir à cette pratique. De fait, vous pouvez accéder à Dieu sous toutes ses formes et apparences, et de toutes les manières. Cependant, rien ne vous y oblige si l'idée de communiquer avec ces multiples formes d'aide attentionnée vous met mal à l'aise. Vous pouvez simplement demander à Dieu de faire intervenir l'un de ses assistants sans savoir lequel il vous enverra.

Vous pouvez aussi demander l'aide des personnes que vous avez connues ou dont vous avez entendu parler et qui sont maintenant dans l'au-delà. Les gens le font naturellement et de nombreuses cultures intègrent cet acte dans leur pratique religieuse quotidienne en invoquant la sagesse et le soutien de leurs ancêtres.

Comme leur esprit continue de vivre et peut encore entrer en contact avec nous, il semble logique qu'ils puissent nous aider. Vous pouvez aussi recourir à la télépathie pour demander l'aide des personnes qui, lorsqu'elles étaient sur terre, se sont distinguées dans un domaine particulier, comme les arts, la musique, la médecine et même le gouvernement.

Par exemple, j'ai deux grands amis musiciens qui demandent régulièrement à d'anciens compositeurs, comme Richard Rodgers, de les inspirer. J'ai aussi connu un jeune artiste qui ne parvenait pas à maîtriser certaines techniques de la peinture jusqu'à ce qu'il demande l'aide de Michel-Ange et de Raphaël. J'ignore s'ils lui ont répondu, mais je sais qu'il a cessé de se plaindre et a commencé à vraiment prendre du plaisir à peindre.

Je fais souvent des rêves dans lesquels je reçois les enseignements de trois de mes plus importants guides — trois évêques catholiques français du XIIIᵉ siècle dénommés De Leon, Lucerne et Maurice — qui m'ont révélé les doctrines secrètes de l'Église et la signification profonde du tarot. Ces cours de nuit m'ont aidée à recevoir par *channeling* certaines des informations les plus significatives que j'aie jamais reçues et constituent sans doute ma plus grande source de guidance intuitive dans mon travail de guérisseur de l'âme.

N'oubliez pas qu'il faut toujours faire preuve de bon sens quand vous demandez de l'aide de l'au-delà. Auriez-vous fait confiance à un certain individu avant son trépas ? Si c'est non, ne lui faites pas plus confiance maintenant. Certaines forces psychiques ne sont que des âmes errantes qui cherchent à s'infiltrer clandestinement dans votre vie si vous les laissez faire. C'est que, voyez-vous, nous n'atteignons pas automatiquement un niveau de conscience spirituelle élevé dès que nous mourrons. Que ce soit dans notre corps ou non, notre évolution se poursuit et, une fois morts, nous reprenons notre cheminement là où nous en étions dans la vie. Par exemple, le mari de mon élève Emily est décédé à cinquante-neuf ans, usé par l'alcool et le jeu. Peu de temps après sa mort, Emily a assisté à mon cours pour apprendre à faire son deuil. Au bout de quelques semaines seulement, elle a senti l'esprit de son mari communiquer avec elle, ce qui l'a grandement réconfortée, car il lui manquait terriblement malgré ses faiblesses. Peu de temps après, elle s'est mise à rêver qu'il lui conseillait de miser dans des jeux de hasard. Croyant qu'il essayait de se racheter pour ses erreurs passées, Emily s'est fiée à ses rêves et s'est risquée au jeu comme il le lui suggérait.

Elle a perdu plus de 3 000 $ en moins de trois mois.

Affolée et confuse, Emily est venue me voir. « Comment cela a-t-il pu m'arriver encore une fois ? Il m'a dit combien miser sur certains chevaux et j'ai perdu chaque fois. Qu'est-ce que je fais de mal ? », s'est-elle exclamée en pleurant.

« Rien, lui ai-je répondu. Mais il est aussi dépendant du jeu sans son corps physique et il se sert maintenant de toi. Tu dois cesser sur-le-champ de lui accorder crédit et de miser au jeu. »

Les personnes victimes d'une mort subite continuent souvent de flotter autour de nous durant un certain temps, surtout si elles étaient insensibles à leur âme ou à l'idée de s'envoler vers la lumière. Comme elles n'ont rien de mieux à faire, elles adorent partager leurs insignifiances si vous êtes prêts à les écouter. C'est le cas, notamment, des âmes qui ont été grandement ignorées sur la terre. Elles sont ravies que vous leur prêtiez attention, même si leurs interventions sont presque toujours inutiles, voire dangereuses. Donc, si vous avez l'impression qu'une âme cherche à communiquer avec vous sans vraiment contribuer, ordonnez-lui simplement de rejoindre la lumière et demandez à ses anges de venir la chercher, car elle s'est égarée de sa voie.

Beaucoup de novices qui ne suivent pas les étapes nécessaires pour être bien ancrés et faire preuve de discernement se retrouvent entourés d'esprits inférieurs qui retiennent leur attention et les prennent en otages avec leurs divagations infinies et insensées. Par exemple, j'ai déjà eu une voisine qui était contactée par un guide spirituel qui lui disait qu'elle était un être illuminé. Désolée, mais cela aurait dû lui mettre la puce à l'oreille et lui faire douter des compétences de cet esprit. Un bon guide ne vous flatte jamais et ne vous dit pas que vous êtes spécial — après tout, dans la dimension spirituelle, nous sommes tous égaux, mais à des niveaux d'éveil différents. Ma voisine a cru cette histoire insensée et s'est mise à agir comme si elle méritait une attention spéciale, allant même jusqu'à s'attendre à ce que les autres lui rendent hommage. Bien entendu, personne n'a adhéré à son petit jeu et toute sa famille et ses amis l'ont brusquement laissée tomber.

Confuse de constater que personne ne voulait se fier à ses vibrations, elle est venue me demander conseil. Je lui ai expliqué que la meilleure façon d'évaluer la fiabilité des vibrations est d'observer les résultats qu'elles donnent : quand elles proviennent d'une dimension supérieure, elles entraînent une amélioration et rapprochent les gens.

Comme ma voisine avait été sensible à la flatterie de son esprit égaré, elle a été rejetée et blâmée par ses proches, en plus de passer pour folle aux yeux de tous. Je lui ai ouvert les yeux en l'assurant que, même si elle était importante et aimable, elle n'avait rien de particulièrement exceptionnel. De plus, mes guides ont suggéré qu'au lieu de se donner des airs d'illuminée, elle aurait avantage à rendre service, par exemple en faisant du bénévolat dans une soupe populaire où elle pourrait faire rejaillir sa lumière intérieure sur les autres. Elle a accepté mon conseil et a troqué son turban contre un tablier pour aider son église dans la distribution de repas aux sans-abri.

Nous sommes tous des êtres spirituels égaux, interreliés à des niveaux de conscience différents. À notre niveau le plus profond, notre corps et notre esprit ne font qu'un, alors toute suggestion du contraire ne mérite aucunement qu'on s'y attarde et doit être ignorée. Les êtres désincarnés savent plaire à l'ego et, s'ils n'ont pas fait la transition entre la loi de l'ego et la loi spirituelle, ils continueront d'essayer d'entrer en contact avec vous, même de l'au-delà. Il est donc très important de faire preuve de discernement lorsque vous recevez des conseils — ne vous laissez pas distraire par ce que j'appelle la « poubelle psychique » ou les sornettes qui flattent et n'offrent aucune aide considérable. Un vrai guide est équilibré, sensible et ne vous dit jamais comment agir. Il vous fait simplement des suggestions encourageantes et vous laisse la liberté de faire vos propres choix et vos propres erreurs. Si le message que vous recevez vous fait peur, vous met mal à l'aise ou vous laisse entendre qu'il n'y a pas d'autres façons d'agir, changez immédiatement de canal dans votre tête, car il ne provient vraiment pas d'une Source supérieure — et il vous fait perdre votre temps. Dites simplement : « Rejoignez la lumière. Allez-vous-en. » Puis, n'y songez plus. (Vous pouvez aussi demander à l'Esprit universel de vous protéger des conseils des âmes égarées.)

En tant que personne intuitive et spirituelle, vous pouvez profiter du soutien de toute la hiérarchie des êtres de lumière, à partir des personnes décédées jusqu'à votre Créateur. Sachez profiter de cette capacité d'entrer en contact avec la Sagesse divine.

Quand vous vous sentez faible ou confus, demandez de l'aide, de l'inspiration et la direction à suivre, puis demeurez à l'écoute. L'Esprit universel est subtil, alors soyez attentif. Lorsque vous recevez un message, observez l'impression qu'il vous laisse : s'il provient de la Lumière divine, vous vous sentirez alors empli de lumière et d'énergie.

Exercice pratique pour éveiller votre sixième sens

Cette semaine, prenez conscience de l'aide que vous recevez de l'Esprit universel. Comprenez que vous disposez d'un groupe de soutien psychique prêt à vous aider en tout temps. Si vous vous sentez vulnérable, demandez à vos anges de vous protéger. Si vous réalisez un projet particulier, demandez aux anges spécialisés dans ce domaine de vous aider. Si vous souhaitez communiquer avec des mentors d'une autre époque, invitez-les à vous aider. Si une personne décédée vous manque, envoyez-lui votre amour et, si vous le désirez, demandez son soutien. Cependant, assurez-vous de ne demander à ces forces bienveillantes qu'une aide utile et affectueuse, empreinte d'amour et de lumière. Prenez soin de bien discerner la qualité des conseils que vous recevez et remerciez toujours vos Assistants divins pour leur aimable soutien.

CAPSULE DE SAGESSE INTUITIVE :

Appelez les troupes à la rescousse.

SECRET N° 21

J'ai vite appris que nos vibrations deviennent plus précises à mesure que nous évoluons sur le plan spirituel. Nos guides réussissent mieux à nous aider et nous découvrons que nous disposons de différents guides qui accomplissent différentes choses pour nous. J'ai déjà eu jusqu'à trente-trois guides à ma disposition, surtout lorsque je donne mes cours sur l'intuition. C'est bien entendu moi le professeur, mais ce sont mes guides spirituels qui donnent les enseignements.

Nous sommes tous entourés d'un groupe de guides particulièrement importants, en plus de ceux que j'ai déjà mentionnés dans ce livre : il s'agit de nos *enseignants spirituels*, dont la principale mission est de nous soutenir dans l'évolution de notre âme. Ils supervisent les leçons de notre âme ou le plan unique que chacun d'entre nous a choisi avant de se réincarner dans cette présente vie. Ces leçons reflètent les visées de notre âme et nous aident à nous concentrer sur nos faiblesses afin de les surmonter et d'être davantage en mesure d'offrir de l'amour. En d'autres termes, il s'agit de notre raison d'être dans la vie.

J'utilise donc mes dons médiumniques pour aider les gens à reconnaître et à comprendre le plan de leur âme. Je visualise les vies antérieures de mes clients afin d'observer l'évolution de leur âme d'une vie à l'autre, de la même manière que vous suivriez l'évolution d'un élève de la maternelle à l'université. Je peux voir quelle leçon a été assignée à mes clients et ce qu'ils doivent en tirer. Je peux également voir leurs côtés faibles et les leçons de l'âme auxquelles ils ne cessent d'échouer, ce qui est à l'origine de leurs souffrances.

Je vois tout cela avec l'aide de mes enseignants spirituels et de ceux de mes clients — ensemble, ils me montrent pour quelle raison mes clients sont sur terre et ce sur quoi ils doivent se concentrer pour évoluer, trouver la paix de l'esprit et donner un sens à leur vie. Mes enseignants sont très occupés et ne me laissent pas une minute de répit étant donné que le plan de *mon* âme est justement d'aider les autres à prendre conscience de l'Aide divine. Voilà pourquoi mes dons médiumniques me servent toujours de modèle lorsque j'enseigne.

Il est très important de communiquer avec vos enseignants spirituels parce qu'ils vous inciteront à examiner votre vie en toute honnêteté et à améliorer les éléments qui vous causent des ennuis. Ils vous transmettront également des messages importants pour vous aider à évoluer sur le plan spirituel. En effet, les enseignants spirituels sont reconnus pour apporter certains livres à votre attention ou vous faire regarder à la télévision ou écouter à la radio des émissions qui traitent justement de vos faiblesses. Ils vous mettront également en contact avec des personnes susceptibles de parfaire vos connaissances si vous êtes ouvert à leurs enseignements. En tant que professeur, je suis toujours surprise de voir combien les gens résistent à apprendre de nouvelles choses. Ils ne veulent pas savoir que leurs problèmes résultent peut-être de leurs mauvais choix et qu'ils pourraient les amoindrir ou les résoudre en acquérant de nouvelles connaissances ; ils préfèrent plutôt blâmer quelqu'un d'autre — même les mauvais esprits qui viennent des ténèbres. Et pourtant, l'idée même de vous réincarner dans un corps physique est de poursuivre votre évolution à l'école de la vie. Seule la mort met fin à cet apprentissage et encore, puisque vous devez ensuite commencer une nouvelle vie. Mais ce qui compte, maintenant, c'est votre vie présente et vous devez apprendre le plus de choses possible.

Sachez également que ces guides spirituels agissent de manière très subtile mais directe. Ils interviennent habituellement au cours de ces périodes où vous croyez avoir touché le fond et ils attirent votre attention en vous exposant à des informations pertinentes, comme des brochures, des annonces ou des invitations faites par des étrangers à assister à des séminaires ou à des ateliers. Ils peuvent aussi vous suggérer d'ouvrir la télévision ou la radio au moment même où un invité que vous devriez entendre est interviewé. L'une des manœuvres préférées de ces guides est de faire tomber un livre sur votre tête dans une librairie ou une bibliothèque. En voici un exemple : ma cliente Catherine souhaitait depuis des années en apprendre davantage sur son sixième sens, mais ne l'avait jamais fait.

« Un jour, je suis entrée dans une librairie, poussée par un urgent besoin de lire quelque chose de nouveau. Comme je ne cherchais rien en particulier, je fouinais dans la section des livres métapsychiques lorsque j'ai soudainement reçu un exemplaire du livre *The Psychic Pathway* sur la tête.

« J'ai été si surprise que j'ai éclaté de rire ! Après avoir lu ton livre, j'ai assisté à ton atelier, ce qui m'a ensuite incitée à suivre des cours de médecine énergétique. Je reçois présentement une formation pour devenir guérisseur Reiki et médium — en plus de découvrir que je possède un don de guérison, je n'ai jamais été aussi heureuse et comblée de ma vie. Quand les gens me demandent d'où m'est venue l'idée de choisir ce domaine, je leur réponds que ça m'est littéralement tombé dessus. »

Un enseignant spirituel se sert aussi de messagers, de gens qui nous recommandent d'apprendre une chose sans raison apparente, et ce même s'ils éprouvent un malaise à le faire. Par exemple, un de ces guides avait sans doute retenu l'aide de la personne qui faisait la file du supermarché derrière mon mari parce qu'elle lui a dit inopinément : « Vous êtes sûrement un peintre ou un poète. »

Il a éclaté de rire en répondant : « Non, mais j'aimerais bien. »

« Est-ce que vous peignez ? »

« Oui, mais pas très bien et pas très souvent. »

« Est-ce que vous écrivez des poèmes ? »

« À l'occasion, mais en amateur seulement. »

« Alors, vous *êtes* un peintre et un poète, lui a-t-elle fait remarqué. Vous avez simplement besoin de vous exercer plus souvent. »

Quand mon mari m'a rapporté leur conversation, je lui ai dit que son enseignant spirituel essayait de lui transmettre un message par l'entremise de cette femme : « Elle ignore sûrement ce qui lui a pris de te parler ainsi, et pourtant, c'est ce que je te dis depuis des années. J'imagine que tes guides ont cru qu'une personne étrangère aurait une plus grande influence. »

Message reçu. Il s'est remis à peindre dès le lendemain, à son plus grand bonheur.

Les enseignants spirituels de ma cliente Alice ont usé de la même stratégie avec elle. Ayant toujours eu des difficultés financières, Alice vivait tout le temps au bord de la crise. Elle n'avait jamais songé à examiner sa vie ou pensé que celle-ci pouvait être différente. Elle préférait aller de situation dramatique en situation dramatique.

Je lui ai dit qu'elle devait absolument apprendre à gérer son argent parce que, dans la plupart de ses vies antérieures, elle avait été servante ou esclave et n'en avait jamais posséder. Son karma était donc de faire de l'argent plutôt que de s'attendre à ce que les autres la fassent vivre. Je lui ai suggéré de trouver des professeurs pour l'aider à devenir responsable financièrement, mais cela ne l'intéressait pas. Elle croyait que marier un homme riche était la solution. Je lui ai répondu que, sans vouloir lui faire perdre ses illusions, mes guides m'indiquaient qu'elle ne devait surtout pas compter là-dessus.

« C'est donc pour cette raison que je ne fréquente aucun homme ? », a-t-elle demandé, en ayant soudainement une illumination.

« Oui, lui ai-je répliqué. Tu as bloqué cette possibilité dans ta présente vie pour pouvoir évoluer. Je suis désolée, mais je ne vois aucun riche protecteur pour toi dans le paysage. »

Même si la pilule est dure à avaler sur le moment, les gens se sentent toujours soulagés à un certain degré quand ils entendent la vérité et ce qu'ils doivent faire pour progresser. Alice est partie sans me demander de conseils sur la façon d'apprendre à gérer son argent, alors je ne lui en ai pas donnés. (J'ai appris il y a longtemps qu'en tant que médium, je ne devais jamais en faire plus pour une personne que ce qu'elle est elle-même prête à faire pour elle.)

Je me suis dit que c'était maintenant au tour des enseignants spirituels d'Alice d'agir. Et c'est ce qu'ils ont fait. Vous pouvez imaginer sa surprise lorsque, le lendemain midi, alors qu'elle se plaignait comme chaque jour de ses problèmes financiers, une collègue qu'elle connaissait à peine lui a lancé : « As-tu déjà entendu parler des Endettés anonymes ? »

Décontenancée et se rappelant ce que je lui avais dit la veille, elle a répliqué : « Non, qu'est-ce que c'est ? »

« Je ne suis pas vraiment certaine, mais je crois que c'est un programme gratuit qui enseigne aux gens à mieux gérer leur argent. »

Alice s'est sentie un peu bizarre jusqu'à ce qu'elle prenne conscience que ses guides lui donnaient là une occasion d'évoluer. Elle a donc demandé : « Comment pourrais-je obtenir leurs coordonnées ? »

« Je ne sais pas, lui a répondu sa collègue. Appelle au service de renseignements. »

À son retour à la maison, ce soir-là, Alice a entendu à la radio une entrevue avec un acteur célèbre qui racontait sa vie. Il parlait entre autres de sa dépendance au jeu et de la façon dont il s'en était débarrassé.

Même si elle détestait l'admettre, Alice avait elle aussi déjà parié de grosses sommes au jeu ; elle a donc écouté attentivement les propos de l'acteur. Il a expliqué qu'il avait repris sa vie en main en participant notamment aux rencontres des Endettés anonymes. Cela faisait donc trois fois en moins de vingt-quatre heures qu'Alice recevait le même message, ma lecture médiumnique comprise. De toute évidence, quelqu'un essayait de lui dire quelque chose.

« D'accord, j'abandonne, s'est-elle écrié à voix haute. J'ai besoin d'aide, je l'admets. » L'anxiété qui l'habitait depuis trois années a fait place à un profond sentiment de paix. Dès son retour à la maison, elle a appelé pour savoir où se trouvait le groupe d'Endettés anonymes de sa région. « Cela a été un moment charnière de ma vie, m'a-t-elle raconté plus tard. C'était la première fois qu'on m'enseignait vraiment à être responsable financièrement. Avec l'aide de ce groupe, j'ai cessé de dépenser comme une folle — sans que cela me coûte un sou ! Je suis vraiment reconnaissante envers mes guides de m'avoir donné le coup de pied dont j'avais besoin pour devenir financièrement sobre. Je refusais d'admettre mon problème. En fait, je l'ignorais complètement. »

Même les personnes intuitives doivent progresser au cours de cette vie — nous avons tous quelque chose à apprendre. Il faut éviter tout individu qui croit que, parce qu'il est médium, il n'a pas besoin d'évaluer sa vie et d'évoluer. Mener une vie intuitive signifie servir de canal médiumnique à l'Esprit universel et non pas jouer à celui qui sait tout. Nous sommes à des degrés d'évolution différents et plus nous sommes ambitieux, plus la courbe d'apprentissage est raide. J'ai pris l'habitude de toujours apprendre de nouvelles choses des gens qui sont plus forts, plus intelligents et plus doués que moi dans certains domaines. Il y a bon nombre d'années, cependant, je croyais que je devais savoir toutes sortes de choses sans qu'on me les apprenne parce que j'étais médium. Cela me mettait une pression énorme — et inutile — sur les épaules. Le jour où je me suis mise à écouter mes enseignants spirituels, j'ai découvert qu'ils voulaient que je sois une éternelle élève qui n'atteindrait probablement jamais le sommet de sa courbe d'apprentissage. J'ai été soulagée de savoir qu'il était important pour mes dons médiumniques d'être une élève. Ce n'était pas un signe d'échec. Plus j'en apprenais sur moi-même et sur ce qui me pousse à agir, plus mes lectures s'affinaient pour les autres.

Il y a plusieurs années, j'ai appelé mes guides à la rescousse à une période de ma vie où je me sentais déséquilibrée et écrasée sous le poids des responsabilités. En réponse, ils m'ont guidée vers une amie conseillère.

« Je sais que je dois apprendre quelque chose de nouveau pour me sentir mieux, mais j'ignore quoi, lui ai-je admis. Aurais-tu une petite idée ? »

« Je viens justement d'entendre parler d'un séminaire appelé ' Le processus Hoffman ', m'a-t-elle répondu en me tendant une brochure. C'est peut-être ce dont tu as besoin — pourquoi ne pas te renseigner ? »

J'ai ressenti un profond sentiment de bien-être au simple contact de la brochure. J'ai su dès ce moment que je devais y aller. Suivant mon instinct et les conseils de mes guides, je me suis libérée pour les dix prochains jours (un exploit !), j'ai bouclé mes valises et je suis partie quarante-huit heures après. Jamais je n'avais assisté à un cours aussi approfondi sur la guérison. Il m'a aidée à me débarrasser des débris émotionnels dus à mes comportements d'auto-sabotage que je répétais depuis des années, en plus de me permettre de perfectionner mes dons de *channeling* et de guérison. Cette formation, qui est arrivée dans ma vie par hasard et au moment opportun, m'a sauvé la vie. Je savais que mes enseignants spirituels m'avaient guidée vers cet enseignement pour ma croissance spirituelle.

JE SUIS SOUVENT AMUSÉE, quoique frustrée parfois, à voir les gens résister aux conseils de leurs enseignants spirituels, surtout quand ceux-ci leur seraient vraiment utiles. Par exemple, Alex, qui était un acteur très doué, ne faisait rien pour encourager ce talent. Il s'est plutôt contenté d'être consultant financier et de vendre des services auxquels il ne croyait pas. Cet homme ressentait donc un profond sentiment d'insatisfaction et d'agitation intérieure, ce qui n'a rien d'étonnant. Pas besoin d'être médium comme moi pour le deviner. J'ai essayé à plusieurs reprises de lui transmettre un message de ses guides qui lui recommandaient d'oser prendre des risques créatifs et de suivre un cours d'improvisation, mais il rejetait chaque fois ma proposition. « Je ne suis pas un acteur », me répondait-il, même si mon sixième sens me disait le contraire. En fait, il avait peur. Nous avons eu la même discussion durant trois ans sans aucun changement de sa part.

Un jour, Alex est venu me voir avec une pile de brochures d'une école de théâtre, le Chicago Center for the Performing Arts. Souriant, il a agité les documents sous mon nez en me demandant : « C'est toi qui me les as envoyés ? »

Après avoir jeté un coup d'œil dessus, je lui ai répondu : « Non, mais j'aimerais bien l'avoir fait, car c'est exactement là où tu dois aller. »

« Depuis deux semaines environ, je reçois chaque jour la même brochure. Je commence même à prendre cela pour du harcèlement.

Crois-tu que quelqu'un essaie de me transmettre un message ? »

« Sans blague, Alex. Je ne te le fais pas dire. Mais si on se fie aux cinq dernières lectures que je t'ai faites, qu'est-ce que tu en penses ? »

Il a compris le message et s'est inscrit ce jour-là à un cours de base en improvisation. La dernière fois que j'ai entendu parler de lui, il adorait acter et continuait de le faire. J'ignore s'il a obtenu des contrats professionnels, mais ce n'était pas le but — sa formation lui a surtout appris à s'exprimer avec authenticité.

Les enseignants spirituels sont inspirants, mais pour profiter de leurs messages, vous devez examiner honnêtement jusqu'à quel point vous êtes encore prêt à apprendre. Vous devez accepter de redevenir un élève. En fait, pour vivre de manière intuitive, vous devez avoir la volonté d'apprendre toute votre vie, car c'est ainsi que vous ouvrez la porte à vos guides pour qu'ils vous fassent chaque jour profiter d'occasions extraordinaires qui vous feront découvrir des nouvelles facettes de vous-même.

Fait intéressant à signaler, il y a toujours un enseignant spirituel qui surgit à chacune de mes lectures pour recommander un cours ou une formation susceptible de profiter grandement à l'évolution de l'âme de mon client. Et pourtant, malgré ces suggestions, beaucoup de gens rejettent ces conseils et refusent d'évoluer. Ils ont recours à des excuses comme « je vais me contenter de lire un livre là-dessus », « je n'aime pas me retrouver en groupe » ou « je n'ai pas le temps », même si cette formation pourrait leur procurer de nouveaux outils pour avancer dans la vie et en profiter davantage.

Je sais que je n'aurais jamais autant progressé dans ma vie pour exprimer ma créativité et acquérir une paix intérieure sans l'aide et le tendre soutien de mes enseignants spirituels et terrestres. Par exemple, mes professeurs Tully et Goodman m'ont souligné à maintes reprises de ne jamais tenir pour acquis que je connais entièrement un sujet ou une personne, y compris moi-même, et de toujours demeurer ouverte face aux nouvelles occasions d'apprendre. Quel bon conseil ! De même, mon mentor LuAnn Glatzmaier n'a jamais cessé de me rappeler que notre principale raison d'être sur cette planète est d'apprendre tout ce que nous pouvons sur nous-mêmes. Pour favoriser ma propre évolution spirituelle, je me suis fait un point d'honneur de toujours m'inscrire à un nouveau cours, au moins deux fois par année, et de m'entourer de professeurs, de mentors et de sources d'inspiration.

J'adore et j'adorerai toujours être une élève. En fait, l'une de mes citations préférées que je partage souvent avec mes élèves et mes clients qui résistent à apprendre provient du *I Ching* ou *Le livre des transformations* : « Une personne exclusivement autodidacte est passablement limitée. »

Est-ce que votre refus d'apprendre des autres vous limite dans la vie ? Est-ce que votre ego menacé a tendance à fermer votre esprit en croyant que vous savez tout ? Vous préparez déjà la voie à votre éveil intuitif par votre seule volonté d'apprendre. Et plus vous ouvrez votre cœur et votre esprit à vos enseignants spirituels, plus ils vous encourageront à suivre différents cours sur terre. Plus vous obtiendrez de l'aide pour devenir un être authentique, plus vous vivrez dans la paix, la joie et l'amour. La mission de vos enseignants spirituels et terrestres est de vous aider à découvrir votre moi authentique et à apprécier qui vous êtes vraiment.

En gardant toujours un cœur et un esprit de débutant, vous demeurez réceptif à l'aide provenant de toutes parts, autant de l'au-delà que sur terre. Voilà pourquoi vous devez à tout pris faire taire votre ego et redécouvrir le plaisir d'être un élève. Voyez cela comme une occasion de vous rendre la vie plus facile et non pas comme une contrainte. Entraînez-vous à dire : « Je ne sais pas, mais je veux bien apprendre. » Puis laissez vos enseignants spirituels vous guider là où vous pouvez justement parfaire vos connaissances.

Exercice pratique pour éveiller votre sixième sens

Cette semaine, prenez davantage conscience de vos enseignants spirituels. Ils sont tout près de vous — en fait, ils comptent parmi les premiers guides qui chercheront à communiquer avec vous et à attirer votre attention. Et pour mettre le pied à l'étrier, pourquoi ne pas vous inscrire à au moins un cours dans votre localité. Choisissez un sujet qui vous attire depuis longtemps mais auquel vous avez résisté ou que vous n'avez pas eu l'occasion d'étudier. Allez-y progressivement. Par exemple, inscrivez-vous à un séminaire ou à un atelier qui ne dure qu'une journée ou un week-end plutôt que de choisir un programme s'échelonnant sur un semestre ou une année. Si vous ne savez pas par où commencer, renseignez-vous auprès des collèges, des centres d'éveil spirituel et des écoles qui offrent des cours de perfectionnement aux adultes et demandez-leur de vous envoyer leurs brochures ou leurs programmes.

Demandez-vous aussi si vos enseignants spirituels ont déjà tenté d'entrer en communication avec vous. Est-ce qu'un livre vous est tombé sur la tête dernièrement ? Est-ce que quelqu'un dans votre entourage vous a invité à assister à une conférence ou à un cours, ou bien vous a parlé d'un groupe qui donne une formation dans un domaine qui vous intéresse particulièrement ? Si oui, acceptez-vous le fait que ce sont vos guides qui se servent de ces personnes comme messagers ? Parce qu'ils le font, vous savez ! Pour devenir un être intuitif, vous devez d'abord être attentif à la façon dont l'Esprit universel cherche à vous orienter en communiquant avec vous pour éveiller votre conscience. Et cet éveil constitue votre plus grande mission dans la vie.

Pour déterminer si vous voulez vraiment devenir un être intuitif, demandez-vous si vous êtes prêt à accepter l'aide que vos enseignants spirituels vous envoient déjà. Éprouvez-vous l'envie de trouver de nouveaux professeurs ? Êtes-vous ouvert à l'idée de lire des livres intéressants ou à assister à des conférences ? Êtes-vous prêt à suivre les suggestions de l'au-delà et à saisir l'occasion de faire des découvertes ?

Les personnes intuitives sont très honnêtes, alors il est temps que vous le soyez avec vous-même. Pouvez-vous admettre vos limites et accepter d'être un élève sans vous sentir diminué ou inférieur ? Si c'est le cas, vous êtes sur la bonne voie. Ne vous compliquez pas la vie pour autant — commencez par étudier un sujet qui vous procure du plaisir. Et considérez votre apprentissage continu comme une façon de vous faciliter la vie et non pas comme un fardeau. Le but d'apprendre n'est pas de combler vos lacunes, mais de vous aider à reprendre votre vie en main… d'où l'intérêt, au départ, de devenir plus intuitif.

CAPSULE DE SAGESSE INTUITIVE :

La vie est un apprentissage continu.

6e PARTIE

L'avantage d'être intuitif

6ᵉ PARTIE

L'avantage d'être intuitif

SECRET N° 22

ATTENDEZ-VOUS AU MEILLEUR

Qu'est-ce qui distingue le plus les personnes intuitives de celles qui ne se fient qu'à leurs cinq sens ? Ces dernières s'inquiètent toujours de ce que l'avenir leur réserve, tandis que les personnes intuitives savent que l'Univers ne les laissera jamais tomber. En d'autres termes, les personnes non intuitives suivent les règles de l'ego, tandis que les gens intuitifs suivent la loi spirituelle.

Je crois que le plus grand avantage d'être intuitif est de ne plus éprouver le besoin de tout prévoir dans la vie. Vouloir contrôler le monde est une tâche épuisante et franchement inutile. Les personnes qui agissent ainsi s'empêchent de plonger dans la vie et de vivre vraiment selon leurs désirs. Elles ont si peur de commettre une erreur ou de perdre le contrôle — ou de subir toute autre forme de supposés échecs de l'ego — qu'elles se privent de la vie qu'elles souhaiteraient avoir par-dessus tout.

Ma cliente Yvonne en est un bon exemple. Yvonne détestait son poste d'agente de voyages. Elle rêvait de travailler auprès des animaux, mais ne voyait pas comment elle pourrait se trouver un emploi dans ce domaine. Elle s'empêchait de réaliser son rêve par peur de manquer d'argent, de ne pas se trouver un bon emploi et de perdre ses avantages sociaux, entre autres choses. Elle a donc choisi d'ignorer son intuition et n'a même pas essayé d'envisager les différentes possibilités. Même mes encouragements n'ont pas su la convaincre.

Elle persistait à croire qu'elle ne trouverait jamais rien dans ce domaine qu'elle adorait — son ego l'empêchait tout simplement d'envisager de quitter son emploi ou d'en occuper un à temps partiel.

Prenons maintenant l'exemple de Karen, une autre de mes clientes, qui était également malheureuse au travail et éprouvait, elle aussi, une passion pour les animaux. Contrairement à Yvonne, Karen était prête à suivre son sixième sens et à se fier à ses intuitions même si elle ignorait où cela la mènerait. « Je sais que c'est la bonne décision, même si je n'ai pas encore d'emploi dans ce domaine. Est-ce que tu crois que tout va bien aller si je me fie à mes vibrations et si je fais simplement confiance à la vie ? »

Je n'avais aucun doute à ce sujet. Je savais que Karen réussirait parce que c'est ainsi que le veut la loi spirituelle. Personne ne l'a plus encouragée que moi et je lui ai fait comprendre que le plus tôt serait le mieux. Elle a vite entrepris d'offrir ses services pour garder et promener les chiens de quelques amis. Puis, un après-midi, ses guides lui ont soufflé à l'oreille « garderie pour chiens ». Elle a trouvé l'idée à la fois brillante et amusante, et a décidé dès ce moment d'en ouvrir une. Elle a donc placé des annonces dans les animaleries et les journaux locaux dans lesquels elle offrait aux propriétaires de chiens de promener, nourrir et jouer avec leurs animaux durant toute la journée.

En moins d'un mois, Karen comptait déjà dix clients riches (et certains célèbres) qui tenaient à envoyer leur chien à sa garderie. Elle n'a même pas eu le temps de faire imprimer des cartes professionnelles que son entreprise fonctionnait déjà à temps plein. Depuis, elle n'a pas cessé d'être prospère et de s'amuser avec les chiens. Contrairement à Yvonne, Karen s'attendait à recevoir l'appui de l'Univers et elle l'a obtenu. Elle se laisse maintenant porter par le courant de la vie en faisant exactement ce qu'elle a toujours voulu faire et en appréciant chaque minute qui passe. Karen est devenue riche et heureuse parce qu'elle s'est fiée à son âme et à son génie psychique. Yvonne, par contre, a perdu son emploi. La dernière fois que je lui ai parlé, je lui ai suggéré d'appeler Karen (qui sait, elle a peut-être besoin d'aide supplémentaire dans son entreprise).

La plupart des gens qui ne se fient qu'à leurs cinq sens disent non à leur cœur et à leur âme, alors que les personnes intuitives disent toujours oui à leur génie intérieur. Pour traverser dans le merveilleux monde du sixième sens, cessez d'écouter votre ego et commencez dès maintenant à n'attendre que le meilleur de la part de l'Univers. Vous pouvez compter sur son soutien quotidien. Comme un trapéziste qui s'envole dans les airs, vous devez abandonner les règles des cinq sens et saisir celles de l'Esprit universel. Pendant un bref moment, vous aurez l'impression d'être coupé du monde connu. Mais vous savez quoi ?

C'est à ce moment-là que vous prendrez votre envol. C'est seulement lorsque vous *refusez* de lâcher prise que vous vous écrasez au sol ou que vous restez suspendu dans les airs à ne rien faire.

Le fait de savoir que vous pouvez compter sur l'Univers vous met en état de réceptivité vibratoire, ce qui crée un vacuum d'énergie. Et selon la loi spirituelle, dès qu'un vide est créé, l'Univers s'empresse de le combler avec son équivalent vibratoire. En d'autres termes, la vie vous apporte ce que vous vous attendez à recevoir. Alors, si deux personnes roulent dans le centre-ville de Chicago un soir d'été et si l'une s'attend à trouver une place de stationnement et l'autre pas, elles ont toutes les deux raisons : la personne qui s'attend à recevoir de l'aide de l'au-delà trouvera une place, l'autre pas.

Lorsque vous vous attendez à recevoir du soutien de l'Univers, vous rehaussez instantanément votre vibration au niveau du sixième sens parce que vous vous rappelez ainsi qui vous êtes vraiment : un enfant de Dieu, à la fois précieux et irremplaçable, et non pas un simple accident de la nature. Vous occupez ainsi la place qui vous revient dans le jardin de la vie et ouvrez votre cœur aux bienfaits et au soutien qui vous sont offerts. Les personnes cyniques qui doutent de ce phénomène (comme le leur dicte leur ego) devraient essayer avant de se faire une idée. Les attentes agissent comme un aimant en attirant vers vous ce que vous demandez. Comme j'ai toujours espéré le meilleur, c'est ce que je ne cesse d'attirer. Certains appellent cela de la chance, alors que c'est en fait la Loi divine.

Les personnes qui ne se fient qu'à leurs cinq sens sont obsédées par les *comment* : « Comment vais-je réussir ? Comment vais-je rencontrer l'amour de ma vie ? Comment faire pour maintenir la flamme allumée dans mon couple ? Comment être certain d'une chose ? » Les personnes intuitives, par contre, ne se compliquent pas la vie ainsi — elles se concentrent plutôt sur ce qu'elles désirent et sur ce qu'elles peuvent faire pour l'obtenir. Elle laisse les *comment* de l'Univers entre les mains du Mystère divin.

En vingt-cinq ans de carrière à enseigner aux gens la façon de matérialiser leurs rêves (et trente-cinq ans à le faire moi-même), jamais personne n'a eu besoin de savoir *comment* procéder avant de poursuivre un rêve. Comme ma mère le disait souvent : « Si Dieu te donne une idée, il te donnera aussi le moyen de la réaliser. » Je sais que c'est vrai par expérience. L'Univers s'est toujours montré beaucoup plus créatif que moi lorsqu'il s'agissait de réaliser mes rêves. Je sais maintenant que la vie est vraiment une danse créative avec l'Esprit universel et qu'il est le chorégraphe de notre destinée.

Il est impossible de contrôler la magie de la vie : nous ne pouvons faire que notre part pour qu'elle se manifeste et laisser l'Univers faire son propre bout de chemin.

Les personnes qui ne se fient qu'à leurs cinq sens croient à tort que les personnes intuitives savent tout d'avance, alors que c'est rarement le cas. Mais nous n'avons pas besoin de tout savoir. Nous sommes conscients de ce qui ne fonctionne pas dans notre vie sur le moment et sommes confiants qu'en suivant notre sagesse intérieure, l'Univers prendra soin de nous comme il le fait pour toutes ses merveilleuses créations. Nous sommes cependant certains d'une chose : nous nous privons de beaucoup de joie et nous gâchons notre vie lorsque nous ignorons notre âme et nous accrochons à notre raison et à nos peurs. Nous savons aussi que si nous sommes prêts à faire notre part en suivant notre cœur, l'Univers nous montrera la voie du succès en nous faisant vivre un moment magique après l'autre.

Exercice pratique pour éveiller votre sixième sens

Cette semaine, attendez-vous au meilleur de la part de l'Univers. Laissez votre esprit et votre cœur s'ouvrir et demandez-vous combien de cadeaux merveilleux vous êtes prêt à recevoir. Ne laissez pas votre raison et vos émotions limiter la quantité de bonnes choses auxquelles vous croyez avoir droit et demandez du soutien à chaque heure du jour. En vous rendant au travail, attendez-vous à ce que le trajet se fasse sans encombres ; attendez-vous à trouver la meilleure place de stationnement ou le meilleur siège dans le train ou l'autobus ; attendez-vous à ce que votre patron, vos collègues et vos clients vous apprécient ; attendez-vous à ce que les gens vous sourient et vous saluent ; attendez-vous au bon déroulement de vos réunions et à un travail parfait. Si vous êtes célibataire et en quête d'amour, attendez-vous à rencontrer une personne fabuleuse qui est attirée par vous. Si vous êtes en couple, attendez-vous à ce que votre partenaire vous comble de ses attentions. Quand le téléphone sonne, attendez-vous à recevoir des bonnes nouvelles. En allant chercher le courrier, attendez-vous à trouver des surprises agréables, même des cadeaux. Face à un problème, attendez-vous à trouver des solutions simples et rapides. Et surtout, attendez-vous à recevoir continuellement de l'amour et du soutien, et ce, tous les jours de votre vie.

CAPSULE DE SAGESSE INTUITIVE :

Attendez-vous à des miracles.

SECRET N° 23

PRENEZ DU PLAISIR DANS L'AVENTURE

Les personnes qui ne se fient qu'à leurs cinq sens fonctionnent dans la vie avec le pied sur le frein (c'est-à-dire qu'elles agissent avec hésitation, circonspection et peur), tandis que les personnes intuitives ont le pied sur l'accélérateur (elles sont ouvertes, enthousiastes et aventureuses). Les personnes qui ne suivent que les règles de l'ego s'attardent sur ce qui ne va pas et s'attendent toujours au pire. Les personnes intuitives, elles, s'attendent à ce qu'il y a de meilleur dans la vie ; elles sont positives et ouvertes aux cadeaux et aux occasions que la vie leur offre. Mais par-dessus tout, les personnes non intuitives ont tendance à craindre les expériences de la vie, alors que les personnes intuitives n'en ont jamais assez.

Lorsque vous êtes passionné par la vie, vous modifiez votre vibration ; la résistance et la défensive font place à l'attraction et à la réceptivité. Quand vous aimez votre vie, la vie vous aime en retour — alors si vous y plongez avec joie et exubérance, la vie vous enveloppera de ses bienfaits. Et plus vous aimez votre vie en vous engageant à fond dans ce qui nourrit votre âme, plus vous semez de l'amour autour de vous et, ce faisant, soulagez les autres ainsi que vous-même.

Les passionnés de la vie possèdent beaucoup de charme et de charisme. Les gens sont attirés par leur vibration si apaisante et positive. Cependant, cette attitude face à la vie n'est ni facile, ni accidentelle. C'est beaucoup plus facile d'être cynique et négatif et de toujours se plaindre des misères de la vie. L'ego aime souffrir — et il aime le crier haut et fort. Les passionnés de la vie refusent cette condamnation à mort : ils choisissent intentionnellement d'apprécier et de profiter des cadeaux de la vie.

Ces personnes brillent autant dans une pièce que le sapin de Noël du Rockefeller Center de New York. Le Dalaï Lama est un de ces êtres passionnés, comme tant d'autres personnes sur la terre. C'est le cas de Ray, un homme qui travaille à mon centre d'entraînement. Sa vibration est enchanteresse : chaque son qui sort de sa bouche est un éclat de rire. Il est une source d'inspiration pour tous et ne cesse jamais de raconter des histoires drôles, d'offrir des suggestions et de mentionner aux gens combien il adore sa vie. Certains jours, quand je me sens vidée, en manque d'inspiration et sans la moindre envie de m'entraîner, je me rends tout de même au gymnase juste pour recevoir de l'énergie de Ray. Je lui ai même déjà dit que la vie l'avait bien nommé, puisqu'il est un véritable rayon de soleil (NDT : Ray signifie rayon en anglais).

J'ai aussi une autre amie, Wendy, qui voit le côté positif dans toutes les situations ; elle apprécie les petits plaisirs de la vie et garde toujours son cœur et sa porte ouverts à tous. J'ai l'impression d'être en vacances chaque fois que je suis avec elle — en sa présence, je ris et je m'amuse énormément. Nous parlons de ce que nous aimons dans la vie, que ce soit savourer des croissants dans un café parisien, patiner dehors le soir à la patinoire municipale, écouter des comédies italiennes, manger des mets indiens et marchander chez le brocanteur. Le simple fait d'échanger avec elle nourrit mon âme.

Pour apprécier vous aussi le plaisir d'être vivant, plongez votre tasse dans le courant de la vie et dégustez avec joie son nectar, au lieu de faire la fine bouche. La plupart des personnes qui ne se fient qu'à leurs cinq sens refusent de profiter de la vie tant que, comme me l'a dit une cliente qui s'en est fortement privé, « tout n'est pas parfait dans ma vie ». (Malheureusement, à force d'être rigide et de vouloir que tout soit parfait, elle a gâché cinquante années de sa vie — sans en avoir apprécié une seule minute.) Vous devez identifier ce qui nourrit votre âme, puis le lui donner sans délai — *n'attendez pas que tous vos problèmes soient résolus.* Faites-le en observant ce qui vous réchauffe le cœur, fait vibrer votre corde sensible, pique votre curiosité et stimule votre sens de l'émerveillement. Plongez dans la vie au lieu de la fuir — ne reportez pas à plus tard ce qui pourrait vous procurer du plaisir parce que vous devez d'abord vous occuper des choses sérieuses. Comme un vrai passionné de la vie m'a déjà dit : « Dès qu'un drame se produit, je vais danser. Je sais que je serai mieux en mesure de composer avec la situation une fois que j'aurai dansé. »

SAVEZ-VOUS CE QUI NOURRIT VOTRE ÂME et vous passionne dans la vie ? Êtes-vous conscient de ce qui vous procure du bonheur, de la joie et de la satisfaction, de ce qui vous nourrit spirituellement ?

Qu'est-ce qui vous confirme que la vie est bonne et vaut la peine d'être vécue ? Vous ne le découvrirez jamais si vous attendez que le tourbillon de la vie cesse de vous étourdir suffisamment longtemps pour pouvoir réfléchir. Vous devez plonger dans la mêlée pour trouver ce que votre âme désire et affectionne. Accordez-vous ces moments *dès maintenant* et non pas seulement après avoir respecté tous vos engagements et assumé toutes vos responsabilités.

Voici un exemple tiré de ma propre vie. L'automne passé, il a fait particulièrement chaud à Chicago durant le mois de novembre. Les feuilles dans les arbres brillaient de tous leurs éclats rouges, orange et jaunes, tandis que le parfum d'automne embaumait l'air. Patrick et moi avions décidé d'aller chaque après-midi faire une promenade d'une heure à pied ou à vélo, sur les rives du lac situé tout près de notre maison. Même s'il était difficile de trouver un trou dans notre horaire plus que chargé, la satisfaction que nous procuraient nos excursions était si grande que cela valait le dérangement. Cette danse quotidienne avec la beauté automnale emplissait non seulement nos corps de joie et de contentement, mais elle créait aussi une vibration entre nous, ce qui nous donnait l'impression d'être de nouveaux de jeunes amants. Comme si cela n'était pas déjà merveilleux, la vie nous a apporté un autre cadeau au travail : Patrick et moi avons reçu de nombreux appels de gens qui nous invitaient à participer à de nouvelles aventures. On aurait dit que plus nous avions du plaisir dans la vie, plus le monde voulait s'amuser avec nous. Nous allions à l'extérieur pour nourrir notre âme et, en retour, la vie nous nourrissait de ses bienfaits. C'est ainsi que l'Univers fonctionne, même si c'est un des secrets les mieux gardés.

Même si votre ego risque d'en être effrayé, plus vous vous amuserez dans la vie, plus vous élèverez votre vibration et attirerez des choses agréables. Je recommande particulièrement aux personnes qui se sentent abandonnées ou mal aimées d'oser mordre dans la vie. Si vous souffrez de solitude, cessez de tourner le dos à la vie et plongez — amusez-vous et n'allez surtout pas croire que personne ne veut jouer avec vous. Peu importe ce que vous croyez désirer dans la vie, l'amour est votre principale quête. Alors au lieu d'attendre qu'il vous trouve, tendez la main et ouvrez votre cœur à l'amour dès maintenant.

Ce qui m'a le plus frappée au cours de mes années de pratique en tant que médium et guérisseur, c'est le nombre infini de personnes souffrant d'une forme d'anorexie psychique — c'est-à-dire qu'elles privent leur âme des joies et plaisirs de la vie, sans même jamais songer à ce qui pourrait la nourrir. Les personnes intuitives et spirituelles savent qu'il est aussi important de nourrir leur âme que leur corps, et ce, pour leur plus grand bien-être. Les privations de l'âme rendent les gens amers, colériques et rancuniers en plus de créer une vibration toxique qui a un effet répulsif sur leur entourage, ce qui explique leur isolement et leur solitude.

La plupart d'entre nous nourrissons mal notre âme sans même nous en rendre compte : quand nous engouffrons de mauvais aliments ; quand nous participons chaque jour à cette course contre la montre, uniquement concentrés sur l'avenir et sans jamais prendre le temps d'apprécier le parfum des fleurs ni les chauds rayons du soleil ; quand nous oublions d'aller marcher dehors, de regarder les étoiles, d'avoir une conversation agréable avec un ami ou de nous asseoir près du feu avec un bon livre ; quand nous regardons trop de bulletins de nouvelles ou écoutons trop d'histoires d'horreur ; quand nous nous privons d'aller faire du vélo, de prendre un bain moussant ou de jouer avec le chien ; et quand nous cessons d'aimer, d'avoir du plaisir et de profiter des petites choses de la vie. Au contraire, nous devrions plutôt savourer ces merveilleux moments.

Voilà un concept que comprend très bien Julia Cameron lorsqu'elle nous recommande de nous accorder chaque semaine un *rendez-vous avec l'artiste en soi*, c'est-à-dire une période réservée à une activité qui nourrit notre âme. En voici des exemples : aller fouiner chez les brocanteurs, patiner dans le parc, regarder un film étranger avec un gros bol de maïs soufflé ou aller faire un saut dans une galerie d'art ou un musée. Comme une source qui se tarit, l'âme se vide rapidement de son énergie et a besoin d'être régulièrement ravitaillée. En vous accordant du bon temps, vous ajoutez du piquant dans votre vie ou, comme le dit mon amie Annette, de la « poudre de fée ». Cela rend le quotidien plus radieux et attire les miracles et la magie dans votre vie.

Êtes-vous prêt à vous éclater dans le jardin de la vie ? À nourrir votre esprit ? Êtes-vous capable de soigner votre anorexie psychique et de ravitailler chaque jour votre âme ? Désirez-vous savourer les plaisirs de la vie et partager cette joie avec les autres ? Si oui, vous obtiendrez de la vie tout ce que vous désirez et même plus encore. Pour vivre de manière intuitive, vous devez d'abord commencer par nourrir librement votre âme ou décider de faire ce qui vous rend heureux de manière à pouvoir partager votre enthousiasme aux autres.

Si vous sentez que votre vie s'enlise, changez de canal psychique et concentrez-vous sur ce qui nourrit votre âme, puis accordez-vous ces plaisirs que la vie vous offre : un bon disque, un café odorant, le chant des oiseaux, la caresse du vent, une promenade dans le quartier, un bon livre. *Vous seul* savez ce qui nourrit votre esprit et, lorsque vous en profitez, vous rayonnez d'une lumière qui rejaillit sur les autres. Les *passionnés* de la vie sont de véritables *guérisseurs* car ils *croient* en la vie.

Exercice pratique pour éveiller votre sixième sens

Cette semaine, nourrissez votre âme. Examinez ce qui vous rend heureux et vous procure une grande satisfaction. Après avoir identifié ce qui apporte de la joie dans votre vie, essayez de vous accorder chaque jour ce plaisir. Plus vous nourrissez votre esprit, plus votre énergie devient attrayante aux yeux des autres et vous attire tout ce dont vous avez besoin. Cessez d'être trop responsable et accordez-vous des moments agréables, apaisants pour votre âme. Voyez comment la vie s'illumine quand vous nourrissez votre âme et comment les gens agissent différemment envers vous.

Comme dans la chanson de *La mélodie du bonheur*, nommez vos choses préférées. Vous modifierez ainsi votre vibration et vous sentirez plus léger. Tout le monde aime les gens passionnés, alors, cette semaine, je vous encourage à devenir un passionné de la vie — prenez part au banquet, festoyez et *savourez votre vie* !

CAPSULE DE SAGESSE INTUITIVE :

Nourrissez votre âme.

SECRET Nº 24

SACHEZ QU'IL Y A
TOUJOURS UNE SOLUTION

Les personnes intuitives se distinguent des personnes qui ne se fient qu'à leurs cinq sens par leur vision du monde. En effet, les gens aveuglés par leur ego ne regardent la vie qu'en surface et y voient des obstacles, alors que les personnes intuitives, guidées par leur âme, contemplent la vie dans toute sa splendeur et n'y voient que des occasions de grandir.

Prenez Mary, par exemple, qui était agente de bord pour une importante compagnie aérienne. Depuis la déréglementation aux États-Unis en 1979, on lui répétait sans cesse que son entreprise allait disparaître et qu'elle risquait de perdre son emploi d'une journée à l'autre. Pendant plus de *onze ans*, elle s'est fait du mauvais sang, s'est tracassée et s'est imaginée sans emploi et dans la déchéance, à un point tel qu'elle était convaincue qu'elle finirait dans la rue. Mary s'est rendue malade d'inquiétude, et ce, même si la compagnie continuait d'effectuer des vols et qu'elle n'a jamais manqué une journée de travail, ni un chèque de paye. Elle a passé toutes ces années à souffrir, pour finalement assister à la fusion d'une autre compagnie avec la sienne. Son emploi était désormais stable et elle a même eu droit à une augmentation de salaire. Toute cette anxiété s'est donc avérée inutile, en plus de lui avoir ruiné la santé.

Neil, le collègue intuitif de Mary, a réagi différemment face à cette instabilité. Ne voulant pas confier sa destinée entre les mains des autres, il a renversé la situation en une occasion d'utiliser ses journées de congé pour apprendre les techniques de rembourrage. Neil a donc passé les onze années suivantes à rembourrer, entre deux vols, des meubles dans son petit studio.

À force de se perfectionner, il a acquis une excellente réputation qui lui a permis de trouver de nombreux clients. Au moment de la fusion entre les deux compagnies, Neil a pu obtenir un poste à temps partiel. Il conservait ainsi ses avantages pour voyager, tout en continuant de monter sa propre entreprise. Aujourd'hui, sa créativité et son talent lui permettent d'être à l'aise financièrement, en plus d'être son propre patron.

La raison pour laquelle je connais bien cet agent de bord intuitif est que c'est mon frère. Même si Mary et lui étaient au départ dans le même bateau (façon de parler !), Mary ne voyait que des problèmes, alors que Neil voyait des solutions. Durant notre enfance, notre mère insistait toujours pour dire que chaque problème a sa solution et que nous n'avions qu'à nous fier à notre sixième sens pour la trouver, comme si c'était un jeu. Elle disait souvent que trouver des solutions était son sport préféré dans la vie. Neil a simplement mis cette leçon en pratique.

Un être intuitif a le don de se servir de sa créativité pour transformer en or la matière première que la vie lui apporte. Mes professeurs m'ont enseigné que tout obstacle auquel la vie nous confronte est en fait une façon pour l'Univers de nous rediriger vers ce que notre cœur désire vraiment.

Mon client Matt, par exemple, particulièrement bien ancré dans ses cinq sens, croyait que la vie s'acharnait sur lui. Au moment du krach boursier en 1987, il a perdu 200 000 $ dans un fonds de retraite qu'il avait mis plus de vingt-cinq ans à accumuler. Il en a presque fait une crise cardiaque. « Comment mon courtier a-t-il pu me faire ça ? » Matt ne cessait de gémir sur son sort. Tout le pays (et même le monde) pouvait bien avoir subi le même choc financier — il se sentait personnellement accablé.

Matt était incapable de voir ce que sa femme intuitive savait : ils vivaient au-dessus de leurs moyens. Ils devaient réduire leurs dépenses, ce à quoi Matt avait toujours résisté. Le couple a donc dû vendre sa maison de Los Angeles pour aller vivre dans une habitation plus modeste, dans une petite ville. La vie y était moins chère, plus simple et beaucoup moins stressante. Matt et sa femme y étaient plus heureux et leurs soucis financiers se sont grandement allégés. Pendant ce temps, le marché boursier a remonté et, en moins de deux ans, leur situation financière était redevenue meilleure que jamais.

Leur qualité de vie s'était aussi grandement améliorée. Mais Matt n'est toujours pas conscient du cadeau qu'il a reçu. Encore aujourd'hui, il continue de se plaindre de l'argent qu'il a perdu en 1987.

Les personnes intuitives voient dans les changements de plan ou les contretemps inattendus une occasion d'évoluer, même quand c'est douloureux. Kathy, une consultante financière de New York, insatisfaite dans la vie, devait se rendre à un rendez-vous au World Trade Center, le 11 septembre 2001. Voyant qu'elle était en avance, elle s'est arrêtée boire un café en face de l'édifice. Elle a donc évité les attentats terroristes de quelques minutes. Inutile de dire combien elle s'est sentie dévastée et déprimée par la suite, mais ce sentiment lui a éventuellement donné de l'inspiration et de la créativité comme jamais auparavant.

Avant cette tragédie, Kathy était très solitaire et trouvait peu de sens à sa vie. Elle consacrait la majeure partie de son temps à aider des gens riches à s'enrichir davantage. Mais depuis cette journée tragique, elle croit au plus profond d'elle-même que c'est grâce à Dieu si elle est encore en vie. Depuis, elle met ses talents au service des organismes sans but lucratif qui luttent contre la rage, le racisme et la violence en les aidant à amasser des fonds. Alors que beaucoup de ses amis non intuitifs essaient encore de se remettre des événements, elle ne s'est jamais sentie aussi interpellée et déterminée à faire une différence dans le monde. Le désastre lui a permis de ne plus voir la vie uniquement en fonction de ses cinq sens et d'ouvrir son cœur et son esprit à une vie spirituelle et intuitive.

Sur un plan plus personnel, Karen et John sont également passés à une dimension supérieure et intuitive après la perte tragique de leur fillette de trois ans, Haley, morte d'un cancer. Avant son décès, Karen et John ne vivaient que dans le seul but d'assouvir leurs cinq sens ; ils menaient une vie superficielle et matérialiste. Ils adoraient Haley, mais se détestaient mutuellement. La maladie de Haley a chambardé leur vie au point d'éveiller le sixième sens de Karen jusque-là endormi. Elle savait au fond d'elle-même que Haley ne survivrait pas, même si les médecins faisaient tout pour la maintenir en vie. Karen a donc profité du peu de temps qui leur restait pour ouvrir son cœur et démontrer tout son amour à sa fille. Ses priorités superficielles ont fait place à de l'amour inconditionnel et, malgré la peine qui l'affligeait, elle a su voir un côté positif dans la mort de sa fille.

Pour la première fois de sa vie, Karen vivait en écoutant son cœur.

John a eu plus de difficulté, car il se sentait blessé, trahi, furieux et secrètement responsable de la mort de sa fille. Écrasé par un sentiment d'impuissance, il a tout fait pour repousser Karen — jusqu'à ce qu'elle demande le divorce. Sous le choc, John s'est alors rendu compte combien il s'était montré contrôlant, colérique et égoïste. Comme il craignait aussi de perdre Karen, c'est sans grand enthousiasme qu'il a entrepris d'ouvrir son cœur. Résultat, la vie du couple s'est complètement transformée : ils ont abandonné leur carrière, ont vendu leur maison pour déménager dans une autre ville, puis ont entrepris une thérapie de couple. En plus de sauver leur mariage, John a compris l'importance de donner un sens à sa vie. « Ce que je retiens de positif dans la mort de Haley, c'est que j'ai réappris à vivre. »

Votre boussole intérieure vous aide à naviguer gracieusement à travers les obstacles de la vie. Vous ne pourrez jamais éliminer les défis, car ce sont eux qui vous font évoluer spirituellement. Votre sixième sens, par contre, vous fait prendre conscience de ce qui est important. Il vous éclaire et vous donne une énergie créative et psychique pour demeurer fidèle à l'évolution de votre âme et reconnaître que les défis servent secrètement à vous apprendre à aimer de manière inconditionnelle.

Les personnes non intuitives reconnaissent rarement que la Sagesse divine agit toujours dans leur intérêt. J'ai un jour reçu l'appel d'une cliente qui était affolée parce qu'une tempête de neige avait entraîné la fermeture des routes menant à l'aéroport, ce qui obligeait sa famille et elle à rester confiner dans une station de ski. Frustrée de voir son emploi du temps chambardé, alors que la vie suivait son cours ailleurs, ma cliente avait oublié que, normalement, son mari, ses enfants d'âge collégial et elle avaient peu d'occasions de passer du temps ensemble du fait qu'ils habitaient aux quatre coins du pays. Ne voyant pas le cadeau que la vie lui offrait, elle n'a pas su profiter de ces deux journées supplémentaires en famille.

Il faut cependant préciser qu'une vie basée sur le sixième sens n'implique pas seulement le fait d'être optimiste ou d'avoir une bonne attitude. Cela suppose aussi que vous avez confiance que la vie se déroule comme elle se doit et qu'elle cherche toujours à vous ramener sur la voie qui vous est destinée.

Le but n'est pas de toujours regarder le bon côté des choses, mais plutôt de reconnaître que les obstacles auxquels nous sommes confrontés ou les changements qui surviennent dans notre vie constituent en fait le moyen utilisé par l'Univers pour nous pousser à évoluer (même si c'est parfois insoutenable). Sans ces embûches, nous risquerions même de passer à côté de la vie. Les personnes non intuitives considèrent les défis comme des feux rouges et des obstacles, tandis que les personnes intuitives les voient comme des feux verts et des moyens d'évoluer sur le plan personnel.

Ma mère, l'une de mes personnes intuitives préférées, m'a enseigné que la vie ne nous empêche jamais d'agir — elle nous donne simplement une raison de trouver une meilleure solution. Nous, les êtres intuitifs, adorons faire preuve de créativité parce que nous savons que nous pouvons compter sur le soutien et l'aide de l'Univers. Quand je songe aux hommes que j'aurais pu épouser, aux choix de carrière que j'aurais pu faire ou aux engagements et idées que j'aurais pu avoir sans l'intervention de l'Univers, je suis profondément reconnaissante d'avoir été remise sur le droit chemin — et de savoir au fond de mon cœur que, malgré les obstacles et les déceptions, j'ai toujours été guidée pour devenir le meilleur de moi-même.

Exercice pratique pour éveiller votre sixième sens

Cette semaine, considérez chaque inconvénient, déception, défi et inquiétude comme une invitation à éveiller votre conscience. Saisissez cette occasion et demandez à votre Moi Supérieur de vous guider vers tout le bien qu'il vous réserve.

Examinez minutieusement vos problèmes passés et dressez la liste des éléments positifs que vous pouvez en tirer. Quand avez-vous eu l'inspiration d'essayer de nouvelles solutions ? Quand avez-vous évité de commettre une erreur ? De quelle façon avez-vous pris conscience qu'un défi était en fait un cadeau de la vie ? Que ce soit un embouteillage, un rendez-vous manqué, une rencontre amoureuse annulée, un client qui vous rejette ou même une maladie ou la mort, tous ces contretemps représentent en fait de nouvelles directions, de nouvelles occasions, de nouvelles leçons et de nouvelles solutions. Sauriez-vous les reconnaître ? Le souhaitez-vous ? Êtes-vous prêt à cesser de jouer à la victime et à commencer à créer votre vie ?

Cessez d'aller à contre-courant — lâchez prise et apprenez à vous laisser porter par la vie. Et sachez qu'il y a toujours une solution à chaque problème. Il ne vous reste plus qu'à la trouver.

CAPSULE DE SAGESSE INTUITIVE :

Il y a toujours une lumière au bout du tunnel.

7e PARTIE

Empruntez la voie supérieure

SECRET N° 25

À cette étape-ci, il devrait être évident pour vous qu'une vie basée sur l'ego et les cinq sens mène tout droit à un cul-de-sac. Même si votre ego croit vous protéger en s'interposant, il ne le fait pas. Pour être vraiment libre, vous devez faire taire votre ego qui, à ce moment-ci, doit déjà être dans tous ses états.

Alors, sortez les gros canons — il est temps maintenant de faire place au monde de l'intuition et de vous laisser guider par la loi spirituelle. Sinon, votre ego continuera de vous faire tourner en rond, prisonnier de ce que j'appelle le syndrome du « oui, mais… » : « Oui, mais… et si je commets une erreur ? Oui, mais… et si mes sentiments me trompent ? Oui, mais… et si les gens me prennent pour un imbécile parce que je me fie à mon sixième sens ? » Oui, mais… si vous continuez de penser ainsi, vous ne serez jamais capable de vous fier à votre âme, alors que vous avez fait tant d'efforts pour vous connecter à cette dernière.

L'une de mes stratégies préférées pour surmonter les obstacles qui m'empêchent d'être à l'écoute de mon sixième sens est de faire appel à mon subconscient, qui suit la loi spirituelle, de manière à ce qu'il intervienne librement. C'est étonnamment simple : j'oblige mon subconscient à rejeter toute croyance provenant de mon ego. En d'autres termes, plutôt que de déconstruire toute fausse notion, tout sentiment erroné ou tout comportement restrictif provoqué par mon ego, je fais en sorte que mon subconscient refuse simplement de tenir compte de ces obstacles.

Un jour, lors d'une dispute particulièrement enflammée avec Patrick, mon époux, je suis sortie de la pièce dans un mouvement de colère avec l'intention de dire : « Cesse immédiatement, sinon je te quitte. » Au lieu de cela, je lui ai lancé : « J'aimerais que tu cesses. Et je t'aime. » Nous sommes tous les deux restés si surpris que cela a immédiatement mis fin à notre querelle.

Vous vous faciliterez énormément la vie en entraînant votre subconscient à ne pas tenir compte de la résistance de votre ego — surtout si votre ego vous oblige à tirer des conclusions hâtives, à faire des erreurs de jugement, à ignorer votre intuition ou à adopter toute autre forme de sabotage — parce qu'il vous maintiendra malgré vous sur la bonne voie. En outrepassant les croyances de votre ego qui vous privent de votre sixième sens, vous détournez également tout comportement d'auto-sabotage. Cela peut donner des résultats étonnants, parfois même amusants. Lorsque vous invitez votre Moi Supérieur à prendre en main les rênes de votre vie, il le fait, et ce, même si votre ego a d'autres idées en tête. En programmant votre subconscient à écouter et à ne réagir qu'en fonction de votre Moi Supérieur, vous demeurez fidèle à vos vibrations — et à ce que vous désirez vraiment dans la vie —, souvent de manière hilarante. Vous vous abandonnez ainsi complètement à la Volonté divine, en cessant de vous mettre des bâtons dans les roues et en laissant la sagesse de Dieu l'emporter.

Voilà ce que j'avais en tête lorsque j'ai suggéré à ma cliente Roseanne d'inviter son subconscient à n'écouter que son Moi Supérieur. L'ego de Roseanne lui gâchait souvent la vie. Son plus récent dilemme concernait un homme qu'elle fréquentait. « Je ne sais pas si je dois continuer de le voir, m'a-t-elle raconté. Il est rédacteur pigiste et cela me fait peur, car ça signifie qu'il n'aura jamais un revenu stable. Il a été fiancé à deux reprises et a rompu les deux fois, ce qui signifie qu'il n'a pas vraiment envie de s'engager. Il s'habille mal et ça m'embarrasse. Je ne sais plus quoi faire. Je l'aime bien, mais il y a tant de choses chez lui qui ne me conviennent pas. »

Au lieu de minimiser ses craintes perpétuelles, qui devaient ravir son ego, j'ai fait prendre conscience à Roseanne que c'était justement son ego qui essayait de saboter sa vie. Je lui ai donc suggéré de surmonter cette interférence en se connectant directement à son Moi Supérieur pour qu'il la guide. Tout autre conseil aurait été inutile parce que son ego n'aurait fait que l'entraîner dans une plus grande confusion (ce qui était son *modus operandi* pour la maintenir dans son incertitude).

Voilà pourquoi il était inutile de s'attaquer à ses inquiétudes : elle devait plutôt apprendre à mettre en sourdine les idées puériles suggérées par son ego afin de mieux être à l'écoute de son sixième sens sans dépendre du mien pour trouver la bonne solution.

Après avoir entendu ma suggestion, Roseanne m'a demandé, les yeux écarquillés : « Tu veux dire que *je* peux faire ça toute seule, sans ton aide ? »

« Effectivement. »

« Et je peux me fier au message que je reçois ? Tu sais bien que je n'ai confiance en rien. »

« Oui. »

« D'accord. Comment je procède ? »

« Tu n'as qu'à dire : ' Je demande à mon subconscient de n'écouter que mon Moi Supérieur malgré tout ce que ma raison lui dira '. »

« C'est tout ? »

« C'est tout. »

J'ai conseillé à Roseanne de répéter sans cesse cette petite phrase durant les prochaines semaines, surtout lorsqu'elle sombrerait de nouveau dans l'inquiétude ou dans ses interminables tergiversations. Je lui ai dit de la répéter au lieu d'appeler ses amis lorsqu'elle se rongeait les sangs à se demander comment agir. Malgré son scepticisme, je lui ai garanti que cette méthode prodigieuse lui fournirait les réponses à ses questions. Elle a donc décidé de suivre ma suggestion. Au début, elle n'a constaté aucun changement dans sa vie. Puis, un soir que Roseanne et son amoureux se demandaient quoi faire mais sans parvenir, comme d'habitude, à s'entendre sur une activité, celui-ci a finalement lancé de guerre lasse : « Dis-moi simplement ce que tu souhaites faire par-dessus tout. Je me plie à tes désirs. »

Elle a commencé par répondre « j'aimerais bien aller au cinéma », pour ensuite s'entendre dire « j'aimerais juste qu'on se marie pour que je puisse enfin cesser de me demander si oui ou non tu es l'homme idéal ».

N'en croyant pas ses oreilles, il lui a demandé : « Mais qu'est-ce que tu dis ? »

Le Moi Supérieur de Roseanne venait de s'exprimer. Elle a donc poursuivi en admettant : « Je sais au fond de mon cœur que tu es l'homme qui me convient et je ne veux pas laisser mes craintes tout gâcher comme je le fais habituellement. »

Il a hésité une seconde, encore abasourdi par sa déclaration inattendue, puis a dit : « Alors, marions-nous ! »

Et c'est ce qu'ils ont fait illico presto. Jamais Roseanne n'avait agi aussi spontanément de sa vie et encore moins écouté son cœur et son intuition tant elle était esclave de son ego. Et pourtant, à ce moment précis, elle s'est sentie soulagée d'entendre sa propre vérité. C'est en acceptant de suivre d'autres règles et de reprendre contact avec son Moi Supérieur qu'elle s'est libérée. Même si son ego fait encore des siennes, il ne peut plus l'empêcher d'être à l'écoute de ses vibrations. Roseanne doit encore continuer d'apprendre à faire confiance à la loi spirituelle, mais elle n'obéit plus à son ego. (Je suis heureuse de rapporter que, six ans plus tard, Roseanne et son époux forment toujours un couple uni et attendent leur premier enfant.)

Demander à votre subconscient de ne pas tenir compte de votre ego n'est pas un exercice aussi étrange que cela puisse paraître. Vous le faites chaque fois que vous vous concentrez sur une chose ou que vous vous répétez toujours la même phrase durant quelques jours. C'est ce qu'on appelle « créer une habitude ». Cette habitude s'imprègne dans votre subconscient et le comportement commence à se manifester de lui-même.

À sa naissance, le nouveau-né est incapable de prendre soin de lui-même. Et pourtant, il lui faut seulement cinq ou sept jours pour apprendre à repérer et à sucer ses doigts ou son pouce pour s'apaiser — il a vite programmé son subconscient pour créer une habitude réconfortante. Chez l'adulte, il faut à peu près la même quantité de temps pour créer *n'importe quelle* habitude. Alors si vous passez sept jours à programmer votre subconscient, il saura vite empêcher votre ego d'entraver votre sixième sens et vous aidera à vous fier à vos vibrations.

En voici un exemple. Un dimanche soir, Patrick et moi devions effectuer un vol en partance d'Albuquerque pour rentrer à la maison. Nous avions une escale à St. Louis, avec des billets en attente. Au moment d'aller prendre notre correspondance, nous avons eu la surprise d'apprendre qu'il y avait trente-cinq passagers avant nous et que le vol était déjà complet. Nous n'avions aucune chance d'obtenir des places ce soir-là.

Patrick a alors suggéré de louer une chambre d'hôtel étant donné que nous allions devoir attendre au lendemain pour essayer d'attraper un autre vol. C'était tout à fait logique : il était tard et il était inutile de rester là à poireauter. Sauf que mon corps a refusé de bouger. Patrick a commencé à s'éloigner, mais je suis restée fermement assise sur mon siège. L'avion s'est empli, quelques passagers en attente ont été appelés, puis l'agente de bord a dit : « C'est complet, mesdames et messieurs. Essayez de nouveau demain. »

Tous les autres passagers sont partis — je suis restée la seule à attendre.

« Allons-nous-en », m'a alors dit Patrick avec impatience. J'ai acquiescé, mais mon corps refusait toujours de bouger, et ce, même si l'avion commençait déjà à rouler le long de la piste. Commençant à être vraiment agacé, Patrick m'a demandé : « Eh bien, tu te décides ? »

Je lui ai dit oui, tout en restant assise. Je ne comprenais pas ma réaction. Puis, l'avion est revenu en direction du terminal et l'agente de bord a disparu derrière la porte. Trente secondes plus tard, elle est ressortie accompagnée de deux adultes et un enfant de cinq ans. En nous voyant, elle nous a annoncé : « Nous avons fait une erreur. Il ne restait que deux sièges et ces personnes ne voulaient pas être séparées. »

Voyant que tous les autres passagers étaient partis, elle nous a dit : « Je crois que vous avez de la chance. » Nous nous sommes précipités dans l'avion et, une heure plus tard, nous étions de retour à Chicago. Ce soir-là, j'ai été profondément reconnaissante envers mon Moi Supérieur de m'avoir retenue sur place même si je voulais quitter l'aéroport. Il m'a paralysée sur mon siège malgré moi. *Merci, mon Dieu*, ai-je pensé tout en m'enroulant confortablement dans mes couvertures à peine quelques heures plus tard.

L'AVANTAGE DE PROGRAMMER votre subconscient de manière à ce qu'il n'écoute que votre Moi Supérieur plutôt que votre ego est que cela vous simplifie la vie. Il vous est alors plus facile de vous fier à vos vibrations et d'être intuitif dans un monde axé uniquement sur les cinq sens. Quand vous demandez à votre Moi Supérieur de prendre en charge votre vie, vous n'avez plus à craindre de commettre des bêtises et de demeurer prisonnier de votre ego même si c'est ce que vous désirez. Si vous le lui demandez, votre Moi Supérieur l'emportera sur vos comportements négatifs commandés par l'ego et vous pourrez mener une vie intuitive comme si c'était une seconde nature.

Fait intéressant à noter, beaucoup de gens agissent déjà ainsi en partie (même s'ils l'ignorent) lorsqu'ils font des activités qui les passionnent. Par exemple, j'ai un ami qui est auteur-compositeur. Il n'a jamais pris de leçons de musique de sa vie et, pourtant, il compose, chante et joue comme un maître de magnifiques balades qui touchent l'âme. Quand on lui demande d'où vient son inspiration, il répond toujours : « Honnêtement, je l'ignore. Je ne réfléchis jamais aux chansons — elles surgissent simplement dans ma tête. »

Patrick est également directement relié à son Moi Supérieur lorsqu'il cuisine. C'est un véritable génie, mais la plupart du temps, il est incapable de dire comment il s'y est pris pour mijoter tel repas ou ce qui l'a inspiré — cela lui vient automatiquement.

« Je mélange ceci avec cela, sans vraiment savoir pourquoi, mais ça fonctionne. »

Votre Moi Supérieur est aux commandes chaque fois que vous vous exprimez à travers un talent. Quand vous l'invitez à diriger votre vie, vous éliminez les obstacles que votre ego place sur votre chemin ou vous les franchissez simplement. Plutôt que de raisonner, vous savez. C'est ainsi que je procède durant mes lectures médiumniques. Ce n'est pas moi, Sonia, l'ego, qui les effectue. Je laisse plutôt mon Moi Supérieur intervenir et faire le travail. C'est beaucoup plus facile ainsi. Je ne sais jamais d'avance ce que je vais dire jusqu'à ce que les paroles sortent de ma bouche, mais je suis confiante que mon Moi Supérieur sait ce que je fais. Alors, je lui laisse toute la latitude. Certains jours, je ne me rappelle même pas ce que j'ai dit, même si cela a beaucoup de sens pour mes clients.

Est-ce que votre Moi Supérieur dirige déjà une partie de votre vie ? Si c'est le cas, laissez-le vous guider, peu importe ce qu'il vous pousse à faire, et n'y songez pas trop. Il vous sera beaucoup plus facile d'élever votre conscience et de vivre de manière intuitive si vous laissez votre Moi Supérieur surmonter toute résistance. Cette attitude est beaucoup moins exigeante sur le plan émotif et physique, et donne des résultats positifs, tout en accordant un répit à votre cerveau. Je crois même que cela rajeunit.

C'est à force de vous entraîner que vous parviendrez à influencer votre subconscient de manière à ce qu'il collabore et soit à l'écoute de votre Moi Supérieur plutôt que de votre ego. Alors, répétez continuellement votre intention jusqu'à ce que quelque chose se produise. Plus votre mantra sera simple, plus vous réussirez. Voici le mien : « C'est mon Moi Supérieur qui décide. » Et c'est ce qu'il fait. Le vôtre aussi peut vous guider.

Exercice pratique pour éveiller votre sixième sens

Cette semaine, répétez à plusieurs reprises : « Je demande à mon subconscient de laisser mon Moi Supérieur décider. » Écrivez cette phrase sur des bouts de papier et collez-les à différents endroits dans la maison ou au travail pour vous la rappeler continuellement. Et dès que vous vous surprenez en train de vous inquiéter, de tergiverser ou de vous demander quoi faire, répétez de nouveau : « À toi l'honneur, mon Moi Supérieur ! »

Prenez note de tous les aspects de votre vie où votre Moi Supérieur intervient déjà. Comment cela se passe-t-il ? Aimez-vous cela ? Enfin, accompagnez votre mantra d'un peu de musique en le fredonnant plutôt qu'en le répétant simplement. Le subconscient réagit mieux à la musique, alors il retiendra plus facilement le message si vous le lui chantez.

CAPSULE DE SAGESSE INTUITIVE :

Laissez votre Moi Supérieur vous guider dans la vie.

SECRET N° 26

SOYEZ EN QUÊTE DE VÉRITÉ

Une fois votre canal intuitif ouvert, vous ferez une merveilleuse découverte : celle de la clairvoyance (ou « vision claire »). Cependant, avant de posséder cette perception extrasensorielle, vous devez d'abord apprendre à voir la réalité et non pas seulement ce que vous *voulez* voir. La plupart des personnes non intuitives ont tendance à observer négligemment le monde qui les entoure — comme elles jettent un regard rapide sur les gens et les choses, leur ego orgueilleux tire rapidement de fausses conclusions qui créent toutes sortes de malentendus et d'occasions ratées.

À la base, la clairvoyance consiste à observer ce qui est vraiment présent sans projection, peur, sensiblerie ou distorsion des faits. En d'autres termes, que se passe-t-il vraiment sous vos yeux ? En adoptant un point de vue lucide et objectif, vous avez une vision beaucoup plus profonde des choses. Vous observez la vie à partir de votre âme, plutôt que de votre ego. Et plus vous aurez une vision précise des gens et des choses qui vous entourent, plus vos intuitions seront profondes et pénétrantes.

Pour devenir clairvoyant, vous devez d'abord observer les moindres détails, tics nerveux, habitudes et comportements d'un individu pour comprendre qui il est au plus profond de son être. En plus de vos impressions, vous devez également voir à travers son masque de protection et son attitude défensive pour percer les secrets de son âme.

Pour y parvenir, vous devez vous fier à votre âme, sans juger ni être sur la défensive. Recherchez la vérité chez les autres à partir de votre propre authenticité.

Nos rapports conflictuels avec les autres sont souvent dus à une mauvaise observation ou à une observation basée sur l'ego. C'est particulièrement vrai lorsque nous sommes blessés ou trahis par quelqu'un et que nous croyons qu'il l'a fait intentionnellement. Par exemple, une cliente m'a récemment raconté combien elle était outrée que son mari l'ait quittée pour aller vivre avec sa secrétaire. « Comment a-il pu me faire cela ? » Elle ne parvenait pas à y croire et pourtant, si elle avait observé objectivement la situation à partir de son âme, elle se serait rappelé qu'il avait déjà quitté ses deux femmes précédentes (elle avait été elle-même sa maîtresse à un moment donné). Elle se serait également rendu compte que son mari s'était depuis longtemps éloigné d'elle, qu'il disait souvent qu'il se sentait déprimé et qu'il souffrait de plusieurs dépendances qui l'empêchaient d'être honnête. Aussi étonnant que cela puisse paraître, elle n'avait pas vu à ces signes que son mariage était menacé. Je crois plutôt qu'elle n'a rien vu venir parce qu'au fond, elle ne voulait rien voir. Elle s'est donc sentie victime le jour où il l'a quittée.

Une autre de mes clientes considérait paresseuses les personnes qui font de l'embonpoint au point d'éprouver un profond dégoût envers elles. Cela lui nuisait au travail étant donné que certains membres de son équipe étaient de forte taille. En raison de ses projections négatives, elle était incapable de reconnaître leur talent et leur contribution, et préférait travailler seule dans son coin. Elle refusait toute collaboration avec ses collègues de travail qui, en retour, se sentaient ignorés et frustrés par son besoin de tout contrôler. Résultat, ils l'ont plantée là un après l'autre, si bien qu'elle s'est *effectivement retrouvée seule* à faire tout le travail. Elle n'avait jamais pris conscience du problème jusqu'à ce que l'un de ses collègues « paresseux » démarre une agence de publicité et remporte, dès la première année, deux prix d'excellence. Ma cliente a alors été obligée de revoir son point de vue.

Dans notre incapacité de voir la vérité, il peut être tout aussi nuisible de faire de la projection à partir de filtres positifs quand ceux-ci s'avèrent erronés. Par exemple, j'ai une élève qui dirige une importante entreprise de design. Cherchant désespérément une adjointe, elle a communiqué avec une agence de placement temporaire qui lui a envoyé une femme d'apparence fort gentille.

Reconnaissante, mon élève s'est jetée sur elle comme sur du pain béni et lui a fait entièrement confiance sans même prendre le temps de la connaître. Elle lui a remis les clés de sa maison, lui a demandé de faire les dépôts bancaires et lui a même donné l'autorisation de signer les chèques à sa place, tout en ne tarissant pas d'éloges à son endroit.

L'aventure a duré trois mois jusqu'à ce que la banque communique avec mon élève pour lui dire que son compte était à découvert de 20 000 $. Elle a alors appelé son adjointe qui lui a admis qu'elle avait pris la somme en ajoutant : « Tu ne pourras pas me retrouver pour la récupérer. De toute manière, tu vas t'en remettre. »

À la fois blessée et sous le choc, mon élève lui a demandé : « Mais pourquoi ? J'ai pourtant été bonne avec toi. »

L'autre lui a répondu : « Parce que tu es riche et que tu n'as pas besoin de cet argent. Moi si. » Puis, elle a raccroché. Profondément ébranlée, mon élève a appelé l'agence de placement pour en savoir davantage sur cette femme afin d'intenter une poursuite contre elle, mais l'agence n'existait plus. Prenant conscience de sa négligence, elle en a tiré une leçon à la fois coûteuse et douloureuse.

Tout comme nous nous cachons la tête dans le sable dans la vie quotidienne, nous avons aussi tendance à le faire lorsque nous tombons amoureux. Un jour, une de mes amies m'a appelée pour me dire qu'elle était follement amoureuse et qu'elle voulait me présenter l'heureux élu. Quand je lui ai demandé de me le décrire, elle s'est répandue en compliments en disant qu'il était charmant et charismatique et, par-dessus tout, qu'il ressemblait à Richard Gere.

Lorsque j'ai rencontré cet homme, je l'ai trouvé extrêmement impoli. Durant tout le repas, il n'a pas cessé de crier dans son téléphone cellulaire, de manger la bouche ouverte et avec les doigts, et de couper la parole à tout le monde autour de la table. Quant à sa ressemblance avec Richard Gere… eh bien, disons qu'il ressemblait plutôt à un Pee-wee Herman mal coiffé. De toute évidence, mon amie et moi n'avions pas la même perception.

Les présomptions et les sentiments trompeurs vous donnent des œillères et vous empêchent d'avoir une *vision claire* des choses. Vous risquez donc de mal saisir un individu et de faire les mauvais choix. Un mauvais sens de l'observation, basé sur l'ego, pourrait donc être à l'origine de la plupart de vos problèmes dans la vie. Si seulement vous preniez le temps d'examiner correctement la situation d'un point de vue spirituel avant de tirer des conclusions ou d'élaborer des plans, vous vous éviteriez beaucoup d'erreurs et ouvririez la porte à de sages intuitions.

Mon professeur Tully m'a déjà dit : « Ne tiens jamais pour acquis que tu connais entièrement une personne. » Lorsque vous le faites, vous projetez vos idées, vos présomptions et vos limites sur cet individu. Plus vous faites l'effort de voir une personne telle qu'elle est, plus vous augmentez vos chances de mieux la connaître et de la comprendre. Votre vision du monde est née par habitude ; elle est donc susceptible d'être entravée par de puissants filtres. Si vous les laissez l'emporter, vos croyances, vos jugements, vos partis pris et vos modèles de comportement vous empêcheront de voir la vérité. Comme je ne cesse de le répéter, la vérité désarçonne souvent l'ego qui veut toujours avoir le dessus, alors il fera tout pour vous empêcher de voir la réalité en face. Ne le laissez surtout pas gagner. Chaque individu refoule en lui des sentiments sombres et douloureux et nous avons souvent peur de ne pas supporter ce que nous risquons de découvrir. Cependant, c'est seulement en affrontant nos démons intérieurs que nous parviendrons à les guérir. La dénégation comme mesure de protection n'a jamais fonctionné et, à ce que je sache, nier la vérité n'a jamais profité à qui que ce soit. Et vous, le croyez-vous ? Au contraire, c'est en toute humilité que j'ai observé combien une intuition précise pouvait être puissante et apaisante.

Pour avoir une vision plus claire des choses, essayez de découvrir ce qui se cache dans le cœur des individus. Reconnaissez que, derrière notre façade, chacun d'entre nous n'est qu'un être humain vulnérable qui manque d'assurance et qui ne veut qu'être aimé et accepté. En gardant cette notion en tête, observez avec une curiosité neutre de quelle façon les autres font tout pour obtenir cet amour et ce sentiment d'acceptation. Observez et écoutez attentivement les autres avec intérêt plutôt qu'avec un esprit fermé et vous verrez combien nous sommes tous semblables, aimables et amusants. En d'autres termes, suivez la loi spirituelle et non celle de l'ego lorsque vous observez le monde.

Vous pourriez éviter quatre-vingt-dix-neuf pour cent de vos problèmes en activant votre sens de la clairvoyance et en examinant votre vie et celle des autres le plus honnêtement et objectivement possible. Cela vous pousse à être raisonnable. Comme mon professeur Charlie m'a déjà dit : « Sonia, c'est ton sixième sens qui te permet de voir l'évidence. » Je suis d'accord avec lui. Plus vous voudrez voir la vérité en face, plus votre vision s'approfondira. Comme la clairvoyance se développe graduellement à force d'observations précises et de raisonnements fondés, plus vous verrez objectivement la réalité du moment, plus vous pourrez observer intuitivement ce qui sera réel dans l'avenir. Plus vous serez réceptif à voir un individu tel qu'il est, plus sa personnalité réelle vous sautera aux yeux.

Pour bien observer les gens, vous devez vous intéresser davantage à ce qu'ils sont qu'à l'image que vous projetez sur eux. Vous découvrirez tout ce que vous voulez savoir si vous vous oubliez et si vous vous efforcez uniquement d'en savoir le plus possible sur les autres. Pour comprendre profondément les gens, vous devez les observer avec amour, sans les juger, ni les soupçonner. Plus vous vous entraînerez à voir la vie de cette façon, plus vous activerez votre vision supérieure : la clairvoyance.

Grâce à la clairvoyance, vous verrez non seulement ce qui se passe sur le plan physique mais aussi ce qui se produit sur le plan énergétique. Cela suscite un sentiment de compassion, de compréhension et d'amour qui entraîne à son tour des résultats positifs et créatifs et évite les malentendus et les erreurs.

Exercice pratique pour éveiller votre sixième sens

Cette semaine, examinez la vie dans toute sa profondeur. Observez les gens avec tout votre cœur, en ayant une attitude ouverte et objective. Prêtez attention à ce qu'ils dégagent, à leurs expressions faciales et à leur langage corporel. Intéressez-vous aux gens au lieu de vous soucier de ce qu'ils pensent de vous. Efforcez-vous de regarder derrière le masque et tentez de découvrir plus de choses à leur sujet. Êtes-vous capable de percevoir leurs peurs, leurs forces, leurs talents ou leurs désirs secrets ? Recherchez les détails que vous n'aviez pas remarqués auparavant. Faites l'exercice avec les gens que vous côtoyez quotidiennement. Que remarquez-vous de nouveau ?

Acceptez de regarder les autres sans porter de jugements, sans faire de projections ou sans vous raconter des histoires à leur sujet. Sachez demeurer neutre comme si vous regardiez un beau paysage. Observez simplement et apprenez à connaître les gens.

CAPSULE DE SAGESSE INTUITIVE :

Regardez au-delà des apparences.

SECRET N⁰ 27

REGARDEZ LE MONDE À TRAVERS LES YEUX DE DIEU

Lorsque vous observez le monde du plus profond de votre âme, vous faites intervenir la partie divine en vous, ce qui signifie que vous regardez le monde à travers les yeux de Dieu. N'est-ce pas extraordinaire ? En adoptant cette perspective, vous éliminez tout biais, toute projection et toute distorsion, car Dieu voit à travers les défenses et les obstacles créés par vous et les autres. Cette nouvelle perception vous donne non seulement une vision plus précise du monde physique, mais vous permet aussi de percevoir le corps énergétique des gens. En laissant votre âme pénétrer celle des autres, vous serez étonné de toute la beauté qui se cache au fond des êtres.

Ce n'était pas le cas de Penny, qui est venue me consulter parce qu'elle était malade et en avait assez de Marshall, son « parasite de mari ». Marshall n'avait jamais su garder un emploi durant leurs dix années de mariage, et ce, même si Penny lui en avait déniché plusieurs en informatique. Elle ne cessait de le critiquer, disant combien il était « paresseux, irresponsable, immature, indécis et pénible à vivre » et qu'il ne s'intéressait « qu'à ses outils ». Son plus grand rêve était d'avoir des enfants, mais elle ne pourrait jamais le réaliser tant qu'il n'aurait pas un revenu stable. La vie improductive de son époux la faisait trembler de rage et elle voulait que je l'aide à « tirer quelque chose de cet enfoiré ».

Durant ma lecture médiumnique, cependant, le Marshall que j'ai vu ne correspondait en rien à la description de Penny.

J'ai vu un homme frustré, très habile de ses mains. Il possédait plusieurs talents artistiques et des dons de guérison qui pourraient devenir très précieux s'il les développait. Il ne possédait tout simplement pas la même ambition matérielle que sa femme. Même si je voyais qu'ils pouvaient apprendre beaucoup l'un de l'autre, ils n'y parviendraient jamais sans d'abord apprendre à apprécier leurs âmes respectives.

Quand j'ai regardé cet homme à travers les yeux de Dieu, comme on me l'avait enseigné durant mon apprentissage, j'ai vu ses mains briller comme de l'or. En me concentrant davantage, j'ai perçu qu'il possédait un talent de masso-thérapeute ou de sculpteur, deux métiers qui procurent beaucoup d'apaisement et qui l'aideraient à accomplir sa mission. J'ai fait part de ces observations à Penny qui s'est moquée en disant : « Ouais, c'est ce qu'il raconte également. Il dit qu'il veut travailler dans les arts ou la massothérapie, comme si ça ne me tentait pas moi aussi ! Sauf que ça n'aidera pas à payer le loyer. Il a besoin d'un vrai travail, que ce soit dans l'informatique ou dans la vente comme moi. »

Les commentaires de Penny témoignaient malheureuse-ment de son étroitesse d'esprit, et non pas de celle de son mari. Comme elle était une âme matérialiste et inconsciente, axée uniquement sur ses cinq sens, elle était incapable d'apprécier la valeur des talents artistiques et de guérison de Marshall. Et comme elle ne parvenait pas à voir ses talents de ses propres yeux, elle avait décidé qu'il n'en possédait pas.

J'ai insinué que le problème venait peut-être d'elle et non de lui. Si seulement elle prenait la peine de voir et de valoriser vraiment qui il est — un artiste et un guérisseur — et de le soutenir, il parviendrait sans doute à se trouver un travail décent. Et ils pourraient enfin avoir des enfants comme elle le désirait. Mais pour cela, elle devait d'abord s'attaquer à la source du problème.

« Tu veux dire que je devrais *encourager* sa folie ? Tu es aussi irréaliste que lui », m'a-t-elle répondu.

Penny n'a malheureusement jamais appris à regarder Marshall à travers les yeux de Dieu. Elle a continué de le traiter de rêveur et de parasite, et ils ont divorcé peu de temps après. Cinq ans plus tard, Marshall est venu me rencontrer pour une lecture. Il m'a raconté qu'après son divorce, il s'est inscrit à une école de massage, en plus de se mettre sérieusement à la sculpture. Il a épousé une femme qu'il a rencontrée durant sa formation. Elle a su reconnaître, apprécier et aimer vraiment ses talents. Avec son soutien, il a ouvert un cabinet de massothérapie et s'est éventuellement trouvé un agent pour le représenter et vendre ses œuvres d'art.

La première année, il a vendu six sculptures (entre 2 000 $ et 7 000 $ chacune) et un petit musée du Canada a accepté d'exposer une de ses pièces. Je n'étais pas surprise — il avait toujours eu ce talent en lui, mais pour pouvoir le développer et l'exprimer aux yeux du monde, il avait fallu que quelqu'un lui donne du soutien et partage sa vision.

La deuxième épouse de Marshall était un être intuitif et elle l'a soutenu moralement pour qu'il développe son potentiel, tel un jardinier qui arrose son jardin en friche. Au lieu d'être frustrée de ne pas trouver en lui ce qu'elle désirait (comme Penny), sa seconde femme était enchantée par toutes ses possibilités. Grâce à sa vision divine, il est effectivement devenu ce pour quoi il était destiné.

Cette façon de regarder à travers les yeux de Dieu nous aide non seulement à avoir une vision attendrie et à voir le bon côté des gens, elle nous permet aussi de voir au-delà des apparences et de percevoir le corps énergétique des gens, ce qui peut sauver des vies. Par exemple, il y a plusieurs années, ma cliente Beth a pris la décision spirituelle de regarder le monde et chaque individu à travers les yeux de Dieu et elle a aussitôt perçu des choses incroyables. Un jour, alors qu'elle assistait à la réunion de son conseil d'administration, elle a soudainement eu une vision dans laquelle le président de l'entreprise — un homme relativement jeune et en santé — avait un infarctus. Elle a cligné des yeux à plusieurs reprises pour chasser cette image de son esprit, mais rien à faire. Ne sachant trop comment agir, elle a attendu la fin de la réunion pour aller lui parler et lui demander avec précaution comment il allait.

« Bien », lui a-t-il répondu. « Pourquoi ? »

Elle a hésité, puis lui a fait part de sa vision en tentant toutefois de la minimiser. Il a éclaté de rire en l'assurant qu'il se portait à merveille, mais en ajoutant : « Tiens, par respect pour ton intuition, je vais considérer cela comme le signe que je dois aller passer un examen médical. »

Trois semaines plus tard, Beth a reçu une note lui ordonnant d'aller dans le bureau du président. Dès son arrivée, elle a remarqué qu'il avait l'air passablement secoué. « Comme je suis superstitieux et que j'avais peur que ton intuition soit un mauvais présage, j'en ai tenu compte et je suis allé passer un examen. Le médecin m'a dit que j'ai plusieurs artères bouchées et que je dois être opéré cette semaine. Es-tu consciente que tu m'as sans doute évité un infarctus ou pire encore ? »

Beth était à la fois étonnée et reconnaissante d'avoir eu le courage de révéler à son patron ce qu'elle avait vu. Et lui aussi.

En observant les gens à travers les yeux de Dieu, vous avez une meilleure vision et voyez les gens tels qu'ils sont vraiment, ainsi que vous-même, autant sur le plan physique qu'énergétique. « Dès que j'ai commencé à regarder avec mon âme, le monde a pris une nouvelle dimension », m'a expliqué Jim, un élève à qui j'ai enseigné à éveiller son sixième sens. « Avant, je ne prenais pas la peine de regarder vraiment les gens. Je les regardais de biais et m'inventais des histoires effroyables à leur sujet à partir de mes observations trompeuses. Le jour où j'ai décidé d'observer les gens à travers les yeux de Dieu, comme tu me l'avais suggéré, la vie s'est illuminée et les gens me sont apparus soudainement fort beaux. Je ne me fiais plus seulement à l'apparence physique (même si la beauté ne me laissait pas indifférent) : je me suis mis à regarder les gens dans les yeux et même à transpercer leur âme. C'était si apaisant, profond et émouvant que, peu importe la personne que je regardais, mon cœur débordait d'amour et de compréhension. Je suis même gêné d'admettre qu'il m'est arrivé d'avoir envie de pleurer. En plus de voir l'âme d'une personne, je perçois également qui elle est vraiment. C'est difficile à expliquer avec des mots, mais je comprends les autres sur un plan organique comme jamais auparavant. »

L'expérience de Jim reflète bien la façon dont les êtres intuitifs perçoivent la vie. Notre vision s'élève d'une octave et nous pouvons mieux percevoir la richesse et la complexité des objets et des gens qui nous entourent. Nous sentons puis voyons éventuellement à la fois leur corps physique et leur corps énergétique, y compris leur aura.

Ma cliente Miriam a eu une surprise excitante le jour où elle a décidé de voir la vie à travers les yeux de son âme : « J'ai vu une lumière violette qui rayonnait d'un arbre dans ma cour ; elle émettait de douces pulsations pleines d'énergie. J'avoue que j'ai eu peur », m'a-t-elle raconté. « Puis, j'ai regardé mon jardin et j'ai aperçu des rayonnements sem-blables au-dessus de mes fleurs. Ayant toujours été une amante de la nature, j'avais toujours apprécié la beauté physique des choses, mais avec ce changement de perspec-tive, la vie m'est apparue soudainement d'une beauté si intense que j'en ai eu les larmes aux yeux. ' Comment avais-je pu passer à côté ? ', me suis-je demandé. C'est tellement magnifique. »

En regardant la vie à travers les yeux de Dieu, vous percevez et comprenez beaucoup plus profondément ce qui vous entoure parce que votre âme réagit sur un autre plan à une vibration différente que vos yeux physiques ne peuvent percevoir. Cela vous permet aussi de pressentir l'avenir, de voir ce qui va se dérouler et quelles seront les intentions de votre âme.

L'une des façons les plus puissantes d'observer le monde à travers les yeux de votre âme est d'avoir un regard confiant, comme me l'a décrit mon amie et mentor Julia Cameron. Il y a plusieurs années, je voulais écrire un livre sur l'éveil du sixième sens, mais je doutais de mes dons d'écriture. Julia, par contre, croyait en mon talent. Elle a donc décidé pour les six prochains mois de me considérer comme une auteure talentueuse et prolifique. À force de sentir son regard franc, plein de conviction et de foi en moi, j'en suis venue à *me* voir également comme une auteure. Au bout de ces six mois, toujours soutenue par le regard confiant de Julia , j'avais déjà écrit mon premier livre, *The Psychic Pathway*. Je suis absolument convaincue que c'est parce que Julia me voyait comme auteure que j'en suis devenue une. Sans sa capacité de me voir telle que je souhaitais être vue, je me demande si mon rêve se serait jamais réalisé.

Les clients auxquels j'ai raconté cette histoire m'ont dit que j'avais vraiment eu beaucoup de chance de pouvoir compter sur le regard confiant de Julia, alors qu'eux font du surplace. Effectivement, *j'ai été* chanceuse et j'en suis profondément reconnaissante. Mais depuis que j'ai reçu ce cadeau de Julia, j'ai étudié le phénomène. J'ai découvert que pour attirer les regards confiants, vous devez d'abord encourager vous-même les autres en décidant de voir et de croire en leurs désirs et leurs futures réalisations. Il s'agit d'avoir foi en eux jusqu'à ce qu'ils apprennent à croire en leurs possibilités.

Ainsi, Julia m'a aidée à voir l'auteure qui sommeillait en moi et je l'ai aidée en retour à voir la clairvoyante en elle. Cette façon réciproque de nous voir à travers les yeux de notre âme a donné naissance à mon livre et l'a entraînée vers une vie intuitive. Alors, demandez-vous ce que vous *aimeriez voir* changer dans le monde. Vous avez le choix : celui de voir le monde uniquement à travers vos cinq sens, d'un point de vue inconscient et superficiel — en vous concentrant sur les défauts des autres, en jugeant et en craignant la séparation et en vivant dans la peur absolue — ou celui d'utiliser votre sixième sens pour chercher à percer l'âme des gens afin de reconnaître et d'apprécier la beauté de chaque être, et de faire preuve de compassion.

Vous pouvez aussi choisir de voir les gens tels que vous les percevez sur le moment, avec vos cinq sens, ou choisir de voir l'âme des gens et leur évolution sur le plan spirituel, comme le permet le sixième sens. Par exemple, quand j'ai rencontré mon mari, il habitait dans un vieil entrepôt et avait pour seules possessions un vieux vélo et une paire de skis. Ses connaissances m'avaient avertie de m'en tenir éloignée parce qu'il était insouciant et avait peur de l'engagement — alors que ce n'est pas ce que mon âme a vu. J'ai vu en lui mon âme sœur, un compagnon d'aventure, fidèle et créatif. J'ai donc décidé de privilégier ce que j'avais vu plutôt que de me fier aux apparences et aux racontars.

Après vingt et un ans de vie commune et deux enfants, je peux confirmer avec joie que ce que j'avais vu sur le plan spirituel s'est révélé entièrement vrai. Patrick s'est avéré un compagnon fidèle, créatif et affectueux, un excellent père, un bon professeur, un grand aventurier de même que mon meilleur ami. Nous avons bien entendu eu des défis à relever, parfois difficiles, comme chez tous les couples qui essaient de créer une relation intime et profonde. Mais malgré toutes nos épreuves, nous avons toujours gardé la même vision de notre vie à deux. Ma plus grande récompense dans ma vie est sans doute cette union qui m'a beaucoup apporté et m'a permis d'évoluer.

Alors rappelez-vous que, lorsque vous regardez avec votre âme, vous le faites à travers les yeux de Dieu et ce dernier possède une vision parfaite en matière de sagesse rétrospective *et* de clairvoyance.

Exercice pratique pour éveiller le sixième sens

Cette semaine, observez le monde à travers les yeux de Dieu, surtout dans les situations où vous n'appréciez pas ce que vous voyez. Quelle différence cette nouvelle perception des choses vous apporte-t-elle ? Parvenez-vous à voir avec plus de précision et de profondeur avec les yeux de l'âme ? Quels sont les changements majeurs, les intuitions et les découvertes qui vous sont révélés ?

Choisissez au moins une personne dans votre entourage que vous pourriez encourager avec votre regard confiant et vice versa. Commencez en vous renvoyant l'image de la personne que *vous* souhaitez chacun devenir.

Puis, essayez de voir un aspect positif chez chaque individu que vous rencontrez et complimentez-le à ce sujet — surtout, ne l'aveuglez pas avec des faux compliments ou des propos flatteurs. Faites le même exercice pour vous chaque matin. C'est très facile de négliger cette partie de l'exercice, mais le jour où vous pourrez vous regarder en appréciant vraiment qui vous êtes, vous saurez que votre regard est désormais basé sur la loi spirituelle empreinte d'amour et non plus sur les règles critiques de l'ego.

CAPSULE DE SAGESSE INTUITIVE :

Voyez Dieu dans tout ce qui vous entoure.

8ᵉ PARTIE

L'art de vivre de manière intuitive

SECRET N°28

Plus vous avez le cœur léger, plus il est facile de vivre à un niveau de conscience élevé. Votre vibration atteint alors une plus haute fréquence et vous permet d'être automatiquement à l'écoute de votre sixième sens, donc plus réceptif aux vibrations apaisantes, aux intuitions et aux conseils de votre Moi Supérieur et de vos aides spirituels.

L'une des meilleures façons d'alléger votre esprit est de rire abondamment, car cela augmente instantanément votre niveau d'énergie, ouvre votre cœur et élève votre vibration. Le rire permet non seulement à votre conscience d'atteindre une fréquence supérieure et claire, il nettoie et soigne aussi votre aura, en plus de guérir votre esprit et de donner de l'énergie à votre âme. Quand vous riez de cœur joie, vous vous oubliez et fusionnez avec le Divin qui vous libère de l'emprise de vos peurs et vous catapulte dans une dimension supérieure, en lien direct avec l'Éternel. Rien ne peut avoir d'emprise sur vous si vous êtes capable d'en rire.

Le rire ouvre une porte à votre âme pour vous permettre d'oublier vos problèmes, ne serait-ce qu'un moment, et de chasser toute négativité, confusion ou dialogue intérieur. Il y a plusieurs années, on m'a enseigné que « le rire chasse le diable » — le diable étant toute illusion, distorsion et confusion qui vous plonge dans le doute, la peur ou vous pousse à remettre en question ce que vous valez en tant qu'être humain.

Il est difficile d'être à l'écoute de vos vibrations lorsque vous vous prenez trop au sérieux.

En effet, c'est votre ego contrôlant qui vous donne ce côté sérieux et intellectuel, tandis que votre côté léger et enjoué vient de votre âme spirituelle qui sait qu'elle peut toujours compter sur l'Univers. Cela ne veut pas dire que ce qui intéresse votre âme est futile — il ne faut pas confondre un esprit profond avec un esprit sérieux. La profondeur est synonyme d'évolution, de guérison et de compassion envers soi-même et les autres, alors que le côté sérieux sert habituellement à protéger la vulnérabilité de l'ego. Aux yeux de l'esprit, rien n'est assez sérieux pour ne plus voir la vie d'un cœur léger — pas même la mort. Vous risquez bien entendu de traverser des périodes sombres, car cela fait partie de l'évolution de votre âme, mais vous devez vous méfier des moments où vous vous donnez de l'importance, car ils sont alimentés par votre ego. Sa suffisance vous empêche d'accéder à votre esprit.

Cela me rappelle un atelier sur l'intuition que j'ai récemment donné à l'Omega Institute, à New York. Les élèves se prenaient beaucoup trop au sérieux ; résultat, la plupart étaient incapables de percevoir leur sixième sens. Pour les aider à se sortir de cette impasse, je les ai encouragés à se faire rire les uns les autres. Ils ont d'abord trouvé l'idée complètement stupide, ne voulant surtout pas s'abaisser de la sorte, mais ils ont tout de même fini par essayer.

Au début, ils étaient quelque peu rouillés et pas vraiment drôles, mais ils sont éventuellement entrés dans le jeu et sont devenus beaucoup plus amusants. Certains ont commencé à faire du bruit avec leurs aisselles, tandis que d'autres se sont mis à loucher et à faire des grimaces. Ils ont imité des animaux, en sautant à cloche-pied, en poussant des grognements stupides et en se comportant comme des enfants de la maternelle. Plus ils s'efforçaient d'être drôles, plus ils l'étaient au point de devenir complètement hilarants, ce qui les a fait rire encore davantage. Pendant une quinzaine de minutes, tout le monde riait tellement des bouffonneries de chacun que j'ai eu de la difficulté à les arrêter.

J'ai ensuite invité le groupe à essayer de nouveau leurs muscles psychiques et à utiliser entre eux leur sixième sens. À leur grand étonnement, cet état d'esprit libre et léger leur a permis de percevoir chez les autres des choses qu'ils n'auraient jamais vues auparavant. Ils ont ainsi pu décrire leurs maisons, leurs emplois, les désirs enfouis au fond de leur cœur, leurs plans de voyage et même leurs passions amoureuses, et ce, même s'ils ne se connaissaient pas.

Aucun des élèves n'est resté bloqué et même les plus sceptiques ont été surpris de constater combien un peu d'humour permet de mieux connaître les gens qui nous entourent.

Le rire vous relie à l'Esprit universel et élargit votre vision du monde, comme Charlie Goodman, mon premier professeur intuitif, me l'a enseigné. Charlie m'a présenté le rire comme un outil pour accéder à mon sixième sens. Il lui est même arrivé de me faire rire jusqu'aux larmes durant nos leçons. « Garde toujours ton sens de l'humour, peu importe ce que tu vois ou sens », a-t-il insisté.

Ma mère, une autre de mes grandes sources d'inspiration, abondait tout à fait dans le même sens. Elle avait l'habitude de dire : « La situation est peut-être critique, mais elle n'est jamais sérieuse. » Je me suis aperçu que plus je prenais les choses avec humour, plus l'Esprit divin me guidait avec humour.

Pour être intuitifs, nous devons cultiver notre sens de l'humour et voir le côté comique des choses. Face à nos problèmes et à nos mélodrames, nous devenons tellement repliés et sérieux que nous perdons le sens profond de qui nous sommes vraiment, c'est-à-dire des âmes admirables —

nous nous retirons de la vie au lieu de la savourer pleinement. Le rire nous permet de nous rappeler qui nous sommes vraiment et d'apprécier la vie.

QU'EST-CE QUI VOUS FAIT RIRE ? Posez-vous la question et saisissez toutes les occasions de vous éclater. Et si vous vous sentez déprimé ou n'avez pas envie de sourire, faites semblant. Cela fonctionne vraiment, que vous le croyiez ou non. En voici un exemple. Durant les cours que j'ai donnés l'été dernier à San Francisco, un homme de soixante-dix-huit ans m'a raconté qu'il venait de passer une semaine dans un centre de traitement pour personnes souffrant de dépression majeure. Chaque jour, les patients devaient s'allonger au sol et rire pendant trente minutes, même s'ils n'en avaient pas envie. Ils pouvaient au pire faire semblant, mais ils étaient obligés de rire. Sans savoir pourquoi, cet homme s'est soudainement senti mieux. Depuis son divorce, quinze ans plus tôt, il avait le cœur gros et déprimé, mais la thérapie l'a vite soulagé. Et il n'y a rien d'étonnant à cela — le rire chasse les nuages sombres de la vie et élève instantanément votre vibration de manière à ce que vous viviez dans un état de bien-être beaucoup plus évolué. Même si vous feignez de rire, vous constaterez vite une amélioration car, à force de vous voir rigoler, les anges de l'humour finiront éventuellement par intervenir en arrosant votre vie de gaz hilarant (et thérapeutique).

Dans le cadre de ma pratique, j'ai vu beaucoup de gens prendre leur croissance spirituelle trop au sérieux. Ils étaient dépourvus d'humour, de spontanéité et de joie parce qu'ils croyaient que leur cheminement était « sacré ». Ma cliente Brenda, par exemple, méditait chaque jour pendant des heures ; elle ne mangeait que des aliments biologiques, se donnait des lavements au jus d'herbe de blé chaque matin et s'entourait de tous les cristaux, amulettes, talismans et objets en titane qui lui tombaient sous la main pour se purifier et se protéger. Dans sa quête de « sainteté », elle lisait des quantités de livres, assistait à une multitude d'ateliers et de séminaires et se considérait experte en matière de nouvel âge (qu'elle croyait connaître encore mieux que ses enseignants).

Et pourtant, malgré tous ses efforts, Brenda était l'une des personnes les plus aigries et dépourvues d'humour et de créativité que j'aie jamais rencontrées. Elle voulait tellement tout contrôler dans sa vie qu'elle était complètement déconnectée de son Moi Supérieur, de son cœur, de son humour ou de quoi que ce soit de *vraiment* spirituel. Je lui ai suggéré à plusieurs reprises de cesser de toujours vouloir être parfaite, tout en ne s'aimant pas au fond d'elle-même, et de prendre les choses plus à la légère. Ses efforts m'apparaissaient excessifs et ridicules et j'ai essayé de lui faire voir le côté comique de la situation. Sans succès. Elle a même été insultée que je lui dise de ne pas trop prendre la vie au sérieux, malgré toute son importance. Elle est sortie en trombe de mon bureau en disant que je lui faisais perdre son temps. C'était peut-être le cas, mais elle y parvenait aussi très bien de son côté.

Il ne faut surtout pas tomber dans le même piège que Brenda, c'est-à-dire laisser votre ego vous faire croire que la vie est une lutte constante et que la plus grande bataille d'entre toutes est justement de devenir un être spirituel. *Ce n'est pas le cas.* L'Univers nous enseigne plutôt que la vie est une partie de plaisir et une aventure, et que malgré les embûches et les périodes sombres, nous recevons toujours de l'aide à travers notre sixième sens.

Certaines personnes ne parviennent pas à distinguer l'ego du sixième sens. Voici la différence : votre esprit est détendu et indulgent ; il adore rire, surtout à vos propres dépens. Votre ego, lui, adore critiquer et contrôler ; il rit rarement, surtout pas de lui. L'âme est peu exigeante ; elle fait doucement ses requêtes et demeure confiante, tandis que l'ego aime donner des ordres et vit dans le doute. L'âme est légère et accommodante, et adore les aventures, alors que l'ego agit parfois avec dureté et lourdeur, et s'encroûte dans ses habitudes.

Au début de mon apprentissage, on m'a demandé d'identifier chaque jour une situation drôle, et ce, sur une période de trois mois. Le genre d'humour que je devais rechercher, par contre, n'avait rien à voir avec le sarcasme, qui est considéré comme de l'humour mais qui est en fait de la colère ou du cynisme à peine déguisé.

Ce n'est pas ainsi qu'on peut croire en la vie. Je devais plutôt rechercher le côté plaisant, bête, ridicule et absurde de la vie. Cet exercice m'a ouvert le cœur et m'a aidée à éprouver davantage de compassion, de tolérance et d'affection envers moi-même et les autres citoyens de la Terre.

Je serai toujours reconnaissante d'avoir eu à faire cet exercice, car il a modifié à tout jamais ma perspective face à la vie. Maintenant, je cherche d'abord à voir le côté humoristique des choses, même dans les situations critiques. Cela m'aide à voir l'âme humaine et la lumière dans tout ce qui nous entoure. Je sais que je peux passer à travers n'importe quel obstacle et tirer une leçon de l'aventure.

Mes modèles spirituels savent rire de toute situation et ils le font de bon cœur. Thich Nhat Hanh, le Dalaï Lama, Ram Dass et ma mère (pour n'en nommer que quelques-uns) rient facilement à gorge déployée. Quand Mère Teresa était encore en vie, elle insistait pour que les religieuses qui travaillaient avec elle auprès des démunis et des mourants cessent chaque après-midi leurs activités pour aller s'amuser durant une heure. Cela leur permettait de demeurer en santé et dévouées, et de soutenir les mourants avec joie et amour. Si Mère Teresa et le Dalaï Lama pouvaient rire malgré tous leurs défis, imaginez combien nous le pouvons tous également. Cela ne veut pas dire que nos problèmes perdent leur importance parce que nous savons en rire ; le rire nous procure plutôt la sagesse nécessaire pour passer à travers.

Exercice pratique pour éveiller votre sixième sens

Cette semaine, essayez de vous éclater. Mettez de l'humour dans chacun de vos gestes : chantez sous la douche, faites-vous des sculptures dans les cheveux avec votre shampooing, brossez-vous les dents en faisant des grimaces, lisez des livres humoristiques, louez des comédies, allez chanter du karaoké avec un ami, appelez votre meilleur ami de l'école primaire et évoquez vos souvenirs d'enfance, faites l'imbécile avec vos enfants et jouez avec votre chien. En d'autres termes, chassez votre sérieux et laissez-vous aller ! Faites semblant si c'est nécessaire, mais amusez-vous. N'ayez pas peur d'avoir l'air fou — plus vous aurez l'air fou, plus vous vous sentirez éclairé.

Remarquez combien le rire vous inspire et active votre sixième sens. Attendez-vous à avoir des éclairs de génie, des idées brillantes et des rêves incroyables, à vivre des synchronicités et à ressentir la paix intérieure qui s'ensuit.

CAPSULE DE SAGESSE INTUITIVE :

Rappelez-vous : la situation est critique, sans pour autant être sérieuse.

SECRET N° 29

SORTEZ LES CRAYONS À COLORIER

Vivre en suivant votre sixième sens est un art et non une science, parce que vous suivez alors la loi spirituelle (celle de votre cœur) plutôt que la loi de l'ego (celle de votre raison). Voilà pourquoi l'une des meilleures façons d'accéder à une dimension supérieure est de vous adonner souvent à une activité artistique en mettant votre ego au placard. La créativité fait appel à votre âme et vous relie directement à votre moi intuitif.

Bon nombre de mes clients m'ont raconté avoir eu des illuminations durant un projet créatif parce qu'ils cessaient alors de penser en se concentrant uniquement sur la tâche. C'est le cas de Maureen. Un soir qu'elle faisait de la peinture à doigts avec sa petite-fille, Maureen, qui cherchait seulement à distraire l'enfant au début, s'est vite prise au jeu à laisser aller sa créativité. Tout en se barbouillant les mains et en riant du désordre, elle s'est soudainement rappelé où elle avait rangé les documents importants qu'elle cherchait depuis des semaines. Elle a donc pu les récupérer ce soir-là.

Ron a soudainement eu l'idée de construire des labyrinthes en fleurs le jour où il était en train d'aménager sa cour arrière en alignant les bulbes selon un modèle géométrique qu'il avait élaboré dans sa tête. Il a dessiné un croquis, l'a montré à des gens qui l'ont adoré. Peu de temps après, Ron a commencé à vendre ses modèles paysagers au point de gagner suffisamment d'argent pour pouvoir quitter l'entrepôt où il travaillait. Il en rêvait depuis des années.

Nouvellement divorcée, Melinda se sentait seule et abandonnée avec son enfant. Ignorant comment tourner la page, elle s'est inscrite à un cours d'aquarelle. Au cours de la troisième leçon, elle a eu l'intuition d'appeler sa meilleure amie de l'école secondaire avec qui elle n'avait eu aucun contact depuis trente ans. Suivant son inspiration, Melinda a retracé son amie et elles se sont retrouvées dans un café le mois suivant. En apprenant que Melinda était de nouveau célibataire, son amie lui a dit : « Tu devrais rencontrer mon voisin : il est célibataire et très gentil. » Elle leur a donc servi d'entremetteuse pour organiser une rencontre. La chimie s'est avérée fort bonne entre les deux : une année ne s'était même pas écoulée que Melinda et lui étaient déjà mariés.

Les gens évitent parfois de s'adonner à un art parce qu'ils doutent de leurs talents. Ils ont peur de plonger dans la créativité parce qu'on les a découragés de s'exprimer librement durant leur enfance. Ces gens doivent prendre conscience que l'art et les vibrations constituent en fait des âmes sœurs, des expressions naturelles de l'Esprit divin.

Chacun d'entre nous est un être intuitif *et* un artiste — cela est inné en nous, même si on nous a longtemps fait croire le contraire dans le passé. Nous avons tous une façon unique d'exprimer notre créativité qui reflète la personnalité de notre âme, que ce soit par la peinture, l'écriture, le chant, la cuisine, le jardinage et même le lavage. L'idée n'est pas d'être un *artiste*, mais de *pratiquer un art*, tout comme il y a une différence entre être intuitif et être un *médium* intuitif. Pour développer l'art d'être intuitif, il suffit de bien faire la différence entre ces deux concepts et de les considérer comme faisant partie de notre langage psychique.

Même si les personnes non intuitives n'y voient rien d'artistique, nous avons tous un talent inné (par exemple, l'art de la conversation, de faire la cuisine ou de rédiger des lettres), tout comme nous avons tous en nous un génie psychique, car nous possédons tous une âme, et l'art et l'intuition sont les ailes de notre âme. « Pratiquer un art », tout comme être intuitif, signifie oser prendre un risque créatif. Vous devez faire le vide dans votre tête, ouvrir votre cœur et, parfois, faire des folies — colorier à l'extérieur des lignes de la vie et agir spontanément, de façon saugrenue, avec honnêteté et courage, tout comme vous le faites lorsque vous vous fiez à votre intuition.

Ainsi, plus vous pratiquerez un art, plus vous deviendrez intuitif et vice versa, car ces deux formes d'expression se complètent.

Cela me rappelle un événement qui s'est produit l'an passé durant la promotion de mon livre *True Balance* dans dix villes différentes. Comme la pratique d'un art est si essentielle à une vie intuitive, j'ai demandé à mon amie médium et artiste, Annette Tacconelli, de m'accompagner pour aider les lecteurs à réactiver leur créativité. Pour ce faire, elle leur proposait chaque fois d'essayer un petit projet artistique : après avoir distribué des fiches et une grosse pile de crayons, elle invitait chaque visiteur à former équipe avec son plus proche voisin dans le but de faire ensemble un dessin sur une fiche. Même si beaucoup étaient réticents, comme lorsqu'il était question de leur intuition, ils étaient tout de même prêts à essayer. Une fois leurs blocages mentaux éliminés, ils oubliaient leurs peurs et prenaient du plaisir à dessiner.

À Cincinnati, les personnes présentes nous en ont fait voir de toutes les couleurs. Affichant un air réservé et méfiant, elles se tenaient les bras et les jambes croisées, les lèvres serrées, en évitant tout contact visuel avec nous et leurs voisins. J'ai raconté des histoires et partagé mes idées sur l'importance de maintenir un équilibre, allant même jusqu'à faire des suggestions créatives et drôles, mais personne n'a ri de mes plaisanteries ou n'a voulu essayer les exercices. Je me suis demandé ce qu'elles étaient venues faire au lancement. Comme je n'en étais pas à ma première tournée de promotion, je ne me suis pas laissé désarçonner par leur indifférence pour autant.

Ce n'était pas le cas d'Annette. Elle suait à grosses gouttes devant l'ampleur du défi. Sa véritable nature l'a tout de même emporté et elle s'est ressaisie, a distribué les fiches, jeté les crayons au sol et leur a expliqué son projet avec beaucoup d'enthousiasme. Personne n'a bougé. Ne se laissant pas décourager, Annette a de nouveau essayé d'inciter les gens à quitter leur siège (et à faire le vide dans leur tête) pour venir s'amuser. Toujours aucune réaction.

Une femme au visage de marbre a sèchement lancé : « Ma chère, tu es à Cincinnati. Et à Cincinnati, on ne fait pas de dessins. » Au même moment, une fillette d'à peine deux ans s'est élancée dans l'allée menant à la section des enfants, suivie de son père. En apercevant la pile de crayons, elle a foncé dessus en criant : « Des crayons ! Regarde, papa ! Des crayons ! »

N'osant pas en croire ses yeux, elle a saisi les crayons à pleines mains, puis a crié aux lecteurs impassibles : « Des crayons ! Venez colorier avec moi ! »

La fillette s'est mise à dessiner frénétiquement, une fiche après l'autre. Voyant que personne ne bougeait, elle les a de nouveau invités à se joindre à elle. Son appel a cette fois-ci été entendu. Les adultes ont quitté leur siège, un par un, attirés par le plaisir qu'elle semblait prendre à dessiner. Ils se sont munis de crayons et ont commencé à dessiner. Dès ce moment, le groupe lui-même a semblé prendre des couleurs. Pour soutenir leur enthousiasme, nous avons mis de la musique africaine rythmée et le miracle s'est produit : Cincinnati s'était mise au dessin ! L'esprit de chacun s'est animé : ils ont ri, dansé, échangé leurs fiches et dessinés comme des fous. Une fois chaque personne bien affairée à dessiner, la petite fille s'est relevée en leur disant « salut ! », puis elle s'est enfuie aussi vite qu'elle était apparue.

Nous sommes restés là encore un moment à pratiquer notre « art », comme Annette le décrivait, à louer nos génies créatifs, à nous montrer nos œuvres colorées et à nous sentir vraiment bien et équilibrés. Puis, nous avons éteint la musique, rangé les crayons et salué les gens. Notre mission était accomplie : ils s'étaient libérés de la prison stérile de leur raison et avaient renoué avec leur âme. Juste à voir leur visage, nous savions qu'ils avaient réussi à se connecter à leur sixième sens.

Il était maintenant temps de partir, mais personne ne bougeait. Ils avaient eu tellement de plaisir qu'ils ne voulaient pas nous laisser partir.

Une femme au fond de la salle a même lancé : « Remettez la musique — et que la fête continue ! »

Après avoir doucement insisté qu'il était temps de partir, la fillette est réapparue et s'est mise à tirer sur le bas de ma robe. « Madame, m'a-t-elle dit d'un air dévasté, il n'y a plus de crayons. Où sont-ils ? » Et c'est sur un ton désespéré et déchirant qu'elle a crié : « J'en ai besoin ! »

Elle posait là la bonne question. Où étaient *effectivement* passés les crayons ? Pourquoi la vie de ces gens était-elle devenue terne et ennuyante ? Les êtres humains ont besoin d'art et de spontanéité pour alimenter leur âme et inspirer leur génie psychique. En tant qu'être intuitifs, nous sommes des artistes, des poètes, des peintres — nous sommes des créateurs et des inventeurs à notre façon.

Cependant, l'art comme la spiritualité n'est pas une chose que l'on pratique à l'occasion. C'est une manière de vivre. Et cela signifie agir avec cœur, style et entrain. Comme mon ange de deux ans, les personnes intuitives osent prendre des risques, laisser leur empreinte et transformer les moments ordinaires en aventures extraordinaires.

Maintenant, examinez votre vie. Vous accordez-vous des moments « artistiques » ? Laissez-vous votre esprit créatif s'exprimer librement ? Cela peut se faire de multiples façons : allez dans une boutique de matériel d'art ou d'artisanat et laissez votre esprit vagabonder. Manipulez les crayons et tout autre matériel artistique qui vous attire. Qu'est-ce qui semble stimuler votre génie créatif ? Explorez sans lésiner les différentes formes d'expression créative.

Par exemple, la dernière fois que je suis allée dans une boutique de matériel d'art, j'ai vu un petit garçon d'environ neuf ans tomber en émerveillement devant toutes les possibilités offertes. Il allait d'un objet à l'autre sans pouvoir se décider : la peinture ? les crayons marqueurs ? les pastels ? l'argile ? la tempéra ? Tout l'attirait. Malheureusement, sa mère n'appréciait pas du tout son excitation et cherchait à calmer ses ardeurs. Allez savoir pourquoi ! De toute évidence, elle avait renoncé depuis longtemps à exprimer sa créativité et n'éprouvait plus aucun enthousiasme pour les arts. « Tu ne peux pas tout avoir », lui a-t-elle lancé sèchement en le voyant choisir fébrilement le matériel qui l'attirait le plus. « Tu n'as droit qu'à une seule chose », a-t-elle ajouté, laissant son ego lui gâcher son plaisir (autant le sien que celui de son garçon), « et si tu es bon, je t'en achèterai peut-être d'autres. Sinon, ce n'est que du gaspillage ».

« Ce n'est pas juste ! », a-t-il gémi. « Comment puis-je devenir bon si je ne peux pas essayer au moins une fois ? » (Ce qui me paraissait tout à fait logique.)

Ils ont continué de discuter et j'ai prié pour que les anges leur viennent en aide. Mes vibrations me disaient que l'humeur revêche de sa mère était due à sa jalousie. Soumise à son ego, tout en essayant tout de même de faire preuve de bonne volonté, elle était prête à laisser son fils prendre un certain plaisir à pratiquer un art, mais se refusait à *elle-même* cette joie. J'éprouvais de la compassion pour elle ; j'ai donc essayé de stimuler son esprit créatif. Quand nos yeux se sont croisés, elle m'a lancé un regard complice en hochant la tête d'un air condescendant : « Ah ! les enfants ! Il achèterait tout si je le laissais faire. »

« Je comprends parfaitement », lui ai-je répondu d'un air entendu. « Si vous le laissiez faire *effectivement*, il ne resterait alors plus rien pour vous. Ça, ce n'est pas juste. Alors, avec quoi avez-vous envie de *vous* amuser ? »

Surprise, elle a hésité à répondre. « Je ne suis pas venue ici pour moi. Je ne suis pas une artiste. »

« Mais oui, vous l'êtes. Qui ne l'est pas ? Il faut seulement accepter d'être un artiste sans talent. »

Elle a éclaté de rire et son esprit s'est alors éveillé complètement : « Eh bien, ça, je peux y parvenir. »

« Je vous crois. Et cela semble amusant, non ? »

Avec cette pensée en tête, elle a cessé de réprimander son fils et est partie à la recherche de son propre attirail d'artiste. Lorsque vous activez votre créativité, vous mettez en marche vos moteurs psychiques. Chacun exige que vous plongiez en vous afin d'exprimer ce qui se cache au fond de votre cœur. Laissez-le vivre, respirer et danser, car il reflète une partie de vous. Ne vous laissez pas influencer par les standard de beauté et les idées des autres.

Quand je demande à mes clients de pratiquer un art dans le but de stimuler leur intuition, j'entends inévitablement leur ego réagir à l'idée (parce qu'il sait qu'elle est bonne) : « je ne suis pas bon en dessin », « je ne peins pas » ou « je n'ai vraiment aucun talent artistique ». Je leur réponds toujours de ne pas s'inquiéter. Après tout, avez-vous déjà vu un enfant de moins de quatre ans qui n'aimait pas être créatif, exprimer sa vérité ou être à l'écoute de son âme ? Probablement jamais, parce que c'est inné en nous. C'est seulement en grandissant que les choses se gâtent. « Je ne suis pas un artiste » signifie en fait « je ne corresponds pas à l'idée qu'on se fait d'un artiste ».

Dites-vous bien que les gens qui jugent ainsi le talent des autres possèdent sans doute peu d'intuition ou ont perdu la notion du plaisir. Alors, inutile de vous fier à eux. Par ailleurs, en acceptant d'être un « artiste sans talent », vous démontrez à quel point vous osez prendre des risques et acceptez de redevenir un simple débutant quand il le faut. Cela signifie que vous êtes fidèle à vos sentiments, vos inspirations et vos appels du cœur, et ce, peu importe ce que les autres pensent ou disent.

Lorsque je dis que vous avez besoin de pratiquer un art pour activer votre sixième sens et être à l'écoute de votre âme, je ne parle pas d'exposer vos œuvres dans une galerie d'art. Je vous suggère seulement de vous adonner davantage à des activités artistiques, amusantes et non intellectuelles. Tout ce que vous réalisez peut devenir de l'art si vous le désirez vraiment et si vous y croyez.

Exercice pratique pour éveiller votre sixième sens

Cette semaine, allez dans une boutique d'art, un atelier de musique, un studio de danse ou dans tout autre endroit où on pratique un art qui vous attire. Donnez-vous la permission de manquer de talent et osez prendre du plaisir à manipuler des outils de création. Vous n'êtes pas obligé de dépenser beaucoup d'argent — une boîte de crayons, une tablette de feuilles et le tour est joué. Même un petit tambourin ou mirliton peut être très excitant avec un peu de bonne volonté.

Chaque jour, enfilez durant quelques minutes votre chapeau d'artiste sans talent : faites des gribouillages, colorez, griffonnez, dansez, jouez de la musique et amusez-vous. Si vous voulez vraiment exprimer le fond de votre âme, exposez-vous en public en affichant vos créations sur le réfrigérateur, en dansant dans le salon, en chantant à table et en appréciant qui vous êtes par le simple fait d'agir ainsi.

Abordez toute chose d'un point de vue artistique. Comme mon amie Annette le répète souvent : « L'art est une douce musique aux oreilles de votre génie créatif et psychique. » L'intuition s'exprime à travers votre cœur et surtout directement à travers l'art. Et avec de la pratique, je vous garantis qu'elle viendra aussi de *votre âme*.

CAPSULE DE SAGESSE INTUITIVE :

N'ayez pas peur d'être un artiste sans talent.

SECRET N° 30

Pour mener une vie intuitive, vous constaterez combien il est utile et efficace de posséder le plus d'outils et de techniques possibles pour entraîner vos vibrations. Ainsi, lorsque vous avez un doute, êtes confronté à un choix ou souhaitez connaître la vérité au sujet d'une personne ou d'une situation, vous pouvez le faire directement sans avoir besoin de réfléchir longuement. La kinésiologie (ou le test musculaire) constitue un excellent moyen.

La kinésiologie est une pratique établie basée sur la réaction des muscles à des stimulus positifs ou négatifs. Un stimulus positif provoque une puissante réaction musculaire, tandis qu'un stimulus négatif résulte en un affaiblissement radical du muscle. Le test musculaire permet aussi de différencier les situations favorables de celles qui drainent de l'énergie et, ce qui est le plus intéressant, de distinguer le vrai du faux dans toute circonstance.

Le test musculaire est fort simple et à toute épreuve s'il est effectué correctement. Une forte réaction musculaire signifie qu'une chose est stimulante, désirable ou vraie, tandis qu'une faible réaction indique qu'une chose est indésirable ou fausse. Les résultats vous aident à obtenir des réponses rapides et précises pour vous guider dans la bonne direction sans vous baser sur votre raison, souvent trompeuse. Le test musculaire repose sur le principe que votre corps fait partie de la nature et est relié à l'Univers sur le plan énergétique.

Il peut donc révéler des informations précises sur la nature de *tous les éléments* de l'Univers, surtout si vous ne laissez pas vos pensées intervenir. Le corps ne ment pas ; il vous fournit des réponses précises au sujet des choses qui vous touchent.

Partout dans le monde, des scientifiques et des médecins s'intéressent à la kinésiologie ; les médecines douces s'en servent même comme outil de diagnostic. Un physicien quantique pourrait sans doute expliquer la raison pour laquelle cela fonctionne si bien, mais nous, les êtres intuitifs, n'avons pas besoin de le savoir ou d'apprendre à nous en servir. Nous utilisons cette technique parce qu'elle nous paraît intuitive-ment logique, étant donné que nous savons que notre corps, de par sa nature, est capable de capter de l'information précise et de nous guider.

Quand vous testez correctement vos muscles, vous recevez instantanément une réponse psychique, peu importe le sujet ou le moment — vous pourriez par exemple découvrir que vous avez besoin d'une vitamine ou d'un supplément particulier, que l'automobile que vous souhaitez acheter est un citron ou que vous connaîtrez du beau temps en vacances. Les possibilités d'utiliser le test musculaire en guise de baromètre psychique sont infinies.

Cette technique s'utilise mieux à deux. Heureusement, il n'est pas nécessaire que votre assistant soit intuitif, car il est parfois difficile de trouver une personne à l'écoute de son sixième sens. (Cela étant dit et pour des raisons évidentes, mieux vaut être aidé par une personne intuitive parce que, comme vous le constaterez, deux têtes intuitives valent mieux qu'une lorsqu'il est question des vibrations.) Après avoir trouvé un assistant, commencez par tester vos muscles en déterminant si une chose est vraie ou bonne pour vous. Placez d'abord votre main droite sur le ventre, puis levez votre bras gauche devant vous et maintenez-le tendu. Demandez à votre assistant d'appuyer légèrement sur votre poignet gauche pendant que vous opposez une résistance. Ne luttez pas pour maintenir votre bras tendu — l'idée est de trouver un point de résistance et de force naturel sur lequel vous baser pour interpréter les réponses obtenues. Ensuite, formulez votre question dans votre tête de la manière la plus neutre possible, sans émotions ni idées préconçues. Évitez de sourire, de parler, de hocher la tête ou de faire tout commentaire durant le test. Il est préférable de retirer tout objet métallique que vous portez sur vous et d'agir dans une ambiance calme.

Disons que je souhaite utiliser le test musculaire pour savoir si un certain produit à base de soya est bénéfique pour ma santé.

Pour ce faire, je visualise le produit dans ma tête, sans faire intervenir mes sentiments — j'évite par exemple de penser « j'adore cet emballage », « j'adore le goût » ou « je trouve que c'est trop cher » parce que je laisse ainsi parler mes émotions et non pas mon intuition. Mieux vaut penser simplement « produit de soya ».

Une fois que j'ai le produit en tête, je tends mon bras et je demande à mon corps : « Puis-je poser une question ? » Puis, je demande à mon assistant de presser légèrement sur mon bras. Si les muscles demeurent tendus et résistent facilement à la pression, cela signifie que la réponse est affirmative ; mon corps accepte d'être consulté à ce sujet. Si mon bras s'affaiblit sous la pression et retombe sur le côté, mon corps révèle alors ma résistance secrète et laisse entendre que, non, je ne suis pas prête à me poser cette question.

Dans le cas d'une réponse affirmative, l'étape suivante consisterait à penser au sujet en disant simplement : « Sonia, produit de soya. » Puis, mon assistant appuierait de nouveau sur mon bras. Si le produit est énergisant et bon pour ma santé, les muscles de mon bras devraient demeurer tendus et résister facilement à la pression. Si le produit n'est pas énergisant, les muscles de mon bras devraient alors s'affaiblir et cesser de résister à la pression. Mon bras tomberait alors sur le côté même si je voulais résister. Bien entendu, rien ne m'empêche de surmonter cette faiblesse naturelle et d'obliger mon bras à demeurer tendu, mais cela exigerait beaucoup de volonté et d'effort et nuirait au but de l'exercice. Voilà pourquoi il faut garder l'esprit ouvert et neutre, et agir de manière naturelle, pour laisser notre corps nous conseiller sur tous les sujets. Par exemple, j'ai déjà utilisé la technique du test musculaire pour choisir la moquette de notre maison, pour acheter la voiture familiale et pour trouver un vol durant un voyage.

Quand je pénètre dans une boutique d'aliments naturels, j'ai tendance à être décontenancée et indécise devant l'ampleur des produits offerts. J'ai la réputation d'acheter toutes sortes de vitamines et de produits minéraux qui semblent intéressants sur le moment, mais que je consomme rarement. Depuis que j'ai découvert la technique du test musculaire, ce n'est toutefois plus le cas. Lorsqu'un produit m'attire, je fais simplement le test pour voir si j'en ai besoin et s'il est bon pour moi. Cela m'a simplifié la vie pour choisir les vitamines et les remèdes vraiment bons pour moi — je ne prends maintenant que quelques suppléments et je me porte à merveille. J'ai également effectué le test musculaire pour déterminer si mes filles avaient besoin de vitamines.

Elles ont chacune obtenu des réponses différentes (ma fille aînée avait besoin d'une plus grande quantité d'un produit particulier que ma cadette). Le test musculaire m'a donc aidée à personnaliser également leurs suppléments.

Une de mes amies intuitives s'est servie de ce test pour perdre du poids. Elle a découvert que le blé, le fromage et la viande ne convenaient pas à son système et a donc cessé d'en consommer. Ce nouveau régime alimentaire lui a permis de perdre rapidement du poids et de retrouver son énergie. « Grâce au test musculaire, j'ai dit adieu une fois pour toutes aux diètes miracles. Je vivais un véritable cauchemar depuis mon adolescence. »

Une autre cliente intuitive recourt au test musculaire pour déterminer où effectuer ses placements. « Je me suis dit que, de toute manière, mon courtier se fiait lui aussi à son intuition et que ses suggestions étaient loin d'être infaillibles. Cela ne veut pas dire que j'ignore ou rejette ses propositions — seulement, je les soumets maintenant au test musculaire. Je mets ainsi toutes les chances de mon côté. »

Ma fille Sonia, qui entre à l'école secondaire l'année prochaine, devait sélectionner l'école qui lui conviendrait le mieux. Après avoir tergiversé durant plusieurs semaines, elle m'a finalement demandé de procéder au test musculaire. Elle a été soulagée de l'école ainsi choisie par son corps. « C'est justement celle qui m'intéresse le plus, m'a-t-elle révélé. Le test confirme donc ce que je ressentais depuis le début à travers mes vibrations et facilite mon choix. »

Quant à moi, j'ai déjà recouru au test musculaire pour aider à localiser des gens et des objets, et même pour déterminer si un ami disparu était encore vivant. En effet, un soir, j'ai reçu un appel de mon frère Anthony. Il était très inquiet parce qu'un de nos amis, Randy, un collectionneur et marchand d'antiquités du Colorado, s'était rendu à Détroit, plusieurs semaines auparavant, pour participer à une foire d'antiquités. Normalement, il aurait dû être de retour chez lui. Il voyageait seul et mon frère n'avait eu aucune nouvelle de lui depuis plusieurs jours.

Comme il devait sûrement transporter des objets précieux dans sa fourgonnette, Anthony craignait que Randy se soit fait voler ou ait eu un accident. Qui sait, il était peut-être inconscient quelque part dans un hôpital. Pour aggraver la situation, le père de Randy venait de décéder et Anthony n'avait personne auprès de qui s'informer. Il m'a donc appelée à l'aide.

Avec ma fille pour assistante, nous avons effectué le test musculaire pour obtenir des réponses. D'après les résultats, Randy était bien en vie et en sécurité. Fait étonnant, il était également de retour chez lui, au Colorado. J'en ai fait part à Anthony en lui demandant de me tenir au courant des événements. Le lendemain matin, mon frère m'a rappelée pour me dire que Randy était effectivement rentré sain et sauf chez lui, tard la veille au soir (comme je l'avais dit). Voici les faits : il avait décidé de prendre son temps pour rentrer de la foire d'antiquités — il avait emprunté la route panoramique, en s'arrêtant en chemin dans les différentes petites villes à la recherche de trésors. Il n'avait même pas songé à aviser quelqu'un de son escapade. Furieux contre Randy, mais tout de même soulagé, Anthony m'a remerciée de lui avoir permis d'avoir eu au moins une bonne nuit de sommeil depuis la disparition de notre ami.

J'utilise aussi le test musculaire pour planifier mes voyages, par exemple pour demander quel hôtel choisir, le moment approprié, la température locale et même pour déterminer quoi emporter. Et pourquoi pas ? Cette méthode est pratique et extrêmement précise, comme j'ai pu le constater la fois où je n'ai pas tenu compte des réponses obtenues au moment de planifier un voyage à Albuquerque. Mon test musculaire m'avait suggéré d'apporter des vêtements chauds, et ce, même si les nouvelles mentionnaient que la ville jouissait de températures au-dessus de la normale depuis une dizaine de jours. Comme nous étions à la fin du mois de mars, je me suis fiée aux journaux en me disant que le beau temps allait se poursuivre. Je n'ai donc apporté que des shorts et des t-shirts pour toute la famille.

À notre arrivée à l'aéroport d'Albuquerque, il faisait 24 °C. Mais au moment d'entrer en possession de notre auto de location, la température avait déjà chuté à 10 °C. Le lendemain matin, le sol était couvert de neige. Nous avons donc dû aller chez Wal-Mart acheter des chandails, des bonnets de laine et des vestes en molleton. Jamais plus je ne remettrai en question mon test musculaire, ai-je alors déclaré, emmitouflée comme un bonhomme de neige.

Ma cliente Georgine a vécu une expérience semblable le jour où elle a dû choisir entre le test musculaire et la simple logique. Heureusement, elle a décidé de se fier au test musculaire. Georgine avait détecté une petite bosse dans son sein gauche ; elle a donc pris rendez-vous chez le médecin. Celui-ci a exigé une mammographie, qui n'a révélé aucune tumeur maligne. Le test musculaire de Georgine lui disait toutefois le contraire. Elle est donc retournée voir son médecin et a insisté pour qu'il lui fasse d'autres tests, mais il a refusé. Il lui a dit qu'elle s'imaginait des choses et qu'elle devrait plutôt se détendre. Georgine, toujours inquiète, a donc décidé d'aller consulter un autre médecin pour obtenir un deuxième diagnostic. Cette fois-ci, on lui a fait une échographie et une biopsie qui ont permis de dépister un cancer encore à son premier stade.

Elle a reçu un traitement et est maintenant en voie de guérison. Cela ne veut pas dire que le test musculaire devrait tenir lieu de diagnostic médical, mais rien ne vous empêche de vous en servir également en cas de doute. Comme dans le cas de Georgine, le test musculaire permet parfois de détecter des choses difficiles à percevoir autrement.

En d'autres termes, le test musculaire est seulement une autre manifestation de votre génie intuitif inné. Un de mes amis intuitifs, par exemple, effectue ce test pour déterminer quels bulbes planter dans son jardin, quelles réparations effectuer dans son automobile et même quel client contacter et quel jour est approprié. Le test ne lui fait pas pour autant oublier sa raison, mais il lui permet de chasser tout doute et insécurité. Alors pourquoi ne pas effectuer un test musculaire quand la situation n'est pas claire et que vous devez de toute manière jouer à pile ou face ? En tant qu'être intuitif, vous savez qu'il s'agit simplement d'une autre façon de consulter l'Univers pour recevoir ses conseils, ce que les personnes qui savent se fier à leur sixième sens adorent faire par-dessus tout.

Pour réussir le test musculaire, vous devez laisser de côté votre subjectivité. Ne demandez pas à votre corps de vous donner son opinion : demandez-lui la *vérité*. Faites le test et voyez par vous-même. Quelqu'un m'a déjà dit que le véritable génie réside dans la simplification des choses complexes. Si c'est le cas, le test musculaire constitue donc un outil incroyablement intelligent pour les personnes intuitives.

Exercice pratique pour éveiller votre sixième sens

Cette semaine, faites le test musculaire avec tout ce qui vous intéresse. Trouvez-vous des assistants et collaborez ensemble, et n'oubliez pas de demander à votre corps : « Puis-je poser cette question ? » Cela éliminera toute résistance de votre subconscient et vous donnera accès à un canal plus clair. Lorsque vous recevez un message de votre corps, comparez-le à ce que vous disent vos vibrations. A-t-il du sens ? Est-ce qu'il semble vrai ? Est-ce qu'il semble vrai même si ce n'est pas ce que vous voulez entendre ? Tenez compte de l'information. Et voyez combien vous vous sentez beaucoup plus apaisé quand vous cessez de douter.

CAPSULE DE SAGESSE INTUITIVE :

Faites le test musculaire.

9ᵉ PARTIE

L'intelligence du cœur

SECRET N° 31

Plus votre sixième sens se développera, plus vous découvrirez que l'amour, pur et simple, est ce qui chasse vos illusions du passé et vos peurs, et vous permet de vivre à un niveau de conscience plus élevé. L'amour guérit les blessures et vous permet de mieux percevoir ce qui est vrai chez les autres et vous-même. En effet, rien n'active mieux votre sixième sens que l'amour — quand vous agissez par amour, vous éveillez votre Moi Supérieur et exprimez vraiment qui vous êtes au monde entier. L'amour vous permet de sentir, d'entendre et de comprendre la face cachée de l'Esprit universel avec facilité, grâce et style.

Voici les **quatre formes d'expression d'amour de votre cœur**, mais une seule vous procure l'ouverture nécessaire pour fonctionner pleinement comme un être humain créatif et intuitif :

1. La première est lorsque vous aimez les autres sans restriction mais avez de la difficulté à accepter leur amour en retour. Cette forme d'expression est donc à sens unique, circulant en « mode d'expiration chronique », comme je l'appelle. Les gens demeurent prisonniers de cette forme d'expression parce qu'ils se croient supérieurs du fait qu'on leur a enseigné qu'il était préférable de donner de l'amour que d'en recevoir. Cette notion est pourtant fausse et même très dommageable pour notre âme. En donnant de l'amour sans jamais en recevoir, vous vous videz de votre énergie et n'êtes plus connecté sur le plan psychique. Sans suffisamment d'amour, vos canaux intuitifs supérieurs sont incapables de s'ouvrir et de fonctionner correctement.

Donnez-vous facilement de l'amour aux autres tout en négligeant votre propre cœur et ses besoins ? Êtes-vous le premier à aider mais le dernier à demander de l'aide ? Si c'est le cas, alors, croyez-le ou non, cela signifie que vous suivez encore les règles de l'ego. Il est essentiel pour votre équilibre psychique de savoir recevoir de l'amour sans vous sentir coupable ou résister. La loi spirituelle demande que vous acceptiez avec grâce et appréciation votre vulnérabilité (vous avez besoin d'être aimé). En d'autres termes, ne percevez pas comme un poids ce besoin d'amour de votre âme, mais plutôt comme une preuve que vous êtes humain.

Ce n'est pas facile de recevoir gracieusement de l'amour, comme je me le suis fait rappeler il y a quelques années. Même *moi*, je suis vulnérable à mon ego et je dois être constamment sur mes gardes pour ne pas tomber dans son piège. C'était mon anniversaire et mon mari et mes filles avaient organisé une fête incroyable qui a débuté à cinq heures de l'après-midi. À ma grande surprise, une limousine est venue nous chercher mes filles et moi pour nous emmener faire une chasse aux trésors. Tout le long du trajet, un de mes amis était posté à un arrêt pour me lancer des confetti et m'offrir des biscuits ou d'autres gâteries. J'étais vraiment embarrassée. Ensuite, la limousine s'est immobilisée devant un magnifique hôtel où Patrick nous attendait. Il nous a accompagnées jusqu'au penthouse qui offrait une vue magnifique sur la ville. Nous avons alors eu droit à un dîner privé aux chandelles.

Vous croyez que c'était le plus beau jour de ma vie ? Détrompez-vous. C'était presque douloureux de recevoir autant d'amour et d'attention, et de profiter de tout ce divertissement et de ce luxe. Cela m'a même effrayée de voir combien j'étais appréciée. Je sais que c'était mon ego qui réagissait ainsi et non mon âme, mais j'ai tout de même trouvé l'expérience difficile. Au lieu de m'amuser, j'avais plutôt hâte que la fête finisse.

J'ai finalement chassé ces mauvais sentiments (mes peurs) quand mes enfants m'ont offert leur cadeau. « Arrêtez, les ai-je suppliés, c'est beaucoup trop. » Et je le pensais vraiment. Ma fille Sabrina est alors devenue vraiment frustrée. « C'est à *toi* d'arrêter, maman. Tu es toujours bonne pour nous. C'est à notre tour maintenant, alors ne viens pas gâcher notre plaisir. »

En voyant son expression et en ressentant ce qu'elle éprouvait au fond de son cœur, j'ai compris combien il était extrêmement gratifiant et important pour ma famille de me faire une telle surprise. Je savais le plaisir que cela leur procurait étant donné que j'en avais moi-même fait l'expérience à plusieurs reprises dans ma vie. J'aurais privé ma famille d'un immense bonheur en faisant la rabat-joie. Alors, au lieu de laisser mon ego tout contrôler et bloquer leur amour, j'ai compris combien il serait égoïste de ma part de ne pas l'accepter.

J'ai donc cessé de réfléchir avec ma tête pour laisser parler mon cœur… et savourer chaque minute qui restait de cette soirée.

2. La deuxième forme d'expression de votre cœur est lorsque vous acceptez sans restriction l'amour des autres, tout en retenant et en refusant de donner de l'amour en retour. Mes professeurs spirituels m'ont expliqué qu'il s'agit en fait d'une forme de violence psychique. Notre âme a besoin d'amour tout comme notre corps a besoin d'oxygène et le refus de donner notre amour à une autre personne est une forme de suffocation. Notre ego recourt à cette stratégie insidieuse et vraiment dommageable sur le plan psychique pour demeurer maître de la situation.

Je suis certaine que vous avez déjà eu de la peine en présence d'une personne qui agit ainsi. Vous avez sans doute éprouvé de l'anxiété et cherché à lui plaire à tout prix pour qu'elle ouvre son cœur. Vous avez peut-être même paniqué jusqu'au point de vous demander si vous méritiez d'être aimé, ce qui constitue une blessure grave pour l'âme. La personne qui réprime ainsi ses sentiments se sent peut-être puissante durant un moment, mais comme le cœur humain est fait pour aimer, le sien subit alors une énorme pression. En refrénant son amour, elle s'impose beaucoup de stress et de chagrin et cela peut éventuellement avoir des répercussions physiques si elle le fait de manière chronique.

Très peu d'âmes en quête de sagesse osent même imaginer qu'elles puissent s'empêcher de donner de l'amour ; la plupart sont même portées à en donner trop. Cependant, nous refrénons parfois nos élans d'amour de manière si subtile que *nous* n'en sommes même pas conscients. Voici en exemple l'histoire que m'a racontée mon ami Klaus, une des personnes les plus conscientes que je connaisse. Dans son bureau, il y avait de magnifiques violettes africaines qu'il adorait. Toujours à la course, Klaus a un jour remarqué que certaines fleurs étaient fanées. Il a donc noté dans sa tête qu'il devait arroser ses plantes dès qu'il aurait un moment de libre. Les jours ont passé et les violettes ont continué de dépérir. Klaus s'est encore dit qu'il devait absolument arroser ses plantes, mais a continué de vaquer à ses occupations.

Au bout de quelques jours, les violettes n'avaient toujours pas été arrosées.

À la fin de la semaine, les pauvres plantes étaient mortes. Se sentant coupable, Klaus a pris conscience qu'il les avait volontairement privées d'eau et s'est demandé pourquoi. Il savait bien au fond de son cœur que les violettes avaient besoin d'eau et, pourtant, il ne s'est jamais donné la peine de les arroser, même si c'était son intention.

Tout comme une plante privée d'eau, il est mortel pour notre esprit de réprimer notre amour. Quand nous nous fions à la raison plutôt qu'à notre cœur, et laissons de nouveau les règles de l'ego l'emporter, notre capacité de ressentir ce qui est vrai et d'agir en conséquence diminue grandement. L'âme de Klaus voyait bien que ses plantes dépérissaient à vue d'œil, mais son cœur ne réagissait pas. Il a malheureusement fallu la perte de ses précieuses plantes pour qu'il ouvre son cœur.

Vivre une vie supérieure, c'est prendre conscience que rien n'est plus important que l'amour — et qu'il ne faut jamais le réprimer. Un être intuitif donne d'abord de l'amour et laisse les choses suivre leur cours. Tout comme Klaus, nous sommes tous coupables de réfréner notre amour sans nous en rendre compte. Nous le faisons quand nous refusons d'aller jouer avec nos enfants, de promener notre chien ou lorsque nous oublions de nourrir les poissons ou d'arroser les plantes à temps. Nous le faisons aussi quand nous ne prenons pas le temps de bavarder avec notre voisin, d'appeler notre mère ou d'envoyer nos vœux de prompts rétablissements à un ami malade. Pire que tout, nous nous privons d'amour quand nous ne cessons pas nos activités pour aller aux toilettes, pour manger quand nous avons faim ou pour faire de l'exercice. Nous réprimons aussi notre amour quand nous travaillons comme des fous, sans jamais nous amuser. Tout comme les violettes africaines, nous sommes robustes et pouvons vivre longtemps en étant privés de ce dont nous avons besoin. Il est cependant très difficile de nous ranimer une fois que nous avons commencé à nous étioler.

3. La troisième forme d'expression de votre cœur est lorsque vous refusez de donner et de recevoir de l'amour, c'est-à-dire qu'il n'y a aucun échange d'énergie au niveau du cœur. Les personnes qui ont ainsi le cœur dur ou un cœur de pierre sont profondément malades. Elles ont entièrement succombé aux règles insensibles de l'ego ; leur âme vit dans la noirceur. Malheureusement, les personnes au cœur de marbre sont trop isolées pour pouvoir recevoir directement de l'aide. Rien ne vous empêche, cependant, de leur envoyer de l'amour pour réchauffer leur cœur à distance — elles en ont bien besoin. Nous sommes tous interreliés sur le plan spirituel : quand un être humain souffre, nous souffrons tous également. Pour envoyer de l'amour, imaginez que le cœur de l'autre personne se réchauffe au contact de votre énergie.

Les personnes au cœur sec ont souvent été si blessées au cours de leur vie qu'elles se sont complètement refermées. En présence d'une telle personne, ne vous sentez surtout pas visé personnellement — et de grâce, n'essayez pas de guérir vous-même cet individu parce que vous n'y parviendrez sans doute pas. Espérez simplement que l'amour que vous lui envoyez fera son œuvre et laissez l'Univers se charger de sa guérison.

Il n'est pas agréable d'être en présence d'une personne au cœur sec. Si cela vous arrive, faites preuve d'encore plus d'amour et de compassion, autant envers vous qu'envers elle. Vos piles psychiques risquent de se vider très vite de leur énergie, alors prenez garde. Il faut être patient avec les personnes froides ; avec le temps et à force d'amour, elles finiront bien par ouvrir leur cœur.

4. La quatrième forme d'expression de votre cœur est la plus joyeuse. Quand vous donnez et recevez de l'amour à part égale, vous vivez clairement à un niveau de conscience supérieur. Je me souviens par exemple d'un matin de Noël, alors que j'avais huit ans. Après la remise des cadeaux, ma jeune sœur Soraya (qui avait alors deux ans), s'est précipitée dans la cuisine. Elle est revenue au bout de quinze minutes avec des cadeaux de son cru qu'elle nous a remis avec la même jubilation qu'elle avait éprouvée en ouvrant les siens. Chacun a eu droit à une rôtie beurrée, enveloppée dans du papier hygiénique retenu par une ficelle. Je n'avais jamais reçu un cadeau aussi mignon et j'ai envié le plaisir qu'elle prenait à donner. Je me suis même demandé s'il était plus agréable de donner ou de recevoir des cadeaux. Finalement, j'en suis venue à la conclusion que j'aimais bien les deux, tout en grignotant ma rôtie et en jouant avec ma nouvelle poupée qui parle Chatty Cathy.

LES PERSONNES INTUITIVES SAVENT QUE L'AMOUR est l'huile qui lubrifie les roues de la vie. C'est l'élixir magique qui nous donne le pouvoir d'agir librement, avec joie et conscience. L'amour transforme le monde : grâce à lui, un lieu effrayant et dangereux fait place à un lieu béni et admirable, où tout est interrelié et empreint de synchronicités.

Si vous êtes frustré de ne pas recevoir suffisamment d'amour, vous serez heureux d'apprendre qu'il s'agit d'une vibration autogène : plus vous choisissez d'aimer, plus vous créez de l'amour autour de vous et plus vous attirez de l'amour. Donnez généreusement de l'amour, autant à vous qu'aux autres, et observez ce qui se produit. Tout comme un aimant, chaque expression d'amour vous attirera encore plus d'amour et de guérison.

Toute vie intuitive est essentiellement basée sur l'amour — alors donnez, acceptez, inhalez, exhalez et profitez de l'amour. Et rappelez-vous toujours d'arroser les violettes africaines.

Exercice pratique pour éveiller votre sixième sens

Exercez-vous à donner et à recevoir de l'amour alternativement. Le matin, donnez-vous comme objectif de donner de l'amour sur-le-champ, sans hésitation, à chaque occasion possible. Que ce soit en offrant votre appréciation, vos compliments, votre aide, votre patience, votre gentillesse et votre générosité, aimez tout ce qui vous invite à donner de l'amour.

L'après-midi, ouvrez votre cœur aux marques d'amour que *vous recevez* — attendez-vous à en recevoir et appréciez-les. Lorsque vous recevez un compliment, acceptez-le en disant merci. Lorsque quelqu'un vous demande si vous avez besoin de quelque chose, répondez oui en identifiant la chose en question. Entraînez-vous à vous donner de l'amour : prenez une pause, faites une sieste ou profitez de quelques minutes de méditation. Appréciez qui vous êtes et dites-le. À chaque heure de la journée, énumérez trois choses que vous aimez en vous, acceptez-les et croyez-y.

Gâtez-vous de trois façons cette semaine. Notez ce que vous ressentez. Vous sentez-vous mieux lorsque vous donnez de l'amour que lorsque vous en recevez ? Si oui, essayez de réduire cet écart et notez combien cela vous aide à encore mieux sentir la puissance de l'Esprit universel dans votre vie.

CAPSULE DE SAGESSE INTUITIVE :

Aimez-vous d'abord vous-même, puis aimez votre prochain.

SECRET N⁰ 32

Plus nous utilisons notre sixième sens, plus nous sentons l'Esprit divin circuler librement dans nos vies. Pour vraiment vivre à un niveau de conscience élevé, en lien direct avec le Plan divin, nous devons nous entraîner à suivre le courant de cet esprit généreux.

La façon la plus directe d'être relié à l'Esprit divin et de suivre le courant universel est de vous dévouer pour les autres plutôt que de demeurer craintif et de refuser de partager. Lorsque j'ai commencé mes cours de métaphysique auprès du professeur Tully, il y a trente-deux ans, l'une des premières leçons que j'ai apprises est la loi de la réciprocité — c'est-à-dire que nous recevons de la vie ce que nous lui donnons. Si nous offrons du soutien, nous obtiendrons du soutien. Si nous nous intéressons aux autres, ils s'intéresseront à nous. Plus nous sommes ouverts à l'idée de partager nos idées, notre bonté, notre enthousiasme, notre amour et notre appréciation, plus nous recevons la même chose en retour. C'est aussi simple que cela.

Être généreux, c'est savoir partager sans condition, sans arrière-pensées et sans dire à l'autre « maintenant, tu m'en dois une ». C'est l'art de donner volontairement, en toute honnêteté, sans rien espérer en retour. En donnant de tout votre cœur, en vous dévouant pour les autres et en partageant ce que vous possédez, vous attirez la beauté, la synchronicité et l'harmonie dans votre vie. Vous établissez des relations équilibrées avec les autres et vivez de manière beaucoup plus agréable, paisible et enchanteresse.

Je ne crois pas avoir rencontré beaucoup de gens qui *refusaient* de donner.

La plupart des gens veulent être généreux mais ont de la difficulté à y parvenir parce qu'ils craignent de ne pas avoir suffisamment de biens pour eux et à plus forte raison pour les autres. Ce comportement est dû à leur éducation. Les personnes qui ont appris de leurs parents combien il est important de partager le font habituellement assez généreusement. Le partage constitue par contre tout un défi pour celles qui ont appris à penser d'abord à elles-mêmes. Par exemple, j'ai eu une amie qui venait d'une famille nombreuse et démunie, où l'enfant le plus généreux était le plus aimé. Les enfants sont donc devenus compétitifs entre eux, à savoir lequel recevrait le plus d'amour de leurs parents. Leur générosité excessive a vite été accompagnée de ressentiment. Comme mon amie voulait à tout prix être aimée, il n'est donc pas étonnant que ses gestes de générosité étaient toujours accompagnés d'attentes impossibles à combler. Le jour où j'ai réalisé qu'elle éprouvait du ressentiment chaque fois qu'elle donnait quelque chose, je lui ai dit de cesser de me donner quoi que ce soit parce que je ne pouvais plus supporter les mauvaises vibrations qui émanaient de son don.

Une autre de mes amies disait vouloir être généreuse, mais elle avait plutôt tendance à prendre qu'à donner. Le midi, elle réussissait toujours à éviter de payer la note. Lors des repas-partage, elle oubliait toujours d'apporter quelque chose. Au cours d'un voyage, elle n'a payé aucune course en taxi ni verser de pourboires. J'en ai eu tellement assez d'être le dindon de la farce que je l'ai confrontée à ce sujet. Elle a avoué sa faute tout en m'expliquant que, durant son enfance, les huissiers venaient souvent saisir les objets que ses parents étaient incapables de payer. En conséquence, elle souffrait tellement d'insécurité qu'elle était incapable de donner quoi que ce soit sans ressentir de l'anxiété.

Ces deux amies suivaient les règles de l'ego selon lesquelles une personne ne possède jamais assez de biens, d'où leur crainte de donner. Et c'est exactement ce qu'elles ont attiré dans leur vie — elles n'en avaient jamais assez. Selon la loi spirituelle, par contre, il y en a toujours assez et plus vous donnez, plus vous recevez en retour. Jésus en a fait la preuve lors de la multiplication des pains et des poissons : avec cinq pains et deux poissons, il a pu nourrir des milliers de gens parce qu'il a simplement continué d'en distribuer.

L'incapacité de donner ou d'être aussi généreux que vous voudriez l'être provient d'une blessure psychique : soit vos besoins élémentaires n'ont pas été comblés durant votre enfance, soit vous refusez simplement de cesser d'*être* un enfant. Vous pouvez guérir cette blessure émotionnelle en vous concentrant sur les aspects de votre vie où vous pouvez donner sans contrainte.

Mon mari, par exemple, venait d'une famille irlandaise nombreuse qui avait de la difficulté à joindre les deux bouts. Voilà pourquoi il est un peu avare lorsqu'il s'agit de donner de l'argent. Et pourtant, il est toujours le premier à préparer un bouillon de poulet pour un voisin malade, à offrir la pizza à toute l'équipe de volley-ball de notre fille ou à apporter un bouquet de fleurs de son jardin au domicile pour personnes en perte d'autonomie situé à deux pas de chez nous. Dans ces cas-là, il se sent riche et donne avec une extrême facilité. J'ai également un client qui est chiche en matière d'argent, mais qui est toujours prêt à transporter une montagne de boîtes quand quelqu'un déménage. C'est ainsi qu'il est généreux : en rendant service avec le sourire. Je connais aussi une femme qui déteste faire du bénévolat — elle est prête à tout pour éviter d'avoir à donner un coup de main à l'école de son enfant, mais n'hésite jamais à leur envoyer un gros chèque. Ces trois personnes sont vraiment généreuses à leur façon et c'est un bon début.

Identifiez dans quels aspects de votre vie vous n'avez aucune difficulté à donner et partez de là. Sachez que plus vous donnez sincèrement, plus vous êtes lié à la toile de la vie et à son abondance éternelle. Ainsi, plus vous partagez avec les autres, plus vous recevez de la vie, et non pas seulement sur le plan matériel. Donc, plus vous serez généreux, plus vous activerez votre sens psychique, car la générosité permet d'ouvrir votre cœur, là où siège justement votre sixième sens.

Les personnes qui donnent sans compter sont dotées d'un charisme positif qui agit comme un aimant en leur attirant toutes sortes de bonnes choses. Ces personnes rient de bon cœur, adorent faire un compliment, savent écouter et apprécier pleinement leur entourage, et remarquent vraiment ce que les autres accomplissent — et l'expriment. Ce genre de bienveillance ne coûte rien mais constitue un véritable don. En agissant ainsi, nous mettons de côté les règles de l'ego pour suivre entièrement la loi spirituelle. Tout le monde peut être généreux de cette façon.

N'oubliez pas de penser également à vous dans vos élans de générosité. Il n'est surtout pas dans l'Ordre divin de refuser de recevoir ou de donner plus qu'il vous est sincèrement possible de donner. Quand vous ouvrez votre cœur, vous découvrez qu'il est aussi bon sur le plan spirituel de recevoir que de donner — ce sont deux aspects égaux de l'amour.

Alors, exercez-vous à être généreux, en commençant par des petits gestes, puis en progressant vers des choses de plus grande envergure. Chaque fois que vous décidez de donner à une autre personne, ouvrez votre cœur pour être également réceptif aux dons des autres. Et chaque fois que vous choisissez de vous montrer généreux envers quelqu'un d'autre, songez à l'être également envers vous-même. (Par exemple, c'est avec grand plaisir que je sers de chauffeur à mes adolescentes pour les reconduire à leurs rendez-vous et à leurs sorties, mais je m'accorde aussi le temps d'aller m'entraîner ou de faire du vélo.)

Pour maintenir un équilibre, vous devez bien sûr donner généreusement, mais il ne faut pas en faire plus que ce que les gens sont prêts à faire pour eux-mêmes. Par exemple, si une amie est en crise et vous appelle pour obtenir votre soutien, écoutez-la avec compassion, mais n'essayez pas de résoudre le problème à sa place. Elle doit le faire elle-même — c'est *son* problème, pas le vôtre. Si vous prenez les ennuis d'une autre personne sur vos épaules, même par pure générosité, d'autres ennuis surgiront par la suite.

DONNER EST UN ART qui élève votre vibration d'une octave. Lorsque vous contribuez d'un cœur sincère et généreux, vous activez votre Conscience supérieure au point de devenir un être intuitif. Cela vous aide à ouvrir votre cœur et à vous connecter à votre Moi Supérieur. Cependant, ce qui favorise une plus grande guérison, c'est d'agir en ayant le pied sur l'accélérateur plutôt que sur le frein (c'est-à-dire en vous retenant « au cas où »). Il faut croire en la réciprocité, car les personnes qui donnent de manière inconditionnelle obtiennent mille choses en retour. Vous devez être prêt à faire confiance à la vie et à croire que vous êtes une âme éternelle qui aura toujours ce dont elle a besoin.

Être généreux signifie songer aux autres plutôt qu'à vous-même. Si vous ne vous sentez pas charitable, la meilleure façon de le devenir est de vous entraîner à faire preuve de gratitude. Cessez de penser à ce que cela peut vous rapporter et voyez plutôt combien vous êtes déjà privilégié (au besoin, faites la liste de tous les bienfaits que la vie vous a apportés). Au lieu de vous inquiéter au sujet de ce que vous n'avez pas, rappelez-vous la réaction du maître soufi en voyant sa maison en flammes : « Bien, maintenant, je vais pouvoir vraiment apprécier les étoiles dans le ciel. »

Exercice pratique pour éveiller votre sixième sens

Réfléchissez aux façons dont vous pouvez donner naturellement, puis faites-le. Observez de quelle façon votre générosité vous affecte sur le plan physique, émotif et psychique. Ensuite, notez dans quels aspects de votre vie vous n'êtes pas charitable et ce que cette énergie particulière vous fait ressentir. Faites l'effort de donner malgré tout, un peu à la fois : si vous êtes chiche avec l'argent, invitez quelqu'un à dîner et payez la note. Si vous êtes toujours à la course, donnez quelques minutes de votre temps à un être cher. Et si vous critiquez sans cesse les autres, donnez-leur toute votre appréciation et votre affection.

Apprenez à savourer la vie à pleines dents. Au lieu de vous empêcher de vivre par peur de perdre le contrôle, plongez la tête la première. Lorsque vous êtes avec des gens, soyez *vraiment* avec eux — aidez ceux qui vous aident, écoutez ceux qui partagent leurs problèmes avec vous et offrez aux autres davantage que ce que vous donnez habituellement. Matin et soir, prenez l'habitude de nommer au moins trois choses pour lesquelles vous êtes reconnaissant en vous efforçant de trouver chaque jour de nouvelles façons d'exprimer votre gratitude.

Enfin, soyez généreux envers *vous-même*. Dites oui aux choses qui vous plaisent et faites place dans votre vie à davantage d'amour, d'appréciation et de plaisir. Voyez combien ces choix influencent votre intuition, votre créativité et votre sixième sens. Notez toutes les intuitions que vous aurez cette semaine.

CAPSULE DE SAGESSE INTUITIVE :

Soyez généreux.

SECRET N° 33

Aussi paradoxal que cela puisse paraître, nous devons *ralentir* pour pouvoir accélérer notre vibration. Lorsque nous vivons à un rythme fou, obsédés par le passé ou ce que l'avenir nous réserve, nous cessons d'être à l'écoute de nos vibrations et brouillons nos ondes intuitives. Cela indique que nous vivons seulement en fonction de notre raison — nous sommes déconnectés de notre cœur, incapables de faire confiance à la sagesse de l'Univers. En ralentissant et en nous concentrant sur le moment présent, nous ramenons notre énergie au centre de notre cœur. Celui-ci devient alors de nouveau réceptif aux inspirations et aux conseils de l'au-delà.

Parfois, il suffit simplement de prendre du recul face à une situation. Comme mon professeur Tully me l'a souvent répété : « Parfois, la meilleure chose à faire, c'est de ne rien faire. » Voici ce que j'en suis venue humblement à comprendre après quarante-quatre années de vie intuitive : le fait de ne pas insister ne signifie pas pour autant que rien n'est en train de se produire. Dans les faits, quelque chose *se prépare en coulisse* et nous devons faire de la place dans notre vie pour que cela se manifeste.

Le temps est l'ingrédient mystère pour aider l'au-delà à passer à l'action. En effet, cet élément sacré peut nous éviter bien des montées d'adrénaline et des troubles psychiques. Dieu sait dans toute sa sagesse quel est le moment approprié. Quand vous vivez en harmonie avec le rythme divin, vous vous connectez à ce que j'appelle l'« Inspiration divine ». Il s'agit de la pause sacrée ou de l'espace silencieux qui permet à tous les phénomènes synchronistiques de se mettre en place.

Il y a plusieurs années, j'ai assisté à un concert de l'orchestre symphonique de Chicago au cours duquel j'ai vécu une expérience aussi incroyablement belle qu'enrichissante. À la fin du concert, au moment où l'orchestre interprétait les dernières mesures, j'ai dû retenir mon souffre tellement j'étais émue. Le public est même resté complètement silencieux après le crescendo de la note finale. On aurait dit que la salle venait d'être traversée par la foudre. L'énergie était palpable même si plus aucun son n'était audible. Ce n'est qu'au bout de quinze secondes, une fois le choc absorbé, que le public s'est levé pour applaudir à tout rompre la performance renversante des musiciens.

En rentrant à la maison, je me suis rendu compte que c'est justement ce silence qui m'avait le plus marquée durant la soirée. J'ai ressenti plus de choses durant ces quinze secondes que pendant tout le concert. Ce soir-là, je suis parvenue à en saisir toute la magie : j'ai réussi à absorber dans mes cellules non seulement la performance musicale, mais aussi sa signification. Dire que j'aurais raté l'essentiel si le public s'était précipité pour applaudir à la fin. Au lieu de cela, j'ai eu droit à l'Inspiration divine.

La synchronicité est la manière divine de nous rappeler que nous sommes des co-créateurs de l'Univers — nous n'agissons pas seuls. Même si nous semons, arrosons et sarclons les graines de la créativité, nous n'avons pas le pouvoir de les faire pousser et encore moins de choisir le moment. Il revient à Dieu de décider comment tout doit se dérouler. Il suffit d'exprimer nos intentions les plus profondes et de laisser le soin à la sagesse divine de les concrétiser. Notre rôle est de créer les meilleures conditions pour permettre à l'énergie de l'Univers de circuler à travers nous — tout comme nous devons créer les meilleures conditions pour favoriser la croissance de notre jardin — c'est tout ce qui est en notre pouvoir. Dieu agit à travers nous et fait pousser notre jardin au moment qu'il juge le plus approprié. Et rendons grâce à Dieu pour son intervention, car nul ne s'y prend mieux que lui en la matière.

Comme je suis une personne très dynamique et volontaire, j'ai eu beaucoup de difficulté à apprendre à ralentir pour vivre de manière intuitive. Quand je désire une chose, je la veux *maintenant* et je suis prête à tout pour cela. Et pourtant, j'ai appris que la meilleure façon de voir mes rêves se réaliser était souvent de ne rien faire et d'attendre. L'évolution de notre âme respecte ses propres conditions, son propre rythme et sa propre magie.

Ma cliente Ellen a également appris cette leçon le jour où elle a passé une entrevue pour ce qu'elle croyait être l'emploi idéal dans une société Internet de San Francisco. Assurée d'être la candidate idéale, elle était même prête à quitter son emploi et à déménager dans les trois semaines suivantes (comme l'exigeait l'entreprise) si elle était engagée. Comme celle-ci ne l'a pas rappelée immédiatement, elle a décidé de relancer les personnes responsables afin de les convaincre de l'embaucher — mais malgré toute son assurance et sa force de persuasion, elle n'a pas obtenu le poste.

Ellen était sous le choc. Comme elle avait dit à tout le monde qu'elle allait changer d'emploi et déménager, inutile de dire combien elle était embarrassée de devoir avouer son échec. Anéantie, elle a cessé de chercher un autre emploi à l'extérieur de la ville et s'est plutôt concentrée à améliorer sa vie à Chicago, même si c'était à contrecœur. Elle a donc défait ses boîtes et mis sa carrière en veilleuse. Elle a profité de son temps libre pour peindre, lire, marcher, se faire des amis et effectuer quelques réparations dans son appartement.

Quatre mois plus tard, l'industrie du point-com a connu une débâcle et l'entreprise qui l'avait reçue en entrevue a dû fermer ses portes du jour au lendemain. Inutile de dire combien elle a alors remercié Dieu de ne pas avoir été embauchée. Mieux encore, ses nouvelles ambitions lui ont non seulement permis de ralentir, mais aussi de cesser de vouloir à tout prix grimper les échelons professionnels et d'avoir une vie en dehors du travail.

SAVOIR ATTENDRE PATIEMMENT ET PAISIBLEMENT que l'Univers agisse pour vous est un signe que vous commencez vraiment à vivre dans la dimension spirituelle. Cela signifie que vous sentez et comprenez intuitivement que tout se déroule comme il se doit et vous amène dans la bonne direction pour profiter de toutes les occasions favorables à l'évolution de votre âme. La sagesse de l'Univers est meilleure, plus grande, plus intelligente, plus généreuse et infiniment plus efficace que vous. En ralentissant et en n'insistant pas pour provoquer les choses, vous démontrez combien vous vous fiez à Dieu. Ralentir est donc un acte de foi, de sagesse et d'abandon. Et le fait d'attendre témoigne de votre respect et de votre humilité face aux forces divines de l'Univers. Ce sont elles qui tissent la trame de votre vie et interviennent quand elles le jugent approprié.

Vous aurez vraiment saisi l'essence d'une vie intuitive le jour où vous serez capable de ralentir et de faire place à l'inconnu. Inutile de vous le rappelez, cependant : vous le savez déjà dans chaque cellule de votre corps.

Exercice pratique pour éveiller votre sixième sens

Cette semaine, cessez de vouloir tout contrôler. Remettez tous vos plans, vos rêves, vos désirs, vos peurs et vos ambitions entre les mains de Dieu et de vos guides, et prenez congé toute la semaine. Éloignez-vous du téléphone ou, du moins, limitez vos conversations. Et amusez-vous : levez-vous tard, louez un film étranger, allez faire du lèche-vitrine ou faites une longue promenade à pied ou en vélo. Au lieu de lutter contre le courant, sautez dans un kayak et foncez droit devant ! Mieux encore, laissez quelqu'un pagayer à votre place. Ayez confiance en l'Univers qui vous procurera tout ce dont vous avez besoin au moment approprié. Ne vous agitez pas : ouvrez simplement votre cœur et attendez.

CAPSULE DE SAGESSE INTUITIVE :

Détendez-vous et profitez de la vie.

En conclusion,
n'oubliez pas que vous êtes un être spirituel
et prenez votre envol !

J'espère que la lecture de ce livre vous a appris qu'être à l'écoute de vos vibrations est un art (l'expression de votre cœur et de votre âme) et non une science (l'expression de votre ego et de votre raison), et qu'à force de vous entraîner, vous aurez une vie beaucoup plus paisible et agréable. Ceux qui maîtrisent l'art de vivre intuitivement vous diront qu'il ne s'agit pas d'une activité qu'on pratique à l'occasion. Il s'agit plutôt d'un mode de vie, centré sur les pratiques intuitives fondamentales et basé sur la sagesse psychique que j'ai partagée avec vous dans ce livre.

En étant à l'écoute de vos vibrations, vous créez un partenariat avec Dieu qui vous permet de vivre chaque jour comme si vous faisiez des pas de danse avec le Divin. En mettant en pratique les secrets dévoilés dans ce livre, vous découvrirez que pour chaque pas effectué en direction de l'Esprit divin en vous fiant à votre sixième sens, l'Esprit divin effectue également un pas vers vous — ensemble, vous créez une vie auréolée de grâce, d'harmonie, de simplicité et d'abondance. Cela peut sembler tiré par les cheveux, voire impossible pour les gens qui ne se fient qu'à leurs cinq sens, mais pour une personne intuitive et spirituelle, ce n'est que le début. Le plus beau reste à venir.

Je vous invite donc — je vous exhorte même — à vous joindre à moi dans la révolution de l'ère du sixième sens. En plus d'être nécessaire, c'est la voie de l'avenir si nous voulons que la paix et l'harmonie règnent enfin sur cette planète.

—○○○—

Je ne pourrais croire qu'à un Dieu qui saurait danser.
Et lorsque je vis mon démon, je le trouvai
grave, minutieux, profond et solennel :
c'était l'esprit de lourdeur — c'est par lui que tombent
toutes choses.
Ce n'est pas la colère, c'est par le rire que l'on tue.
Allons, tuons l'esprit de lourdeur !
J'ai appris à marcher ; depuis lors, je me laisse courir.
J'ai appris à voler, depuis lors,
je n'ai pas besoin qu'on me pousse pour changer de place.
Maintenant je suis léger, maintenant je vole,
maintenant je me vois au-dessous de moi-même,
maintenant un dieu danse en moi.

— Friedrich Nietzsche (extrait de *Ainsi parlait Zarathoustra*)

—○○○—

Je vous donne rendez-vous au paradis !
— **Sonia**

REMERCIEMENTS

Je voudrais remercier mes parents, Sonia et Paul Choquette, pour m'avoir montré qu'il était sage de suivre mon cœur et d'être à l'écoute de mes vibrations. Vous ne saurez jamais à quel point je vous aime tous les deux.

Merci à mon mari, Patrick Tully. Merci d'avoir cru en moi et de m'avoir soutenue même dans les moments difficiles. Et surtout, merci de m'avoir permis d'aller aussi loin et d'avoir cru en mon retour.

Merci à Cluky, ma sœur aînée et ma meilleure amie. Merci d'être mon plus grand défenseur et d'avoir toujours cru en moi.

Merci à mon beau-frère, Bud, qui nous a toujours accueillis dans son cœur et dans sa maison, mes enfants et moi, sans jamais mettre en doute mes dons médiumniques.

Merci à mes chères amies et âmes sœurs, LuAnn Glatzmaier et Joan Smith. Merci de m'avoir conseillée, d'avoir tenu ma main, planifié mon itinéraire et soutenu mon âme au cours de mon voyage. Sans vos conseils, vos encouragements et votre gentillesse, je me serais sûrement perdue en route.

Merci à ma pigiste, Linda Kahn, qui a révisé le contenu de ce livre. Merci pour ta diligence et pour avoir su transformer une montagne de feuilles en un manuscrit présentable sans jamais me faire sentir coupable.

Merci à mon pigiste, Bruce Clorfene, qui a révisé la copie du manuscrit. Merci pour tes leçons sur l'emploi de la virgule et pour avoir cru en mon travail.

Merci à Louise Hay et à Reid Tracy des éditions Hay House. Merci d'avoir cru en ce projet et de l'avoir mené sans hésitations à bon port et surtout, merci de l'avoir accueilli dans une si prestigieuse maison. Je vous suis profondément reconnaissante.

Merci à Jill Kramer, Shannon Littrell, Christy Salinas, Katie Williams et à tous ceux des éditions Hay House qui ont travaillé dans les coulisses avec amour et dévouement afin que je puisse élever la vibration de cette planète. Merci d'avoir cru au projet qui me tenait le plus à cœur.

Merci à mes professeurs, Charlie Goodman et Trenton Tully, qui continuent de me guider de l'au-delà. Merci de m'avoir donné l'éducation et l'entraînement dont j'avais besoin pour accomplir mon karma et mon destin et pour exaucer mon vœu de servir le monde au cours de cette vie. Vous avez joué un rôle essentiel dans ma vie et, par moments, vous avez été pour moi une extraordinaire source d'amour et de réconfort.

Et, par-dessus tout, je tiens à remercier mes clients. Vous avez été au fil des ans les meilleurs maîtres qui soient. Cela a toujours été un privilège pour moi de vous servir et je vous remercie humblement. Votre confiance m'honore.

—○ ○ ○—

Sonia Choquette est une auteure, une conteuse, un maître spirituel, un guérisseur et un médium de renommée mondiale, partout recherchée pour ses conseils, sa sagesse et sa capacité à guérir les âmes. Auteure de huit best-sellers, dont *Journal d'un médium*, et de plusieurs livres-audio, Sonia a étudié à l'Université de Denver et à la Sorbonne à Paris, et détient un doctorat en métaphysique de *l'American Institute of Holistic Theology*. Elle habite à Chicago avec sa famille. Site Internet : **SoniaChoquette.com**

Autre livre de Sonia Choquette aux Éditions AdA

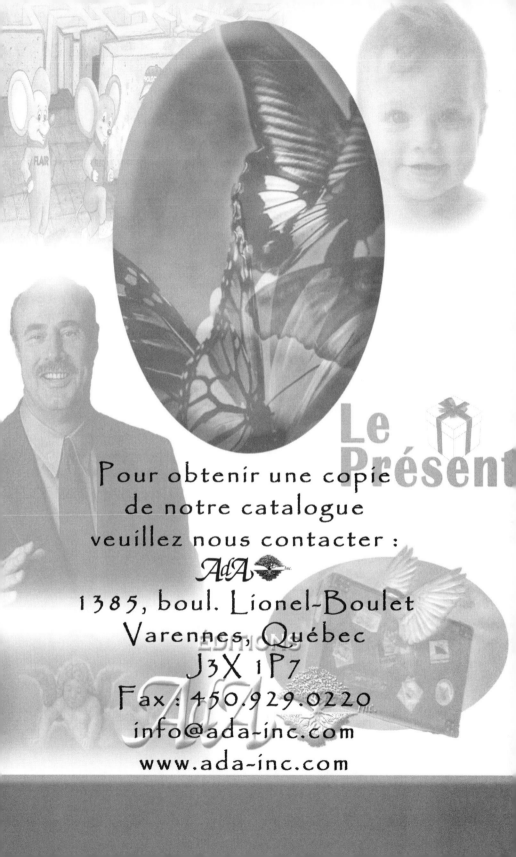

Pour obtenir une copie
de notre catalogue
veuillez nous contacter :
AdA
1385, boul. Lionel-Boulet
Varennes, Québec
J3X 1P7
Fax : 450.929.0220
info@ada-inc.com
www.ada-inc.com

Le Présent

Notes

Notes

Notes

Notes

Notes